企业阅读 本土实践

管理 · 人文 · 生活

创模式

23个行业创新案例

段传敏◎著

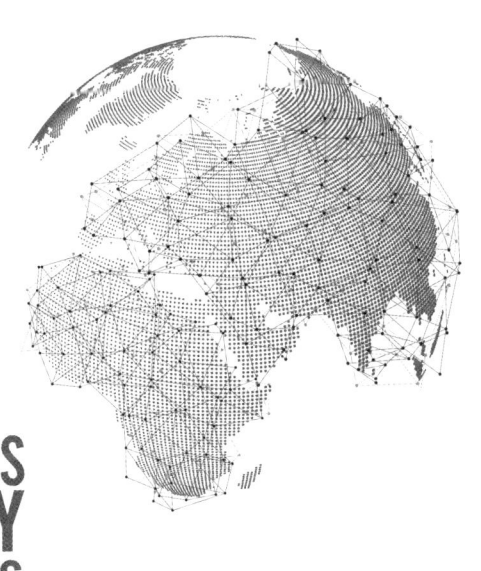

CREATIVE MODELS
23 INDUSTRY
INNOVATION CASES

中国青年出版社

图书在版编目（CIP）数据

创模式：23个行业创新案例/段传敏著．—北京：中国青年出版社，2019.5

ISBN 978－7－5153－5547－4

Ⅰ．①创…　Ⅱ．①段…　Ⅲ．①企业创新—文集　Ⅳ．①F273.1－53

中国版本图书馆CIP数据核字（2019）第052130号

创模式：23个行业创新案例

段传敏 / 著

出版发行：中国青年出版社

地　　址：北京市东四十二条21号

邮政编码：100708

责任编辑：刘稚清

封面制作：仙　境

印　　刷：河北宝昌佳彩印刷有限公司

开　　本：710×1000　1/16

印　　张：15

版　　次：2019年7月北京第1版

印　　次：2019年7月第1次印刷

书　　号：ISBN 978－7－5153－5547－4

定　　价：199.00元

导　读

　　从职位上讲，能成为 CEO 或 CXO 意味着此人已然成为社会精英。也就是说，他们在所处的行业或专业经历了"1 万小时定律"的磨砺。

　　本书是几十位 CEO 和 CXO 的分享合集！《创模式：23 个行业创新案例》精选社群分享中的 26 篇文章，每篇文章代表一个行业，本书涵盖了社群、共享、微博、新零售、定制家居、厨电、日化、旅游、服装、汽车、白酒、餐饮、媒体、文化、营销服务等 20 多个行业。既有新浪微博副总裁分享从非主流社交媒体到主流社交媒体的过程，也有传播研究的微播易高管分享社群营销中的"小群效应"，更有创业家分享新零售如何与美团竞争，樊登读书会多木分会创始人分享内容平台樊登读书会商业运作模式。Xbed，一家比 Airbnb 设计更先进的创业企业，其董事长李春田曾是 7 天连锁酒店和瑞卡租车创始人之一，对共享有着深刻洞察，值得更多从业者学习。

　　定制家居、厨电、日化、服装、旅游等行业的 CEO 和 CXO 有着丰富的实战经验和独特的视角，在书中他们分享了企业经营理念。

　　在汽车、白酒、餐饮等行业，来自小鹏汽车、茅台、餐饮企业的管理者分别从设计、社群电商和跨界新物种试验等角度重新定义了行业和内容。

　　在媒体、文化和营销服务方面，有央视《等着我》栏目主持嘉宾张春蔚眼中的自媒体创业，有音乐怪咖、华南著名跨界音乐人田志林的文化商业心路历程，更有知名营销专家眼中的战略营销、明星营销、渠道营销、设计营销、视频营销等，可谓既权威又实用，既深刻又鲜活，令人读后大呼过瘾，不忍释卷。

这些内容在一个名为"孤独者社群"的微信群内分享，通过笔者所经营的《执行官》微信公众号进行整理，予以发布。所谓孤独，就是独一无二，是王者的姿态。该微信群汇聚了国内企业界、营销界、传媒界和文化界的精英。他们每周三晚上 9：30 – 10：30 在高手云集的社群内进行语音分享。这种分享让人获益匪浅。

如果你对本书中的分享者感兴趣，可以按"文"索"人"，如果你够资格，有可能受邀加入"孤独者社群"，与更多的 CEO 亲密互动。

遇见一个人，打开一扇门。这里有 26 位高手等你"遇见"。

最好的时代　最好的我们

放肆青春社群发起人
熊晓杰

　　过去只有组织，没有社群。而组织往往极度同质化，取得的成果就像流水线上的产品——一模一样，而诞生于社群的芸芸众生却鲜活、丰盈得多。他们的职业不同、所在地区不同、年龄不同，像漫山遍野的野果，独自茁壮生长，又扎根于同一土地，有着同样的根源和气息。

　　社群经济的价值还远远没有得到发掘，甚至很多人根本就没有理解社群的含义。

　　在我看来，优秀的社群必须具备几个特点：一是价值观趋同；二是无商业利益捆绑；三是有定期的、充满仪式感的活动；四是无秩序化生存。

　　这也是"孤独者联盟"存活到今天，而且越来越生动的原因。

　　这些年来，"孤独者联盟"不断刷新社群运营的方式。它始终在拨动大家的兴奋点，让大家在信息粉尘化的年代仍然能够兴致勃勃地聚在一起。

　　这是一个 IP 的时代。每个人都有可能成为一个有价值的 IP。而本书里呈现的主人公，几乎都有强烈的个人 IP。他们有鲜明的个性、专业的素养、优秀的表达能力、足够的同理心和创造力，但都把一个相对垂直的领域做成了自己的地盘。

他们可以在体系里游刃有余，也可以自带信息、不装系统、随时插拔、自由协作。他们所展示的基于独立人格的生存方式，尤其值得尊重和倡导。因为互联网改变了游戏规则，它让每个独立和有价值的个体成为系统和资源的连接器，或直接成为系统本身。

我从这些人身上看到了情怀的力量。

有人说，情怀是一块遮羞布。当你没有办法实现商业价值的时候，只好拿情怀来做幌子。

还有人说，情怀不能当饭吃。

的确，情怀不能当饭吃，因为太奢侈了。

情怀是画龙点睛的那一笔；是点石成金的那一击；是化腐朽为神奇的配方。

我们的世界正由一个讲求逻辑与计算机效能的信息时代，转化为一个重视创新、同情心和整合力的感性时代。这个时代属于一群具有创造力、有同情心、能洞察趋势，并赋予事物不同意义的人，这些人被称为高感性人群。在我看来，这就是情怀人群。

未来的世界一定属于这些善于发现和制造意义，愿意和有能力感染、带动他人的人。

很荣幸，书里的大多数人都是我的朋友和伙伴，我们有着共同的价值观和生命追求。我们不仅见证了彼此的成长，还相互点燃。

"放肆青春"和"孤独者联盟"能成为华南地区两个令人瞩目的社群，是一件很有意思的事情。从词义上看，这两个群体定位迥异。一个放肆，一个孤独；一个热烈，一个沉静；一个偏文艺，一个偏商业。但分析参与者的共性就会发现，其实放肆和孤独原本就是一个硬币的两面，大家只是在用不同的方式呈现生命的另类价值。

在写这篇推荐序的时候，我正在酝酿一场自我更新。非常奇妙的是，当我重拾初心，准备再次出发时，孤独两字浮现在眼前。我们需要一个面向文化旅游消费人群的自媒体，它的定位不是俗世意义上的吃住行游购娱，而是有温度的、有情怀的，甚至是孤独的心灵旅程；它提供的不仅是物质意义上的需求满足，还是灵魂上的解药；它不仅是一个媒体，更是一个社群，是一群有独立价值观、有品位的人分享美好生活的场景。

没有一次旅行是被辜负的，没有一条道路不是孤独的。上帝给了每个人不同的高度和视角，就决定了每个人心中都有属于自己的精彩。而我们的使命，就在于为你提供与众不同的精彩。

在半百之年再次出发，是受"孤独者联盟"和"放肆青春"的双重激励。我们从不同的路径开始，最后汇聚成一体，成为最好的CP。

仅以此序，向最好的我们致敬！

导读 / I

推荐序 / Ⅲ

传统行业　重焕生机 / 1

白酒：国酒茅台的社群化探索 …………………………………… 3

茅台华南地区一级经销商　郭超仁

　　身为"茅二代"的郭超仁接过老一辈茅台人手中的接力棒，迎接正逐渐成为消费主体的年轻人。他面临着一个大课题，即作为拥有上百年历史的世界驰名品牌，茅台如何转型，使品牌年轻化。

服装：消费升级与产业转型该怎么做 …………………………… 12

七匹狼集团原副总裁，CAPSULE 胶囊时尚品牌创始人　闫　军

　　当下服饰产品快速迭代的消费时代有哪些特点？如何解决中国本土服装品牌老化的问题？作为一直热爱服装并致力于传统服装行业转型升级的专家级人物，他经历了怎样的转型升级？对于中国服装行业的未来发展，他有着怎样的思考？

家居：全屋定制服务大众生活…………………………………… 22

维尚集团副总裁、维意定制 CEO　欧阳熙

　　定制曾是少数人、少数行业的专属，但在维意定制的努力下正变成"大众的生活"，其背后就是信息化支撑起来的运营服务体系。近年来，这个品牌保持着年均 50% 以上的客户增长率，原因在于它紧紧抓住了一个核心——顾客。

手机：设计的命门是什么 ·············· 31

前三星中国设计研究所用户体验创新部负责人　林　敏

> 好营销是精美的容器，好的产品自己会说话。
>
> 打情怀牌真的有用吗？产品设计是功能为王，还是关注更多内容？
>
> 小米、OPPO 手机在设计上的命门是什么？

日化：离开宝洁，在红海中创业的破与立 ·············· 41

前宝洁高管，上海恒久源健康科技有限公司 CEO　麦咏红

> 即使是宝洁公司这样拥有多品牌、多品类，在产品和营销方面实力一流的跨国巨头，都有被其忽视而增长无限的市场。她究竟如何"破"近二十年快消品领导行业的积淀，又如何"立"出一个纯天然"食品级"洗护品牌？

厨电：未来厨房会变为社交的平台 ·············· 47

前华帝燃具创始人之一，东方晨星投资管理有限公司总经理　黄启均

> 在时空的轮回中，我们日渐忽略的厨房可能在新时代焕发生机，这一点黄启均洞察到了。厨房不但成为重要的自我展示空间，也会更加智能化，成为家庭社交和快乐的重要诞生地点。

餐饮：我的 Y7 餐厅是多元文化混搭基地 ·············· 53

Y7 电影餐厅创始人　田　品

> 他说他不喜欢吃饭时有"到底吃什么"的烦恼，也不喜欢"没吃完饭就急忙往电影院赶"的约会方式，所以他把它们拉在一起"混搭"，因为自己也是消费者。是什么让他如此拧巴？又是什么让他把社交作为食客的核心诉求而跟传统餐饮对着干？

图书：樊登读书会引领的全民阅读浪潮 ·············· 63

樊登读书会多木分会创始人　崔　岚

> 在互联网上充斥碎片化信息的今天，樊登读书会将知识产品化，打造知识经济，樊登书店在知识的产品化上是如何操作的？樊登读书会的创办是基于何种社会洞察？

汽车：设计是表情的传递，品牌是内涵的体现 ·············· 72

小鹏汽车设计总监　赵　谦

> 小鹏汽车虽然创建时间短，但已被誉为"真正的互联网汽车企业"，得到马云投资。从马自达到小鹏汽车，他坚持的理念是怎样的？互联网汽车与传统汽车的设计区别在哪里？

地产：商业与文化的结合 ································ 81

广东茂德公集团董事长　陈　宇

　　他一心向着故乡，十多年来持续用人文情怀和产业格局重启家乡的核心资源，助力一座小城的文商旅。陈宇十多年前就发下宏愿，践行"回家"的旅程，让人感佩。中国的乡村需要更多这样的"新乡绅"。

旅游：空降长隆后的突破与坚持 ····················· 88

知名旅游企业长隆市场总经理　熊晓杰

　　他带给长隆三大独特性的价值：
　　1. 娱乐营销。
　　2. 企业媒体化。
　　3. 业余时间的社群探索，追求生命的多标签。
　　"娱乐至上"的关键是什么？一个抛开商业的社群，靠什么维系？

新兴行业　轻装疾行 / 95

社群：小群如何席卷海量用户 ······················· 97

腾讯服务商，微播易副总裁　徐志斌

　　微信依然是国内应用最广泛的软件，人们在各个群里分享与互动。可以说它已成为我们生活的基础设施。如此巨大的流量如何应用于商业，是各个商家都在思考的问题。

共享：共享经济的价值、泡沫和未来 ·················· 105

Xbed 创始人　李春田

　　基于共享理论，Xbed 打造的中国首个全互联网运营的分布式酒店产品和模式独树一帜，它不但颠覆性地改变了酒店产品的线下外观，更获得了资本界的竞相追逐，获得 8000 万元投资。

微博：鹿晗凭什么一句话就可以"现象级"刷爆微博 ········ 113

新浪微博副总裁　王雅娟

　　微信兴起后，微博一度跌入谷底，"微博已死"的言论甚嚣尘上。在这样的情况下，微博顶住压力，不断创新，终于迎来再次爆发。那么，在她看来，企业如何玩转新浪微博？这个平台还将释放出哪些能量？

新零售：美团是"咨客"，考拉先生是"妈咪" ·········· 120

考拉先生网络科技有限公司创始人　雷　勇

　　做生意就是把握三个环节，第一是拿货便宜，第二是客人多，第三是能说会道。考拉先生抓住中间的一点——客户端，以自己的 CRM 平台让社区店消费者更容易与经营者建立联系，进行精准的营销。

虚拟：技术带来新玩法 ······················· 130

骨狸科技 CEO　　胡昌涛

为实现 AR、VR、CG 技术在商业上的价值最大化，他正在走一条全面超越的路。AR、VR 技术可以应用在哪些领域？这一技术的发展前景如何？

IP：超级 IP 的互联网温度从哪里来 ··········· 138

《大唐雷音寺》《市井财经》创始人　　张春蔚

《大唐雷音寺》将几位 IP 名人梁宏达、郁钧剑、赵忠祥、苏扬讲述的内容进行整合。她是如何在后自媒体时代迎头赶上的？带着一众"老炮"IP 在互联网各大平台迅速吸粉，她是如何做到的？

直播：职业化主播和短视频，品牌的 IP 化之路 ·········· 150

广州尔码文化传播有限公司 CEO　　喻晓马

一家动辄收费百万元的网络营销服务机构，怎么会想到创办一家网红直播媒体？经历了三年的实践，网红直播的热潮进展到什么阶段？它显示出社会化营销正朝着什么趋势发展？这些都是值得深究的话题。

娱乐：如何最大化挖掘明星营销的价值 ·········· 158

太合音乐品牌市场部总经理　　司新颖

作为中国领先的音乐服务提供商，太合音乐旗下业务覆盖音乐产业上下游全部领域，服务艺人包括薛之谦、许嵩、陈洁仪、刘惜君、徐佳莹等。他眼中的娱乐营销究竟是怎样的呢？

秀场：不想做设计师的导演，不是好公益梦想家 ·········· 164

秀场导演、造梦空间创始人　　肖寅菲

与时尚距离最近的似乎是服装行业，服装秀场是视觉营销中高水平的表达方式，其传播效力与付出成本不一定成正比。保持心态，读懂自身灵魂，才能挖掘秀场的魅力价值。

音乐：我的酒吧就是纯粹玩音乐而已 ··········· 172

田园牧歌音乐空间　　田志林

在田园牧歌，他是无忧无虑的歌手。他的田园牧歌不轻易接受投资加盟。无论哪一个，都是最纯粹的他。他以音乐人的初心，经营着自己的音乐事业。

电商：完美主义者——美容健康电器专家 ········· 179

SKG 集团董事长　　刘杰

自 2007 年创办以来，SKG 一直保持惊人的增长速度，多款单品销量在各大电商平台占据榜首，并一度拿下天猫"双十一"互联网家电销量三连冠。董事长刘杰是如何死磕的？

企业智囊 咨询师说 / 187

碎片化时代的战略营销还有用吗 ·························· 189

喜马拉雅战略咨询集团董事长 赵 辉

他的公司长年服务于一些国内顶尖的产业巨头企业，如格力、京东家电、创维、九牧卫浴、汤臣倍健、vivo智能手机、三雄极光、华帝等。每年有效影响的企业营业额合计超过6000亿元。

营销永远是一个关于顾客需求和顾客价值交付的科学 ·············· 199

科特勒咨询集团中国区总裁 曹 虎

他说："我们永远要关注如何去解决每个行业钉子的问题，不能因为自己手里碰巧有一把定位的锤子，看每个行业都是一个需要定位的钉子。这恰恰叫庸人自扰。"那么，他怎么看待中国营销发展的变化趋势？怎么看待从中国制造到中国智造的转型升级？

新媒体营销"病毒"如何智造？ ·························· 208

钛铂新媒体董事长 龚铂洋

一个营销好的标准是什么？当然是能促进销量！我们对社会化营销很感兴趣。有没有花钱少、见效快的传播方式？

厂商一体化协同如何实现 ···························· 217

深圳深远企业顾问董事长 杜建君

他被称为营销"鬼才"，在没有真正地接触过销售业务的情况下，用短短三年时间创造了TCL的市场奇迹，也为TCL的渠道建设奠定了扎实的基础。在对企业的"望闻问切"中以敬畏生命的高度获得很多大企业的长期合作，被誉为"渠道赋能"专家。

传统行业　重焕生机

白酒：国酒茅台的社群化探索

茅台华南地区一级经销商

郭超仁

身为"茅二代"的郭超仁接过老一辈茅台人手中的接力棒，迎接正逐渐成为消费主体的年轻人。他面临着一个大课题，即作为拥有上百年历史的世界驰名品牌，茅台如何转型，使品牌年轻化。

茅台在线的诞生，让茅台走下神坛，面向普通消费者。向消费者介绍茅台的制作工艺和流程，简单来讲，就是告诉消费者茅台好在哪里。目前市场上白酒品类繁多，在这样的情况下，若想稳居行业龙头位置，茅台需要应时而变。

怎么变？令人意想不到的是，一个广州的经销商给出了富有前瞻性的答案，这应是茅台之福！

他是茅台华南地区一级经销商之一，又属于年轻派。即使在茅台畅销的时候，他也组织品鉴活动，打通各个高端社群，同时还自主开发了线上直供销售系统。这在茅台体系内属于第一家。

他为什么借用社群和圈层，做第一个把酒香吆喝出去的人，还要建立一个互联网平台？一名经销商这样做，当兵的想领导的事，位置是不是没有摆正？

身为一名"茅二代"，是什么让他接过老一辈茅台人手中的接力棒，迎接正逐渐成为消费主体的年轻人？作为拥有上百年历史的世界驰名品牌，茅台如何转型，使品牌年轻化？

他是谁？

他就是广州超扬贸易有限公司总经理郭超仁。

坐拥一个知名度极高的品牌，几乎不用担忧销售问题，他为什么还要去折腾社群营销？

1. 文化是塑造品牌的核心工作

《执行官》：茅台是国酒代表，亦是受人追捧的品牌，几乎不愁销售的问题，你为什么要建立一个互联网平台，借用社群和圈层展开营销？你当初是怎样考虑的？

郭超仁：社群营销是我们公司2012年开始探索的一种新的营销模式。在2012年的"八项规定"之后，茅台最核心的客户"三公"群体消失，我们要探索未来的茅台之路。从那时起，我们通过品鉴会等方式，做一些关于茅台文化的体验式营销探索。可以说，正是公司遇到市场销售的一些阻碍，才触发了我们新的探索。

2009年，我发起建立了第一个互联网平台——茅台在线，这也是茅台官方电商平台的前身。今天，互联网是我们线上、线下体验式营销结合的工具，但茅台文化的核心还是社群营销。茅台现在的"备受追捧，不愁营销"，其实是这几年我们通过社群营销等各种新营销模式得到的一种自然结果。

《执行官》：近年来，你作为华南地区主要的茅台一级经销商之一，针对不同的高端社群做了很多文化、品牌的体验活动，你的社群营销思路是什么？

郭超仁：我们的很多营销思路来自客户的诉求，社群营销的出发点也不例外。2012年，通过与老客户沟通，我们发现很多忠实的消费者存在一个困惑，即大家都知道茅台酒的名声、档次，却不知道茅台酒好在哪里。基于这一点，我们从介绍茅台制作工艺、茅台文化入手，与大家分享。

针对茅台的终端消费群体，我们做了一系列的文化营销探索，先对茅台的品质、制作工艺和品牌故事进行收集与整合，再通过社群的方式传播给更多的消费者。当时提出的品鉴文化，准确来讲就是社群文化的一个主题。值得骄傲的是，通过重新梳理和推广，国酒茅台得到了更多朋友的认可和支持，结识了更多潜在的高端消费群体。2016 年茅台市场的突然好转，其实是我们通过营销调整、创新，努力开拓市场的结果，绝非偶然。

《执行官》：在很多人看来，茅台品牌如日中天，销量、价格也一路攀升，作为经销商根本不需要进行任何营销，只需要囤货。作为新锐经销商的代表，你为什么将简单的事情复杂化？

郭超仁："茅台"是一个伟大的品牌，伟大不仅在于它的工艺、品质，更在于它站在营销的最前沿。在茅台公司 2011 年全国经销商会议上，董事长提出卖茅台一定要懂得营销，不能当坐商。从计划经济到市场经济，茅台品牌其实一直在做自我营销，但经销商长期以来一直处于坐商模式这种状态。坐商就是仰仗品牌的成功树立和官方投入为经销商创造环境，经销商自己不去做市场，不需要通过营销去发掘客户需求，以最低的成本实现最大化利益的模式。2012 年之前，结合国内四万亿元的投资和外部房地产投资创造的经济环境，茅台的经销体系可以用"土豪"来形容，得到的收益非常丰厚，但是这种方式经不起市场变化的考验。当"八项规定"出台后，过去最大的消费主体突然消失，我们无所适从。2013 年，茅台给人留下负面印象。那时我们发现一定要通过营销等市场化的行动，重新创造茅台的未来市场和价值。

今天的茅台重新走向辉煌，是因为我们经历过市场变迁的洗礼，我们认识到一定要未雨绸缪、为未来规划。虽说现在的茅台公司不需要我们做很多事情就可以创造出很好的效益，但是过往经历让我们认识到一点：在市场环境好的条件下，我们更需要投入，更需要为未来 3 ~ 5 年的工作做铺垫。同时，文化传播也是一个品牌最核心的工作，所以，我把大部分收益都用在了打好未来市场的基础工作上，进行一系列前期投入，不是把简单的事情复杂化，而是将一项长期工作选择在一个最好的时间点介入，为茅台的百年事业做好基础工作。

2. 社群营销要抓住"二八法则"

《执行官》：超扬建立了自己独有的互联网平台，估计在经销商中也算独此一家，你为什么要这样做？在试水网络销售的过程中，你有什么经验和教训？

郭超仁：早在 2009 年，我们就开始了互联网销售的探索，当时酒仙网、1919、京东酒水这些平台还在初创期。我在国外有过几年生活经历，我认为互联网会是产品与消费者之间交易最高效的沟通工具，所以就初步尝试建立了"茅台在线"平台。当时茅台官方在互联网营销上还处于起步阶段，我做了这样一个电商平台，得到了官方的召唤，邀请我共同探讨互联网营销，并且指出我们的尝试和探索非常有价值。

一个大企业做新的探索需要长时间的规划，不一定能够跟得上市场节奏。经过探讨，由官方牵头，我作为战略合作伙伴来做这件事情。今天，经过市场的洗礼，我们已经形成了一个良好的新营销模式——以茅台文化为基础的群体发展模式。我相信，在 2018 年的茅台"文化服务年"，我们会与有共同理念的茅台经销商通过线上、线下结合的高效营销方式，更好地传播茅台文化。线上通过文化素材高效传播，把对茅台文化感兴趣的朋友聚集在一起，然后通过线下的茅台文化体验馆，形成聚会的地点。我相信越来越多的朋友可以通过线上的互动和线下的文化体验馆了解茅台文化、了解国酒的品格。在这条探索的路上，茅台得到了很多人的关注、理解和支持。所以，不怕失败，敢于走出第一步，是我想要与大家分享的经验。

《执行官》：白酒的传统销售渠道竞争激烈，往往存在复杂的利益链条，社群会成为未来白酒销售的主要渠道吗？除了社群，还有什么新型渠道？

郭超仁：任何营销从根本上说都是买和卖的关系。在这个核心的关系下，我们要使用符合当下市场需求的工具和模式。茅台和传统品牌的区别在于它属于稀缺商品。2017年，茅台酒的投放量是26000吨，但总的市场需求量达到40000吨，但这种状态并不是市场常态。从2012年到2016年，由于市场环境不太好，茅台酒销售困难。市场销量下滑直接损失的是一级经销商的利益，但这也促成经销模式创新，让更多消费者开始了解茅台。

我认为当下茅台的营销渠道有三种：一是垂直电商；二是大卖场与商超，比如沃尔玛"山姆"会员店，它解决了普通消费者的需求；三是圈层文化的营销创造出消费者对茅台酒认可的氛围，满足高端消费群体对茅台深层文化的需求，增强与客户之间的黏性。我们都知道"二八法则"，年投放量5000多万瓶的茅台酒对于我们这个人口巨大的国家来讲，只能满足小部分需求。在这样的前提下，文化、体验式营销针对的是20%的客户群体，但这些客户群体又会充当意见领袖，影响剩余的80%客户。我认为茅台的这种探索已经有了初步成果。当中国酒行业还在突围时，它带领整个中国酒行业达到了一个新的高度。作为茅台经销商，我感到骄傲。

至于新型渠道，我认为可以在现有的基础上进一步完善中国白酒文化的传播和引导，把更多的知识分享给核心客户，再通过他们传播到社会的各个角落。

《执行官》：随着社交媒体的发展，越来越多的产品试水社群营销。酒水产品与其他产品相比，进行社群营销的优势在哪里？

郭超仁：随着社会媒体发展，很多领域的产品社群营销都呈现出"出现—兴盛—衰落"的过程，酒水行业不会出现这种情况。我曾经说过一句话："吃饭是为了身体，喝酒是为了灵魂。"当社会物质消费水平达到一定程度，人们除了最基本的生存需求，还需要酒水带来精神上的满足。酒水行业可以通过打造社群来满足人们的精神诉求。

在酒水行业出现了几种不同的模式：第一种是江小白这种年轻品牌，抓住了年轻人的心，把中国白酒的粗犷文化转变为年轻化文化，让许多刚刚进入社会的年轻人产生共鸣，接受江小白；第二种类似洋河的营销模式，通过自媒体、明星营销，让消费者迅速接受产品；第三种是像茅台这种老牌名酒，本身具备深厚的文化底蕴，靠增强老用户黏性来带动新客户，通过和客户线上、线下的互动，让大家知道茅台酒蕴藏的文化含义。每个行业都有自己的圈子，在不同的圈层文化中，茅台酒是连接各行各业的纽带，能够给大家创造一个好的互动氛围。

3. 吃饭是为了身体，喝酒是为了灵魂

《执行官》：年轻人逐渐成为消费主体，他们有自己喜欢的品牌风格，茅台作为老牌酒水品牌，如何进行品牌的年轻化？

郭超仁：这个话题我们在几年前就探讨过，也是茅台高层比较忧虑的问题。现在的 90 后、00 后成长起来后，会不会将茅台作为消费对象？我认为人们对于产品的喜好是一个发展的过程，比如在婴儿时期会喜欢比较甜的东西，少年时期则会喜欢可乐等碳酸饮料，喜欢那种刺激的感觉，再长大一些更喜欢喝啤酒，所以，人们的消费喜好是一个逐渐改变的过程。从年轻到成熟，具备消费能力，我们往往会在下一个时期颠覆上一个时期非常喜欢的饮品。在此过程中，我们会随着年龄增加、消费能力提升与地位改变，去选择消费一些更加高级的饮品。

消费者也会因为文化因素改变自己的消费偏好，比如茅台的消费群体也有过去只喝单一麦芽威士忌或者是 XO 的高净值客户，但是通过参与茅台的品鉴，也接受了作为中国文化代表的茅台酒。茅台现在提出的理念是"酿造高品质的生活"，加上茅台本身的文化底蕴，会促使更多的年轻人在未来消费茅台，他们就是我们的潜在客户。

当然，这是一种被动的"年轻化"方式，即等待年轻群体成长起来消费茅台，传承茅台文化。在这个过程中，我们也会探索采取一些年轻化的营销策略来加速这个过程。每个消费者都是通过生活中的点点滴滴来体现自己的消费力和品位，我们在年轻群体中创造关于茅台的两个印象：一是茅台酒很高端；二是年轻群体认可茅台成为生活中的元素，

是现阶段应有的品位，乐于去传播。

《执行官》：近年来，国酒茅台频频出现断货现象，在你看来原因何在？这个时候，你的文化品鉴活动是不是没有必要继续进行了？

郭超仁：从 2016 年 6 月开始，茅台酒就逐步走向热销，到今天达到了供不应求的状态。我曾说茅台的发展历程类似于一个 U 字形，2011 年位于 U 字形左侧的巅峰。随着 2012 年"八项规定"出台，经历了一个下滑的过程。在触底的时候，出现了茅台价格腰斩、消费群体消失等不利局面。在整个低谷期茅台都处于蓄势中，进行营销拓展和创新尝试。在这个过程中，我们也进行了一系列市场化探索。当这种积累达到一定程度，就产生质变，造成一种突然爆发的假象，其实是经历了不断沉淀的过程。

文化活动的持续探索是茅台面向市场的重要渠道，我们把茅台当作可以传承百年的事业去经营。在这个过程中，我们还会遇到各种情况，但是不管遇到何种变化，文化都是抵御风险的最好工具。随着中国经济崛起，中国文化也在逐步崛起，影响世界各个地区的人民。作为中国文化的代表，茅台文化的品鉴将不再局限于国内市场的探索，更会走向世界。

《执行官》：茅台在中国是一个独一无二的存在。假如让你选择其他酒类品牌，你觉得哪一类酒最适合进行社群营销？

郭超仁：吃饭是为了身体，喝酒是为了灵魂。每一款香型的酒、每一种品牌的酒都具备各自的特点与优势。在新媒体时代，通过各种方式让消费者获知品牌容易，打动消费者却很难。

作为满足人们精神需求的产品，酒水必须打造出自己的文化，吸引忠实消费者作为意见领袖，围绕他们打造社群，用口碑传播的方式形成一种势能，才能影响到更多的消费者，从而树立起品牌在市场上的影响力。因此，我认为社群营销不是适不适合的问题，而是必须要采用的营销方式。哪个品牌在社群营销领域做得好，就有可能成为未来酒水市场的佼佼者。

《执行官》：在进行社群打造时，往往会遇到运营成本高、见效慢等问题，你是如何看待和解决这些问题的？

郭超仁：这确实是我们的一个痛点。我们进行的茅台品鉴、文化传播活动，在实践过程中成本很高，因为茅台的消费者层级比较高，必须找到和他们身份相符合的场所开展活动。针对这个问题，我们开始筹建茅台文化体验馆。2018 年 5 月我们建成了茅台文化体验馆。

茅台文化体验馆解决了以下两个问题：

第一，可以搭建自己的平台，从而拥有更强大的文化感召力。文化传播社群的打造，一定要有属于自己的空间和场景，这样才能让消费者形成对品牌的归属感和认同感。

第二，能够有效地减少成本，比如我们可以邀请客户到体验馆品鉴茅台，搭配一些贵州的特色菜品，这样就能节约很多后期成本，如去高档餐厅推销的费用。

4. 孤独就是敢为人先

观察员胡夏：你觉得卖酒的人一定喜欢喝酒吗？你喜欢吗？

郭超仁：当然不一定要喜欢喝酒才能成功卖酒，但是，我认为运营商只喜欢喝酒是不够的，一定要爱上你的品牌，这样才有发自内心的动力，才能拥有通过眼神交流就能感染目标客户的魅力。只有做一行爱一行，才能做好自己的事业。

观察员胡夏：消费者口味不同，给酒水产品的口碑营销带来了巨大挑战。酒水产品在进行社群营销时能否借鉴体验店的模式获取粉丝？

郭超仁：口碑是一种强大的宣传方式。我一直强调要通过体验式营销打造核心客户，因为他们的口碑可以配合我们的营销活动，形成巨大的传播力，从而实现品牌的社会影响力和美誉度。当然，这一切的基础是产品品质。有了好的产品品质作为基础，才能形成良性传播。体验式营销能够获取口碑，再配合社群营销的方式，实现传播效能的最大化。

观察员段传敏：作为经销商，你承担起茅台品牌创新营销实践的责任，总部持什么态度？

郭超仁： 虽然我只是茅台的经销商，但是我一直把自己的目光放在整个品牌运营和发展的高度，我把茅台这个品牌视为自己的品牌，这样我在经营的过程中看问题、思考问题会更加长远。中国的酒水行业在营销层面其实是比较落后的，但也正是因为这些不足，才有了我们更大的发挥空间。我在做这些营销创新尝试的时候，茅台集团领导给了我很大支持，我的很多建议在茅台新文化传播营销中得以采用。作为其中的参与者，我非常感谢大家对我的认同。

观察员段传敏： 你曾经作为嘉宾参加第一届中国孤独者年会。什么时候你最孤独？你会想什么、做什么？

郭超仁： 最孤独的时候，是当我有一些想法，但还得不到大家认可，独自一人去实践的时候。敢为人先，去做一些实践，对我而言是一种骄傲，是一种非常好的自我价值实现的方式。

观察员段传敏： 作为 CEO，你在商业上最关心的三件事是什么？

郭超仁： 我最关心这三件事：

第一，我是否始终处于所经营品牌传播的核心位置。

第二，我所面对的消费者是否能够接受我所传播的内容和信息。

第三，这些传播是不是能够得到大家的认可，让更多人接受茅台。

服装：消费升级与产业转型该怎么做

七匹狼集团原副总裁，CAPSULE 胶囊时尚品牌创始人

闫　军

重工业的转型困难重重，轻工业又何尝不是？中国有 13 亿人需要穿衣，虽然穿衣的需求已基本满足，但人们更高层次的需求——个性化发展、情感的需求还是没有满足。在国际市场，国产品牌更是缺席，流行的多是欧美服饰。

而闫军领导了七匹狼的时尚化和国际化转型，让人们看到了中国服装业的转型升级之路。他坚持"以命相抵做服装"，体现了对职业的热爱与坚持，也展现了求新求变的经营模式，期待他的 CAPSULE 胶囊时尚品牌在开启传统行业的发展新模式方面硕果累累。

在中国，各个产业都在进行产业升级和企业转型。"转型升级"这四个字说起来容易，做起来却困难重重，对很多企业来说几乎是脱胎换骨、浴火重生。在衣食住行各个领域中，消费升级的浪潮越来越大，互联网让服饰潮流全球化，越来越多的小众服饰品牌用其鲜明的文化特色积累了大量粉丝并成功转化为忠实用户。时尚作为一种设计师与时代感强烈融合的文化元素，服饰产品快速迭代的消费时代有哪些特点？如何解决中国本土服装品牌老化的问题？他跨界传媒、广告、服装、时尚等多个领域，成功操盘七匹狼品牌的时尚转型，推出"狼文化"系列，使七匹狼成为第一个米兰官方邀请走秀的中国男装品牌。

他是闫军，七匹狼集团原副总裁，CAPSULE 胶囊时尚品牌创始人。

作为一直热爱服装并致力于传统服装行业转型升级的专家级人物，他经历了怎样的转型升级？对于中国服装行业的未来发展，他有着怎样的思考？

1. 品牌的自传播成为趋势

《执行官》：2013 年你进入七匹狼集团，担任集团全新定制新品牌"圣沃斯"的总经理，全面负责制定新品牌的品牌战略、品牌定位、品牌运营等业务管理工作，为七匹狼的转型升级立下汗马功劳。当时，您面对的企业状况如何？

闫军：当时很多服装企业都实行多品牌的战略，七匹狼也采取了品牌矩阵策略。其中，"圣沃斯"是比较高端的设计师品牌，下面有七匹狼的主标品牌，也有一些副线品牌，如 SW1960，还有一些授权品牌，比如七匹狼运动、七匹狼针织，等等。"圣沃斯"担当着提升七匹狼集团整体品牌价值的角色。现在看来，对于多数服装企业来说，多品牌路线具有很强的挑战性，如果没有非常强的运营能力，多品牌会让企业很难聚焦发展。

从 2013 年到 2015 年，在时尚、休闲装占主导地位的背景下，圣沃斯商务装的定位遇到了很大挑战，经历了一段衰落期。在这里跟大家分享我 2013 年担任"圣沃斯"品牌总经理的几个做法：

第一，一次性卖给电商价值 450 多万元的库存产品，拿到手 330 万元，用这笔收入重新做"圣沃斯"品牌定位。

第二，走访各个渠道，将"圣沃斯"从法式优雅装的定位转型为有国际设计背景的意大利时尚休闲装定位。

第三，改变了独立开店的做法，因为在销售额下滑的情况下，走独立开店的路线很难发展。我没有采取独立开店的策略，而是依靠七匹狼的销售渠道，满足高端用户的需求，通过两次订货会，让销售额有了非常大的增长。我接手的时候，"圣沃斯"品牌全年的收入是 2700 万元，将其重新定位后，通过两次订货会，收入增加到 9600 万元。

《执行官》：七匹狼的转型升级是如何进行的？你做了哪几项关键工作？你的心得是什么？

闫军：推动七匹狼的转型，我从品牌、商品和零售几个方面入手，打通品牌、商品和零售渠道。在很多传统企业，品牌建设只是简单地请代言人、投广告、时装周走秀，举办公关活动。商品则根据订货会、代理商或经销商的需求来开发，商品和品牌的价值缺乏关联性，而且零售渠道非常松散，这就造成消费者对品牌的感知分散，整个消费体验很差。

基于这种散乱的情况，我提出打通品牌、商品与零售渠道。首先，在品牌维度上需要挖掘品牌价值，要有真正能够代表品牌内涵的产品设计，提高消费者辨识度；其次，在商品维度上，强调企划对于商品的引导性，构建完整的商品企划体系。除此之外，我还在商品维度上建立长期的供应链战略合作；最后，在零售维度上，我建立了 CRM 客户管理体系，连通公司官网、微信与微博，沉淀用户数据，形成互动营销平台。同时推行新的视觉企划，让零售端的橱窗、陈列等表达方式符合品牌定位。

除了以上三个维度，还需要把握流行趋势，不只是设计风格的趋势，还包括品牌媒体化、内容化的趋势。如今品牌的自传播成为趋势，这也是我们需要把握的一点。

《执行官》：在中国，衣食住行各个领域中消费升级的浪潮越来越大，各个行业都在进行转型。在你看来，服装行业的消费升级体现在哪些方面？对其他行业有什么借鉴作用？

闫军：服装的消费升级主要有以下几个特点：

第一个特点是个性化细分，因为互联网带来了个性化需求，所以在这个维度上我觉得会有非常大的空间。

第二个特点是追求极致的性价比，极致的性价比是国际快时尚品牌带进中国的概念，它们在互联网获取巨大流量后再跟供应链对接，产生极致性价比。

第三个特点是生活方式族群化，不同阶层、不同兴趣爱好的人会形成各种族群，比如跑步、户外运动、马术等，未来的服装升级会根据不同的生活方式打造品牌。在城市差异上，一、二线城市居民的服装需求会以个性化细分和生活方式作导向进行升级，而三、四线城市则会根据性价比，对KOL（关键意见领袖）认同进行升级。

《执行官》：你领导了七匹狼的时尚化和国际化转型。在实践中，你觉得中国企业的国际化道路处于什么位置？中国服装和国际服装竞争的主要差距在哪里？在国际一线奢侈品牌中，中国的服装品牌总是缺席。随着中国服装行业的转型升级，是否能诞生匹敌国际大牌的奢侈品牌？

闫军：中国服装品牌在时尚领域和国际品牌的差距依然巨大。这种差距我们可以从一些细节感受到，比如参加国际展览会时，国外设计师会排斥中国观众拍照，因为他们认为中国服装就是抄袭。遇到这种情况，我们非常有挫败感。中国服装品牌与国际品牌产生差距的原因主要有两点：一是认知层面不同，七匹狼集团请过许多国际著名设计师，但他们设计服装的理念和流程与中国设计师完全不同；二是在创意和设计之间、设计和成衣之间的产业支持，中国服装某些好的创意或设计无法落地。中国服装的原创设计能力跟国际接轨还需要一段时间。

国内消费者和国外消费者的消费习惯也存在差异，比如欧美消费者喜欢有纹理、质感的材料，而中国消费者更倾向于柔软的材质，所以双方的互相适应还需要很长的时间。

除了技术之外，品牌文化也是不容忽视的因素。文化对于品牌精神和品牌价值打造意义重大，欧美国家品牌文化输出能力很强，每个奢侈品牌都有较长的发展历史以及价值传承，其中包含第二次世界大战后开始平民化的欧洲贵族文化。中国奢侈品牌积淀不深，因此，中国打造奢侈品牌还有很长的路要走。当然也有机会，比如爱马仕收购的"尚夏"，采用西方人的视角，同时传承了中国的文化价值，打造家居产品。在定制的方向上也存在机会，目前已经有一些很好的中国设计师出现。

2. 以命相抵做服装

《执行官》：互联网的普及让人们的兴趣爱好更加个性化，越来越多的小众服装品牌赢得了大量粉丝。移动互联网时代，服装业的发展有哪些新特点、新表现？

闫军：传统服装行业受移动互联网冲击很大。我个人观察到以下几个特点：

第一，在强社交时代，移动互联网对于服装最重要的影响体现在社交层面，服装代表了一个人的品位，在人人都喜欢展示自己的时代，服装越来越讲究美与个人品位的结合。

第二，在移动互联网上出现了很多个人意见领袖，如各类 KOL、大 V、网红，他们具备很强的社交黏性，形成了强社交圈层，如网红能够带动个人品牌的成长。

第三，移动互联网带来更快速、直接、高效的信息，让消费者更加看重购买服装的便利性，体现在快速推新让购买更加便利的服务。最后，移动互联网会加快整个服装行业生态链的效率，从制造到销售，再到社群，新技术的运用会大大提升管理效率。

《执行官》：你为什么放弃知名企业高管的位置，创办胶囊时尚？你个人想把胶囊时尚带向何处？

闫军：每个人都有梦想。我非常喜欢日本设计师山本耀司的一句话，"以命相抵做服装"，这也是他一本书的书名。我非常喜欢服装行业，觉得未来服装行业还有很大的提升空间，所以自己创业。之所以起名 CAPSULE（胶囊时尚），是因为胶囊代表了新鲜、快速、及时，是小而强大的象征。站在消费者的角度，社会进程越来越快，大家对新鲜设计的追逐也越来越快。而胶囊时尚这个名字强调新鲜感，代表了我们会不断更新设计理念。除此之外，有很多年轻的新锐设计师，他们有很多好的想法和创意，能够满足消费者的个性化需求，但是缺乏平台，因此我希望能够通过自己的经验，带动更多的年轻设计师参与，让他们的设计理念能够落地。

今年我们把方向锁定在运动健身领域，因为健身已经成为具备社交和生活方式属性的概念。当人们追求更好的身材时，对服装也会有不同的要求。希望未来胶囊时尚成为运动时尚领域中具有自己的价值观，能够代表一种生活方式的平台，不断推出新的设计。

《执行官》：胶囊时尚定位于高端时尚运动品牌，在创新营销方面进行极为大胆的实践，能否分享一下经验？另外，你对社群营销颇有心得，能否分享你的观点？

闫军：这些问题我还在摸索。我认为，社群营销在未来会更强调企业跟用户的连接点，而这个连接点应该是情感需求。产品是冷冰冰的，而情感是带有温度的，所以我觉得社群营销的核心是找到一个情感需求的连接点。在推出第一个品牌 Free Joy 时，我们的理念是：身体是一切美好的开始，所有人回归到身体，才会有更好的精神，更好的体形，希望有更好的时装来匹配，所以我们找到了和消费者之间的情感连接点。

在社群营销上，我们最近的尝试是包装 KOL，一方面，转换成 UGC（用户原创内容），通过内容变现；另一方面，通过内容转化粉丝，培养出自己的 KOL 和公众号。比如我们在"十点读书"推出健身课程，不到一个月时间收获两万订阅量，通过微信互动，培养了自己的粉丝。当粉丝数量足够时，就容易形成健身垂直领域的公众号，使得广告和衍生内容产生经济效益。

3. 年轻化是一个不可逆的趋势

《执行官》：互联网诞生了许多 UGC，让消费者参与服装设计是否会成为趋势？服装定制是否能够成为服装行业转型的出路之一？

闫军：我认为让消费者参与服装设计肯定会成为趋势，因为互联网上用户参与主要基于两点原因：第一是有趣，第二是有非常强烈的参与感。我觉得这个条件已经非常成熟。关于服装定制，我们在国外和国内都能看到一些做法，比如在美国硅谷，有个品牌叫 Betabrand，针对精英出行提供一些创新设计，然后通过用户线上投票，决定生产哪些款式，这是一种众创、众筹类型的定制。

从产业的角度，我认为会经历从半定制到全定制的过程。半定制比较容易实现，在几个重要的环节获得用户定制诉求即可。全定制则需要在供应链的每个环节数据化，国内一些服装品牌做了这方面的尝试，但是最后成衣的体验感比较弱。目前服装行业仍处于半定制阶段，但是未来会和消费者深度互动，向全定制的方向发展。

《执行官》：中国的服装品牌面临着老化的问题，许多年轻人对传统服装品牌不感兴趣，中国服装应该如何突破这一局面，重新焕发活力？

闫军：首先，传统服装企业应该放弃一些固有观念，不要患得患失，担心年轻化后无法维系原有客户，这是一个取舍的问题，要明白年轻化是一个不可逆的趋势，要有明确的取舍。其次，要敢于突破，推出新的原创设计。如果能够把握潮流，做出非常好的设计，年轻人乐于接受。我在七匹狼集团的做法也得到了实践证明，我们新的产品设计让年轻人眼前一亮，和腾讯游戏雷霆战机合作也有了许多原创设计的表达，推出的产品效果非常好。最后，可以将广告风格、传播风格年轻化，这也是非常有效的方法，比如请一些年轻的代言人、模特，采用年轻人喜欢的标签，个性化表达，就能传达出品牌年轻化的意味。

《执行官》：移动互联网时代营销方式变得多种多样，著名网红张大奕通过直播创造了服装销售奇迹。服装行业的营销产生了哪些变化？除了直播外，还有哪些行之有效的方法？

闫军：我认为主要有以下两点：

第一，对用户需求的挖掘，用户购买的不是产品而是需求，比如在冬天购买的是保暖需求，在运动场景里购买的是快速排汗、快速散热的需求，基于对需求的理解设计产品，才能真正打动消费者。

第二，大家对于互联网的应用一定要落到真实的数据上，即通过用户数据画像，迅速找到合适的款式、价格定位，把握流行趋势，基于这些数据非常容易聚焦用户需求。直播只是一个形式，在未来进行互联网营销时，要依据用户画像定义用户真实需求，以此设计产品，而不是简单的为了销售某款产品而进行网红直播。

《执行官》：许多服装品牌存在老化的问题，胶囊时尚在营销上有"去品牌化"的动作，是不是在新的时代品牌不再重要？如果要与年轻的消费群体沟通，实现品牌年轻化有没有捷径？

闫军：在移动互联网时代，传统 4P 法则发生了变化，传统的渠道概念演变为流量即渠道，对消费者而言定价不再是越低越好，而是追求极致的性价比，产品也演变为具有内容属性、自流量属性的概念。因此，品牌现在强调的是能否积聚势能，是否具备自传播的能力，流量、内容、自传播载体对品牌而言更加重要。

我认为与年轻人沟通是比较容易的，他们喜欢神秘的事物，比如日本的潮牌 MMJ 主打骷髅文化，它不会让消费者轻易找到设计师店铺，因此消费者热衷于在网上搜索店铺位置，店铺往往很小，只做简单的陈列，营造神秘感。除了神秘感之外，年轻人也喜欢一些炫酷的设计，比如折服于一些黑科技或是匪夷所思的设计表现，同时他们看重一些设计细节。只要抓住年轻人的消费特点，和他们对接就是件比较容易的事情。

4. 通过打造唯一性来获取流量

《执行官》：近年来，一些国外的快时尚品牌在国内服装市场迅速扩张，给我国服装行业带来了哪些机遇和挑战？

闫军：国际快时尚品牌有非常强的市场预测能力，当一个区域的服装品类开始成为快消品，它们就会迅速进入，这也是优衣库、ZARA 快速进入中国并扩张的背景和前提。

这些快时尚品牌对中国服装企业的挑战，我认为有以下三个方面：

第一，它们反应更快速，中国服装品牌的供应链以半年为单位，快一些的以季为单位，而国际快时尚品牌往往以周为单位，反应迅速。

第二，它们提供了性价比很高的产品，这种定价能力需要有强大的供应链支持体系，中国的服装品牌缺乏这种体系。

第三，这些品牌对于国际时尚流行的把握强于中国服装企业，设计师能够根据国际最新的流行趋势迅速设计最新的款式。

当然，机遇与挑战并存。国内服装企业首先要学会差异化定位，因为只有个性化的定位才能和这些国际快时尚品牌抗衡；其次要有独特的设计，具备一些不可替代的设计元素，比如，如果能实现立体裁剪的技术突破，就能产生自己的产品特色；最后，新街头文化的中国风是中国服装品牌的一个机会，新街头文化影响了许多 DJ、音乐人、设计师、时尚博主的着装风格，如线上品牌"花笙记"，品牌成长性很好。

中国服装产业更大的变革体现在供应链上，把原来单纯追求规模化制造的体系打破，按照个性化的细分品类做供应链整合，重新和品牌、渠道对接，一些互联网企业已经开始在做，如网易推出严选，小米推出有品。可以说，中国服装行业已经到了迫切需要变革的时代。

观察员胡夏：Capsule Fashion 品牌文化的提炼是基于哪几个方面？

闫军：我们可以把品牌分为三层：第一层是 Brand Code，即品牌编码，这需要找到具有品牌特色的设计符号，同时设计风格要和当下时尚形成"故事冲突"，表达和潮流的关系，比如拍摄广告时，华丽的服装在华丽的场景下消费者是无感的，但是华丽的服装出现在荒漠、破旧工厂里，就会形成冲突感，品牌就能跳脱出来。

第二层是 Brand Story，即品牌故事，包含品牌调性、品牌故事原型，如 Chanel 的品牌故事都是围绕 Coco Chanel 本人的经历，所有的品牌故事表达比较凄美。

第三层是 Brand Value，品牌价值，是品牌精神和文化的表达，代表了品牌愿景，期望带给人哪些价值。

观察员胡夏：最近，品牌自传播貌似有点"污"向。您怎么看待这个问题？

闫军：我觉得这是一个误区，很多形式都可以借鉴，关键是要找到用户需求和产品特性的结合点。比如前段时间用华为手机做切菜板的视频很好地把产品特色和 UGC 视频结合，表达非常自然，传播也很好。大象公社推出了安全套，传播内容是"单手开套秒分正反"，这确实是用户的兴趣点和痛点，这样的内容才能和用户建立联系。因此，我认为自传播的问题不在于"污"，而是能否和消费者产生连接。

观察员田品：各个行业都受到电商冲击，大多数购物中心开始减少服装品牌零售店，增加更多体验式消费店（比如餐饮、体验式电影院、VR 游戏），你们还会重视购物中心里的连锁店面吗？还是重新定位？

闫军：开设新的线下店铺的目的是为了带动流量，在流量增加的情况下带动更多的消费。从人们的生活方式来看，购物中心是一个不可替代的娱乐、消遣场所，在这个过程中会产生更多的消费，产生很多机会。不过打破千篇一律的购物体验，仍然有很大的提升空间。

孤友朱波：新零售最近很火，您认为服装品牌的新零售应该往什么方向发展？现在有哪些成功的案例？

闫军：我的看法是大家不能被"新零售"这个概念给忽悠了。BAT 三家中危机感最大的是阿里巴巴，因为购物平台的选择有很多，所以阿里巴巴提出新零售并非为了带动行业变化，而是为了吸引流量。也就是说新零售最值得我们思考的是如何打造唯一性来获取流量，如果你不是消费者的唯一选择，独特性也不够，就会被抛弃。基于这一认知，新零售的创新可以从内部创新和外部创新入手，内部创新要从产品设计、体验感、服务等方面入手，同时利用新技术优化管理；外部创新即利用新的方式吸引流量，如社群、KOL，培养外部流量入口。

孤友李勇韶：去品牌化是否也要形成品牌？

闫军：我认为去品牌化和形成品牌是不冲突的，品牌最核心的是输出价值，满足用户需求，而去品牌化则让品牌变成内容的载体，变成流量入口。所以，这是两个维度的事情，并不冲突。

家居：全屋定制服务大众生活

维尚集团副总裁、维意定制 CEO

欧阳熙

定制曾是少数人、少数行业的专属，但在维意定制的努力下正变成"大众的生活"，其背后就是信息化支撑起来的运营服务体系。维意定制的贡献在于以自己强有力的信息化后台树立起个性化生产的标杆，并且和同行开创了全屋定制家居行业，这个行业目前正成为所有家居产品的"入口"。

本书中另一位嘉宾曹虎说："营销永远是一个关于顾客需求和顾客价值交付的科学。"从某种意义上说，维意就是这种教科书式的案例，它让 C2B 这个似乎必须要在后互联网时代才能实现的模式早早地成为现实。而欧阳熙的贡献在于围绕顾客价值这一核心基点不断与时俱进，持续创新与改进。在他这里，创新是常态，他们在以各种方式试验创新，深度挖掘顾客需求，不断创新，满足客户需求。因此，我将这样的企业家称为"科学家"，他们身上有着一股时刻围绕消费者进行经营试验的气质，令人赞叹！

从 2017 年 3 月 7 日起，一家公司在深交所成功上市后连续 11 个涨停板引起了家居界的广泛关注。这家公司就是全屋定制家居领导品牌维意定制所在的集团——尚品宅配。

人们关注的不仅是其引以为傲的 C2B 模式、快速的 O2O 实现，更有对其发展潜力的无限想象。《定制：看维意如何 PK 宜家》（北京时代华文书局 2015 年出版）一书，似乎在喻示它的发展方向，不但是制造业企业，还可能是个流通"巨鳄"。

近年来，这个品牌保持着年均 50% 以上的客户增长率，有人甚至声称这家企业未来堪与老牌的宜家家居比肩而立，原因在于它紧紧抓住了一个核心——顾客。

消费者曾经是被动的：购买家居产品时没有现货，需要几天后自己提货；跑了许多家具店找不到合适的家具，只能买一件凑合；安装家具厂家另外收费，迫不得已只能自己动手……

然而，维意定制不一样。在其开创性的现代 C2B 模式中，C（顾客）是它经营的出点发和围绕的中心，它拥有云设计平台下超强的设计团队，又有对定制化家居产品进行大规模生产的能力，这让其在为顾客进行定制设计和生产时显得得心应手。从设计方案到预算表，从大规模定制生产到上门安装，维意定制真正做到了"把少数人的定制变成多数人的生活"。2017 年这家企业成立"生活方式研究中心"，为不同阶段的家庭量身打造最适合自己生活方式的全屋家居产品。

维意定制的成功离不开欧阳熙，作为维尚集团副总裁、维意定制 CEO，他重视口碑，重视变革，抛弃传统家居行业的条条框框，开始多元化尝试和拓展。

1. 单纯依靠产品打天下的时代正在过去

《执行官》：提到家居，人们一般想到的是产品的质量、款式，很少会想到顾客。以往的家居企业更注重产品品质，维意定制为什么将注意力放在了以顾客为中心上？

欧阳熙：我认为有以下三个原因：

第一，质量、款式这类词语基本上是用来形容产品的，而单纯依靠产品打天下的时代正在过去。款式、质量已经是家居产品的入门条件。在消费升级的今天，款式、质量好只表示企业还在家居行业排队买票，门都没有进去。以客户为中心则意味着要从客户的角度来看问题，发现痛点，解决痛点，提升自己的亮点。

第二，我们发现家居客户存在一个很大的痛点，即当他看见很喜欢的产品时，并不清楚放到自己家里会是什么样子。针对这个痛点，我们推出了核心技术——设计服务，这样的服务让客户能够在买家居产品之前看到这些产品在家里摆放是什么样子，实现了"所见即所得"。

第三，任正非提出"以客户为中心"，我想不会错，我们企业也把任先生的"以奋斗者为本"作为自己的责任。

《执行官》：维意定制成立至今，似乎一直在转型，先后进行了四大转型和三次变革。这种迭代和创新似乎是家常便饭，是什么让维意天生具有变革的"基因"？

欧阳熙：转型和变革有三个层次：改变、能变和想变。作为一家从IT企业跨界转型的定制家居企业，不断变革似乎是我们天生的"基因"。不过，我觉得我们最深层次的"基因"是坚持——我们的坚持就是要"把少数人的定制变成多数人的生活"。为了这种情怀，我们必须"改变"，尤其是在遇到瓶颈期、危险期的时候，只有变革企业才能生存，这是第一点。

第二点，我们"能变"的基础来源于IT的"基因"。我们不仅做产品，还提供设计服务，特别是在定制的过程当中，只生产产品完全不够。为了更快速、更好地为我们的消费者提供设计方案，就需要用到IT技术，通过我们的IT技术在设计端及生产中的应用来实现更好地为客户服务。由于IT技术的迭代很快，带动了我们产品的迭代与创新，我们就具备快速改变的能力。

第三点，"想变"，2017年维意定制已经步入第14个发展年头，在行业当中也取得了一定的地位。这个时候，我们就要想着如何更好地发展，如何更好地实现我们"把少数人的定制变成多数人的生活"的情怀，所以我们主动转型，主动变革。

2. 维意不走宜家的老路

《执行官》：在家居行业，维意定制似乎是一个天生的孤独派，令很多行业企业看不懂，也学不会。从过去的衣柜到橱柜再到整体家居，维意定制的产品不断扩展，不但销售自有品牌的产品，而且还在销售跨品牌的沙发、厨电等产品。多元化扩展似乎会导致定位不清晰。维意如何定位自己的未来？

欧阳熙：国内的家居定制行业首先是从橱柜的变革开始，之后慢慢延伸到卧室，而卧室又是先从衣柜开始走上定制的。目前，绝大部分定制类企业仍然在做橱柜和衣柜这样的定制产品。真正的全屋定制本身有一定的技术门槛和难度。从销售端设计而言，做卧室、书房、厨房、客厅、门厅全套的设计，比单独做衣柜或者橱柜难得多，生产的难度也更大。而维意定制从软件公司转型而来，可能是行业当中唯一一个跨界者。跨界者往往不会遵守行业里传统的条条框框，我们会有一些自己的做事方式。比如维意定制 2006 年突破生产的壁垒，把前端的设计跟后端的生产打通，因而我们的流水线可以实现个性化定制产品的大规模生产，具备进行全屋定制的能力。

虽然我们也销售跨品牌的沙发、厨电等产品，但我认为维意的定位一直非常清晰，即家居行业。我们致力于"成就你我的家居梦想"，把少数人的定制变成多数人的生活，所以我们不能只给客户提供橱柜产品或者衣柜产品，必须给客户提供所有生活空间的产品。在周年庆时，维意一次性推出了几十款客厅和餐厅产品，不仅为客户解决了卧室、书房、厨房的定制，也把客厅、餐厅的定制一并解决。客户期望一站式拎包入住的痛点，就是我们的突破点。

《执行官》：2017 年维意定制所在集团上市时连拉了 11 个涨停板，受欢迎程度可见一斑。从财报上分析，产品销售的毛利非常高，但是净利润相当低，而且店面的数量不及同行，未来是否在渠道上进行变化？另外，维意有一本书叫《定制》，把维意和宜家进行了详细的对比，这是否意味着你们有可能像宜家一样演变成一家流通性企业？

欧阳熙：这个问题一针见血。上市之后，可以从很多财报分析看到，维意定制的毛利高，净利润低，实际上我们并没有追求很高的利润，因为我们不仅在产品上投入，而且在服务上投入。我们应该是全国唯——家开展大规模直营体系的家居企业，其他的家居企业基本上采用经销商模式。这样也就导致我们的运营成本较高，特别是直营店前期投资时，利润相对较低，但随着门店的成熟，情况将会越来越好。

在对比分析上，我们的店面数量确实不及同行，因为同行绝大部分采用连锁加盟的形式，在全国各地发展加盟商，实现快速扩张。我们更希望先在一些城市打造标杆，再向全国进行复制，因为做连锁加盟标准非常重要。现在维意定制已经开始准备在渠道上进行大的变革，全面采取连锁加盟的模式。我们现在在设计、生产以及模式和服务上有一套自己的标准，比较容易进行复制和扩张。接下来，就是看谁跑得更快，跑得更远。

虽然维意定制店面较少，但是我们的销售额比较大，这意味着我们的单店产出在行业内是较高的。到了今天，我们更可以在各个渠道上同步发力。《定制》这本书是段传敏老师对维意进行跟踪，深入了解采访，和宜家对比之后写成的书，非常有深度。不过，这并不意味着我们要和宜家一样走流通性的发展模式，我们和宜家完全是两种模式。当然，我们也希望能成为像宜家一样的家居企业。

3. 全屋定制的核心是为顾客提供整体设计

《执行官》：目前，家居定制行业发展迅速，全屋定制也是大势所趋，引起很多泛家居行业整体性的跟进。你也曾讲过，定制家居的下半场是真正全屋定制的"战场"，那么维意如何在下半场竞争当中再次拔得头筹？

欧阳熙：目前，整个家居行业都开始提全屋定制的概念。虽然我认为不应该是这样的局面，不过大家都开始做全屋定制，对市场反而是件好事。定制家居的下半场可能是真正的全屋定制的"战场"，谁能够真正地为客户提供全屋定制，谁才能胜出。

首先，全屋定制真正的核心不在于能提供多少产品品类，而是如何提供给顾客整体设计。维意定制提出"3210"的概念，即三房、两厅、一厨、零元设计，能不能短时间内为客户提供专业的全套家居设计方案，提供全套设计的预算清单是最重要的。为此，维意定制提出了"24 小时看全屋方案"的服务标准。

其次，即使能够设计出全屋方案，企业设计是否能够跟生产对接起来？当企业为客户个性化地设计了卧室、厨房、客厅以及儿童房，在生产端会碰到巨大的问题。绝大多数定制家居企业并不具备进行全品类生产的能力，而且也没有家居企业能够代工定制类、非标准型的家居产品，所以单纯依靠设计和简单的生产整合是不够的。

最后，渠道的问题，维意定制之所以近几年门店数量较少，是在布局全屋定制的模式，它涉及更多的产品，更复杂的服务，因此需要更长的布局时间。目前市场上的同行更多采用单一的橱柜店、衣柜店，客户需要逛很多门店才能购买一整套全屋家居产品。真正的全屋定制一定是能够全套配齐，还包含床、床垫之类的软体家居，慕思寝具在这个领域做得很好。除此之外，还有餐桌椅、智能家电，等等。这些产品不一定是我们定制企业的强项，需要寻求更广泛的合作，这样才能真正为客户实现一站式的全屋定制。

《执行官》：目前维意正朝着"定制生活方式"的方向再次进行变革，这是针对顾客表现出来的何种变化？这种变革的核心内容是什么？

欧阳熙：在过去的家居企业，尤其是家具类企业，产品生成基本上都采取先研发，再打样、试销，然后批量生产的模式，较少出现根本性变化的产品。我们通过十几年的顾客研究，发现可以从客户的生活方式切入，因此我们取消了产品研发中心，成立了一个新的部门——"生活方式研究中心"。

研究中心以家庭为单位进行研究。比如，根据家庭所处的阶段来研究，发现我们最主流的客户群体是"同程相伴"的家庭。如果一个家庭中最小的小孩大概在六岁以下，我们就把它定义为"同程相伴"家庭。这类家庭生活重心全部放在小孩子身上，在为这个阶段的家庭进行设计的时候，一定要为小孩考虑。其中，最重要的三个设计理念是陪伴、安全及收纳。

所以，我们在"生活方式"的研发上，不再是围绕产品的美观、色彩等方面进行研发，而是从各个阶段家庭的特殊需求进行研发。维意输出的不仅仅是新产品，更重要的是新设计理念，而这些设计理念又可以体现到设计系统当中。当然，不仅是"同程相伴"家庭，未来还可能出现更多的单身家庭或是新婚家庭，他们对于家居设计的需求是完全不一样的，因此需要有不同的设计理念。

4. 企业要掌握核心技术

《执行官》：目前中国制造业需要转型。作为转型升级的典范，维意定制也是工业4.0的样板和C2B + O2O模式的创新标杆。对面临转型的制造业企业，维意有什么可以分享的经验？

欧阳熙：过奖了，我们只是在家居行业中走得稍微早一点，稍微快一点。在企业的发展过程中，我们总是面临各种各样的诱惑，比如现在行业内推出各种各样的新概念，似乎有了这些概念就能打天下，我觉得并非如此。赵辉老师讲的观点非常好，在新的互联网形势下，战略仍然是非常重要的。无论哪个行业，都要回归行业本质，想清楚我们到底能为顾客做什么，我们能为顾客提供什么样的价值，而不仅仅是如何通过互联网实现转型。

从大战略上来说，我们仍然是聚焦家居行业，把少数人的定制变成多数人的生活。对照赵辉老师上次提到的"三把尺子"中的核心技术，维意定制也有自己的核心技术，即我们的IT技术在家居行业设计、生产以及销售领域的应用。为了达成战略目标，我们发起"战役"，让所有的家居企业能够像维意一样，不仅卖产品，而且要为客户提供设计服务。通过十几年的努力，目前几乎所有定制家居企业都开始配备设计师，并开始使用IT软件，整个行业逐渐产生一种新标准，而且我们让消费者也开始接受先有设计后有定制的理念。

孤友陈宁：不客气地说，家居建材行业这十年，生产商在产品、品牌、公司治理等方面的突破和创新，远远好于家居渠道商的变化，家居渠道商基本还停留在"包租婆"式的服务。在创新更高效率的线下、线上渠道方面，维意是否有自己的规划？

欧阳熙：维意可能刚好是家居建材业的一个特例，因为我们原来从事 IT 行业，转型之后快速地抛弃了传统的家居渠道。目前，我们在线下主要开拓购物中心渠道，即在购物中心开设我们的专卖店，这也是维意目前在国内门店数量较少的原因之一。在线上我们有自己的网络公司——新居网提供 O2O 服务。接下来，我们将会在 O2O 渠道发力。在线上，通过新居网更精准地寻找客户，为客户推荐我们的设计服务，当然这一切仍然是免费的。我们先为在网络上报名的客户上门测量尺寸，为他提供全套的家居设计方案，包括预算清单。线下则在写字楼里面建设"O 店（O2O 店）"，通常在二楼或三楼拿下一整层，建设大型体验店，让顾客能够更好地看到产品、体验产品。

观察员唐伟：目前 C2M 模式在某些领域已经形成趋势，定制服务细分越来越明确，维意在用户洞察、用户标签等方面也已经有成熟体系。除了用户需求深度剖析外，维意如何整合线下与线上渠道？如何进行同步引流？

欧阳熙：正如赵辉老师分享的那样，企业的成败关键要看是否掌握了核心技术，这一点非常重要。维意之所以能够在行业里进步较快，跟我们拥有自己的核心技术有很大关系，我们把 IT 技术应用到家居行业，应用到生产端、渠道管理等方面。表面上看，我们的核心竞争力是较早提出了全屋定制的概念，但背后仍然是 IT 技术在相关领域的应用，这应该是维意的优势所在。

《执行官》：你曾说"我们更在乎口碑"，为什么？你对"口碑"的理解是怎样的？

欧阳熙：我认为，口碑就是客户认为你的产品好，你的服务好。对维意而言，口碑的核心就是设计，如果我们的设计能够做得更好，就意味着在前端客户更能够接受我们，对整个设计风格、设计功能和组合更加满意。设计也直接影响后端的生产和安装，如果设计得好，在产品和安装方面都会取得很好的口碑。

手机：设计的命门是什么

前三星中国设计研究所用户体验创新部负责人

林　敏

企业不能为了创新而创新，为了差异化而差异化。在设计创新时，应当秉持回归产品自身价值的原则，围绕用户的痛点做真正的创新，这是最核心的价值点。

他看到小米"性价比"的品牌路线，预言其用户忠诚度将出现问题，坦言品牌升级才是王道。

天下武功，唯快不破，对于一个初创企业尤其如此。不过，除了快，更需要强调的是准确性——信息的准确性、决策的准确性、动作的准确性，将快与准并重，企业才能在同质化的大环境中创造出主动出击的局面。

说到底，就是对用户需求的鉴别度、满足感，产品依赖用户洞察，创新需要用户研究推动，所以抓住用户需求才是王道。

广州美术学院林敏教授是前三星中国设计研究所用户体验创新部负责人。

对于工业设计你都想知道什么？

你会知道什么？

好营销是精美的容器，好的产品自己会说话。

打情怀牌真的有用吗？产品设计是功能为王，还是关注更多内容？

小米、OPPO 手机在设计上的命门是什么？

1. 围绕用户痛点做真正的创新

《执行官》：你曾经提到 OPPO 有一个很新的设计，一款手机摄像头可以翻转是相当大的产品创新，但实际上卖得不够好，而回到更传统设计的 R7 反而卖得很成功，因为有一个功能是"充电 5 分钟，通话 2 小时"。你讲这个案例，是想说明中国企业在设计创新的时候应该秉持什么原则？

林敏：N1 手机的摄像头可以翻转。从设计角度来讲，是一个很大的创新，但市场表现却不理想。这是因为虽然它使得前置摄像头的分辨率得到提高，但拍照的速度却大大减慢，无法满足用户即刻锁定美好瞬间的需求。这对用户体验的伤害是很大的。这个例子的教训是：企业不能为了创新而创新，为了差异化而差异化。违反这一原则往往带来的是不好的结果。我们在第一代锤子手机中可以看到很多为了创新而去创新的地方，所以销售情况不理想也是很自然的事情。因此，我们在设计创新时，应当秉持回归产品自身价值的原则。我们需要围绕用户的痛点做真正的创新，这是最核心的价值点。

《执行官》：你曾经说小米品牌陷入困境是因为小米品牌给人留下的印象只有性价比，而性价比的概念没有内涵，因为不能够沉淀。现在小米产品似乎卖得很好，你还持相同的观点吗？如果你是小米产品的设计师，你会从哪方面进行产品的设计思考，可以留给用户怎样的价值沉淀？

林敏：我的观点没有变化。小米品牌一直在走"性价比"这个路线。小米品牌确实有一个辉煌的时期，并在经历了衰落后再次开始爬升，但它仍然在走"性价比"这个路线。而追求性价比的用户是很难具备忠诚度的。这些用户看重的是以较少的金钱获得一个不错的配置或功能。一旦这些用户拥有更高的收入，就很容易转向其他品牌。"米粉"变成"果粉"的现象就会不可避免。相反，iPhone 的用户就具备很大的忠诚度。随着 iPhone X 的发布，苹果公司迎来了很多批评的声音，比如说"刘海"设计得不合理。然而，我们发现虽然 iPhone X 的销量并不如预期的理想，但仍保持在一定的高度。这就是品牌的价值。

有研究表明，当一个品牌足够强大时，用户就会产生"原谅"心理，即用户会对这个品牌的偶尔出错表示宽恕，用户依然会购买犯错的产品来表示支持，然后继续等待下一个更新的、更正确的产品出现。假如我是小米产品设计师，基于小米产品当下发展的状态，我会选择重新思考、定义、塑造品牌的形象。小米产品虽然一直在努力提升自己的品牌影响力，但效果不太理想，所以只能回到"性价比"这条熟悉的道路上。小米产品要想长足发展，就应当在品牌上实现升级。

2. 互联网时代的设计要更快更准

《执行官》：如今的产品同质化越来越严重，在技术创新难以实现的情况下，企业如何做到设计的"微创新"？这些创新能给企业带来什么？互联网时代的产品设计与过去有何不同？

林敏："微创新"曾经是个很热的话题。但在近两年，它的热度降低。因为很多企业所说的微创新在本质上并不能称为创新，只是在模仿的基础上做了一些改动，只是为了避免完全抄袭。真正的微创新，是指一个产品通过看起来很小的创新给用户体验带来很大的影响。换句话说，就是达到四两拨千斤的效果。

客观来看，产品的同质化已经很严重，技术创新在中小型企业很难实现，这也是近年来用户体验越来越被重视的原因。在同样的技术内核和解决方案的基础上，创造不同的体验成了竞争的关键因素。虽然在技术上不能够突破，但是从用户体验出发进行突破，就能把握机会。之前提到的 OPPO 就在续航时间上做了创新，"充电 5 分钟，通话 2 小时"就是一个切中用户痛点的创新。在这个基础上，再配合后期的产品营销，OPPO 轻松地撬动市场。对于企业来说，类似这样的创新还是有很多机会的。

在互联网时代，产品设计变得更快、更准，品牌表达变得更重要。

我们只有发现竞争对手尚未注意到的客户需求，才能更好地创新。只有这样，企业才能在同质化的大环境下掌握主动。

《执行官》：在设计要考虑的诸多要素中，你认为功能、工艺和美三者中什么最重要？

林敏：最重要的是功能。功能是一个产品的切入点，它体现了产品价值的基础。除了奢侈品外，"有用"对于任何产品都是非常重要的。只有在做到"有用"之后，才会去讨论工艺和美。但如果只有功能的话，产品就显得太过粗糙。这里面有一个平衡需要把握，并不是只要做好其中的一项就能获得成功。当然，在诸多因素中找到平衡点，对于一个产品来说是困难的，但同时也是个富有挑战性的、让人兴奋、充满激情的过程。

《执行官》：现在许多定制家居企业乃至更多行业的企业都热衷于聘请国外设计师，你如何看待其中的利弊？对于当前的板式家具的产品设计你有何看法？

林敏：在国内，企业聘请国外设计师是普遍做法，不只是家居企业，很多互联网企业也会这么做。本质上，这是企业对本土设计师不信任的表现。从另一个角度来说，这是为了迎合审美不足的用户口味的表现。实际上，这会误导和伤害用户，强化了用户认为国外设计更为优秀的想法。这是一个很危险的做法。

在板式家具领域很少有人能说出排名前十位的品牌，用户的认知度不足。这也印证了我们对品牌的塑造和定位不够准确，宣传、推广力度不够。我们大多数企业习惯于把海外设计师作为宣传的亮点，去走一个"捷径"，但从长远来看，这对企业是一种伤害，只会让它越陷越深。

《执行官》：现在"用户体验"是个热词。在很多人看来，"用户体验"就是你拿到或使用一个产品的感受，但你似乎对此并不认同。你眼中的"用户体验"是什么概念？

林敏："用户体验"不仅仅是用户的主观感受。如果它只是主观感受的话，体验设计便无从谈起。体验应该是由产品方进行设计，让用户能从产品中感受到。这就意味着用户体验与品牌、设计是一体的，这三者只是从不同的角度去看同一个事物而已。品牌是形而上的部分，它传达了更深层的意义，体验是能够感受到的东西，而设计就是衔接这两端的桥梁，它们服务的对象是相同的。

3. 产品设计依赖于用户洞察

《执行官》：有人说"好产品自己会说话"，认为好的产品是不需要做太多营销工作的。这对设计师和研发人员似乎构成很大的压力。您认同这种观点吗？营销与产品设计应该是怎样的关系？

林敏：好产品确实"会说话"，它能够给用户带来吸引力，但这是远远不够的。在互联网时代，市场竞争激烈，形成了"酒香也怕巷子深"的现象。所以，这就需要营销战略来把产品的"话"传播得更远，更响亮，更有穿透力。这就意味着在设计环节中，需要同步考虑营销方案的设计。这两条线是并行的。产品开发完成时，营销方案与部署也要基本完成。这样在产品发布时，必然会产生很大的助推作用。

《执行官》：互联网将"产品思维"带给了市场，那么，一个好的产品所赋予的内涵应该是什么？是满足用户需求、高性价比，还是其他？

林敏：一个好的产品所赋予的内涵，应该是这个品牌想要传达出的信息，这是每个产品都要做到的事情，其他都是次要的。

《执行官》：有许多企业或设计师热衷于拿奖，比如红点奖之类的，但事实上这些获奖产品似乎卖得不太好，你怎么看待这一现象？

林敏：这是"叫好"与"叫座"之间的选择。如果二者兼备，自然是最好的情况。但更多时候很难做到。拿奖是属于"叫好"层面的事情，这就意味着要在"叫座"层面做出牺牲。公司的策略决定产品走不走拿奖这条路。通常情况下，拿奖是为品牌服务的，用来塑造品牌内涵，这需要企业对品牌内涵有着非常清晰的认识。用于投奖的产品，它一定要最大化地体现出品牌需要传递的信息，因为这是其最重要的价值。从这方面来看，为拿奖而设计产品的做法无可厚非，但是不能只是为了拿奖而设计产品，否则在品牌的长期积累上难以产生效果。

《执行官》：越来越多的企业开始把用户研究作为设计的起点，然而大部分企业的用户研究流于形式，他们的误区可能出现在哪里？用户研究的价值何在？

林敏：用户研究是产品设计的基础，很多企业未能真正理解它的价值，使用户研究流于形式。产品设计是一项平衡的艺术，要通过用户研究深刻理解用户需求，然后才能更好地把握平衡点。目前，很多企业的用户研究局限于数据的采集，缺乏对用户的洞察。有时虽然有所洞察，但依然未能推进一步为产品决策指明方向。也就是说，用户研究的核心价值是为产品的战略服务，应当站在战略高度来思考对产品的帮助。

4. 创新需要用户研究推动

《执行官》：近年许多产品大打情怀牌。在你看来，产品设计时应该关注更多内容吗？比如情怀、文图场景、文化艺术、互动性，等等。

林敏：情怀牌自然有其价值所在。正如之前提到的，一个产品不能仅仅关注它的功能，还有其他很多方面需要关注。诺曼教授关于用户体验有一个模型，分为三个层次：本能层、行为层、反思层。功能属于行为层；本能层往往与美的范畴相关联；反思层属于精神方面，比如是否留下故事，是否让人回味，等等。这三个层次构成了一个更完整的结构。只有对这三个层次同时加以思考，才能够做出一个好的产品。

《执行官》：很多中小企业对动辄上百万元的产品设计费用望而却步，你对他们的产品创新有什么建议？你曾经提到设计要"在反思层面带来美好回忆"，即强调设计本身带来良好的用户反馈，使用户自己愿意成为产品的代言人。这是互联网时代的一个重要原则吗？

林敏：上百万元的设计费对于一些企业来说确实是一个很大的负担。换个角度来说，企业需要的是用更少的经费做出优化的设计。对此，我有三个建议：

第一，聘用优秀的设计师。

第二，把钱花在关键部分的设计上。搞清楚设计的重点在哪里，投入的重点在哪里。

第三，在创新点上做投入。

反思是非常重要的，在很多时候，用户的反馈会成为产品传播的工具。在互联网时代，"口碑化"成为时代的特点之一，正在变得越来越普遍，同时也会节省很多的宣传成本。所以，企业应当加大投入，做好口碑的管理。在我看来，这是互联网时代的一个重要原则。

孤友王有滢： 你在三星集团曾长时期负责用户体验创新，在你看来，这段经历给你带来什么样的收获和思考？请举例说明对新品设计产生了哪些影响。

林敏： 在三星集团工作的这段经历，我的收获和思考可以分为三点：

第一，对于品牌与设计的关系，我看得更加清楚。

第二，产品的创新是积累的结果，不是灵感的突然迸发。

第三，创新需要好的方法论来驱动，比如说今天的主题"从用户到用户"，即从用户研究开始，推动产品的创新，最后影响到用户的行为和习惯。

第三点是我目前思考最多的，它告诉我应该如何去设计，如何去平衡品牌、体验与设计的关系。三星盖乐世（Galaxy）手机很好地表现出我们在品牌上的诉求，在界面设计和交互手段方面借鉴了很多自然元素。

孤友杨俊杰： 设计时怎么控制产品成本？根据什么进行取舍？

林敏： 我认为在设计方面省钱不是一个明智的选择。在一些 ToB 的行业里，设计是非常"神奇"的，遵循着"能不花钱就不花钱"的原则，所以很多公司内部的系统都非常难用。在对设计思考预算时，要综合考虑产品的成本、定位与受众人群，等等。然后才能判断成本控制的范围，规划整个设计过程中的投入程度。

孤友胡夏： 作为资深设计师，一个产品设计的"老司机"，你认为一个产品最重要的三个元素是什么？

林敏： 第一，产品的受众群体是谁？即需要考虑产品的用户是谁。没有这一点，后面的设计都是一种假想的、不着边际的设计。

第二，产品的核心价值是什么？即设计产品时需要考虑产品能为用户解决什么问题，是否戳中用户痛点。

第三，设计会在何处超过用户预期？这是创新的部分，能够给产品带来口碑的部分。

不管什么样的设计、什么样的产品，都应当考虑这三个问题。

孤友王有滢： 现在设计界越来越讲究调性或美的表达，产品都在看颜值。在你看来，在产品设计中美的表达占比是多少？为什么？

林敏： 有句流行的话叫作"颜值即正义"，说明颜值确实很重要。当我们第一次聚焦在某一事物时，美是最重要的事情，能够给人留下良好的第一印象。但第一印象过后，美的重要性开始快速衰减，这是一个动态的过程。iPhone 多年来外观没有发生太大变化，它的"颜值"逐渐被习惯，其他部分变得越来越重要。即便如此，颜值依然非常重要，我们离不开第一印象。

孤友丁欣： 很多创新产品价格都很高，但大部分都华而不实。就设计而言，确实有创新意识，可实用度不足。所以，有些消费者在购买一些产品的时候，是在为产品的设计和他脑海中预期的功能而买单，两者在创新设计中有时融合度并不高。你是否认同这种说法？

林敏： 在消费市场，有很多产品并没有很好的实用性。很多时候是因为用户的第一印象而造成的冲动消费。一个典型的例子就是我们在健身房办健身卡，很多人办完卡就不再去健身。这样的例子非常多，从心理学角度来讲，我们要正确理解预期。《影响力》一书利用心理学的理论，探究影响用户决策行为的技巧，对理解预期很有启发性。

孤友王有滢： 苹果公司的"刘海屏"手机刚上市时，国内手机公司一片批判声，现在这些公司却上市了一大批"刘海屏"手机，请您分析一下这个现象。

林敏：这个现象并不奇怪。本土企业生产智能手表时，在已经做好的情况下，仍然选择等待苹果手表发布，目的就是与其进行比较，从而保持和苹果在设计上的相似度。这与我之前提到的企业聘请海外设计师的心理是相同的，还是本土设计师对自己缺乏信心。当然，苹果公司的号召力是其他企业望尘莫及的，即使苹果公司犯了错误，仍然会有大量企业在这个方向上继续跟进。这是一种稳妥策略，从市场角度上说无可厚非。

孤友丁欣：我们认为中国智造主要体现在技术、工业设计、营销品牌和模式创新上，这样利用更多知识的企业可以代表未来的中国智造。你认同吗？在你看来，哪些企业的设计及实用性可以称为中国智造的代表？

林敏：这句话对中国智造的表述过于复杂，它应该与设计一样，能够用更加简单的话来表述，不仅为专业人士所用，还要让普通百姓能够读懂。关于中国智造，我的观点是以下两点：

第一，品牌很重要。在这个时代，一定会有更多的本土品牌走向国际舞台。

第二，品质很重要。只有好品质才能够提供足够的体验来支撑品牌。

至于中国智造的代表，我现在还难以给出答案。因为本土企业还有很长一段路要走，特别是制造业。

孤友杨俊杰：国内很多企业的产品设计就是在国外产品设计的基础上做些改动，然后说是自己设计的，这种情况还比较普遍。对此你怎么看待？

林敏：这是尝试走捷径的行为，但凡事都是没有捷径的。今天走捷径得到的将来要还回去。设计需要一点一点地积累。从塑造品牌这个角度来说，这是长期利益与短期利益的取舍问题。

孤友王有滢：现在手机行业似乎有回归复古风的趋势，这种老瓶装新酒的方式，您觉得能够长久吗？

林敏：这类似于时尚圈的"轮回"，流行风格在几年后就会再次演绎一遍，因为风格和视觉都和第一印象相联系，再美丽动人，看久了也会腻，所以不用放在心上。

日化：离开宝洁，在红海中创业的破与立

前宝洁高管，上海恒久源健康科技有限公司 CEO

麦咏红

她的创业经历告诉我们，即使是宝洁公司这样拥有多品牌、多品类，在产品和营销方面实力一流的跨国巨头，都有被其忽视而增长无限的市场。情怀和匠心是竞争中最强大的武器。

宝洁公司被誉为"营销人的黄埔军校"。她凭借 20 年的专业积累，顺势而为，投身母婴产品市场，刚好迎来新的机遇——中国二胎政策，每年会有 2000 万新生儿。加上消费升级，母婴产品市场销售额将会从 2016 年的 70 亿元增长至 2021 年的 176 亿元。

不过，消费者已然发生变化。如何抓住年轻消费者追求时尚和新颖，热衷于表现自我和体现个性的特点，以新的营销方式赢得他们的青睐，将是她无法从历史中找寻，必须在现实中独自完成的任务。

她，曾在全球最大的快消品公司 P&G 宝洁担任产品研发、供应与品牌总监。

她，曾飞遍全球 30 多个国家 60 多座城市，在亚洲成立"金矿"全球采购中心，优化全球供应链结构，多次荣获 P&G 最高荣誉 CEO 奖。

她，被誉为"Global – I（eye）"，又被戏称为"供应商女杀手"，但熟悉她的朋友都亲昵地称她为"处女座原生态"。

她，既是"科学家"、"地推员"，又是"品牌操盘手"，她半只脚已踏入"娱乐圈"。现在的她说："我现在只想为中国的小孩子做点事。"

她，就是 Mable（麦咏红），现任上海恒久源健康科技有限公司 CEO、"百萌" Asprout 母婴品牌创始人；香港星酷品牌管理有限公司 "星超" ZupaZtar 快时尚明星品牌联合创始人；原宝洁公司供应 & 品牌建设总监。

她已经创立了专门针对母婴的百萌品牌，致力于为他们提供全天然的洗护产品。她究竟如何"破"近二十年快消品领导行业的积淀，又如何"立"出一个纯天然"食品级"洗护品牌？

1. 投身母婴行业源于一种责任感

《执行官》：宝洁公司被誉为"营销人的黄埔军校"，你在宝洁公司有近二十年的工作经历，你觉得宝洁公司的营销究竟强在哪儿？

Mable（麦咏红）：宝洁（Procter & Gameble）公司是全球最大的日用消费品公司，被誉为"营销人的黄埔军校"，我个人认为它的厉害之处体现在三个方面：

第一，多品牌战略。宝洁公司在全球品牌达到三百多个，在中国就有 11 个品类近三十个知名品牌。但"宝洁"并没有成为任何一种产品的商标，而是作为出品公司的名称对所有品牌起到品质支撑的作用。实行多品牌战略有助于最大限度地占领市场，满足不同层次消费者的各类需求，提高客户忠诚度和消费者对品牌的心智定位，从而培养消费者对企业的偏好。

第二，宝洁公司采取差异化营销的战略。宝洁公司追求同类型产品之间的差异化，体现在定位、功能、包装、宣传等方面，从而形成每个品牌的鲜明个性，比如潘婷传达的品牌定位是"健康和美丽"，而飘柔传达的品牌定位是"邻家女孩自信"，海飞丝则主打"去屑实力派"，不同品牌有各自的发展空间，市场不重叠。

第三，持续不断的新品开发。宝洁公司提出"360 度创新"的概念，围绕消费者体验进行全方位创新，比如宝洁发明了第一款纸尿裤、第一瓶去屑洗发水、第一款洗衣凝珠，等等。另外，宝洁倡导 FMOT，即产品有颜值，能第一时间吸引消费者的目光；SMOT，产品有内涵，让使用过产品的消费者喜欢宝洁的产品；TMOT，形成复购。

通过这些营销策略，宝洁公司在快消品的细分领域内一直处于领先的市场地位。

《执行官》：近几年来，宝洁公司遇到比较大的挑战。在你看来，是因为消费者变化所致还是市场环境原因？宝洁公司应对市场变化的"套路"是否失灵？

Mable（麦咏红）：我个人认为，这几方面的原因都有。

第一，市场竞争加剧，中国从 20 年前的几千家日化企业迅速发展到现在的几百万家企业，宝洁公司的产品年增长率和市场占有率都受到很大的挑战。

第二，宝洁公司应对市场变化的反应速度不够敏捷，决策不够快。

第三，消费者的忠诚度减弱，消费者的选择多了，忠诚度自然降低，加上现在电商平台崛起抢占市场份额，因此，宝洁公司在品牌策略和品牌布局上有必要调整。

《执行官》：在宝洁公司"毕业"后，很多人会有独孤求败的感觉，因为已经专业、系统地掌握了营销技巧，创业后你为什么继续投身母婴洗化用品？是否发现了宝洁公司未曾关注的市场机会？

Mable（麦咏红）：我 2015 年离开宝洁公司，宝洁公司有个习惯的说法，即宝洁是"黄埔军校"，离开就是毕业了。我离开时不觉得自己是独孤求败，而是抱着一种求胜的心态。我当时被一家资金公司挖去做明星品牌管理公司，一切都从零开始。我投身母婴产品市场也非一时冲动，而是在宝洁公司近二十年的专业积累基础上顺势而为。中国出台二胎政策，每年会有 2000 万新生儿，加上人们消费升级，母婴产品市场销售额将会从 2016 年的 70 亿元增长至 2021 年的 176 亿元。除此之外，还有个人情怀。我女儿小时候皮肤过敏严重，我却找不到适合她婴儿时期使用的防过敏洗护用品，包括宝洁在内的品牌都没有这类洗护产品，这就让我产生了一种责任感，想要为母婴行业提供一些更好的产品。

2. 塑造品牌需要时间、情感、匠心

《执行官》：你在宝洁公司位居高位，为何又选择创业，走上一条又苦又累的道路，创办自己的百萌品牌？日化行业在很多人看来是市场的红海，竞争激烈利润极低，为什么你还是决定进入这一行业？

Mable（麦咏红）：我在宝洁公司不算是位居高位，最多是中高层的职务。在宝洁公司的工作也挺苦挺累，加班到晚上 10 点、11 点是家常便饭。之所以从熟悉的环境中跳出来创业，也是想体验一下不一样的人生，想做让自己更加愉悦的事业，接触更多的人和事！现在做的事业也是我一直以来想做的，这样将来就没有遗憾了。

创办百萌品牌的原因，就是前面提到的个人情怀和市场商机。中国许多行业已经成为红海，大家喜欢一窝蜂地涌入同一行业，竞争激烈，利润变薄，能在红海中求胜才是真本事。

百萌品牌要和同级别的婴幼儿产品形成差异化，用一句话总结我们品牌的定位就是"超越进口产品的品质、合理价格和贴心的服务"，抓住母婴行业的发展机遇，创造我们自己的民族品牌。

《执行官》：进入 2018 年，人们感叹 2000 年出生的孩子都 18 岁了。随着年轻人成为主要的消费群体，他们对快消品有哪些不一样的需求？针对他们，营销战略又有哪些新的调整？

Mable（麦咏红）：要了解年轻人有什么不一样的需求，先要了解年轻人有什么样的消费心理特征，总结一下主要包括这么几点：

第一，追求时尚和新颖。青年人的特点是热情奔放、思想活跃、富于幻想、喜欢冒险，这些特点反映在消费心理上，就是追求时尚和新颖，喜欢购买一些新的产品，尝试新的生活。在他们的带领下，消费时尚逐渐形成。

第二，表现自我和体现个性。青年人追求独立自主，在做任何事情

时都力图表现出自我个性。这一心理特征反映在消费行为上，就是喜欢购买一些具有特色的商品，而且这些商品最好是能体现自己的个性特征，他们往往对那些缺乏个性的产品不屑一顾。

第三，年轻人容易冲动，注重情感。年轻人在处理事情时，往往容易感情用事，甚至会产生冲动行为，这种心理表现在消费行为上，就容易产生冲动型购买行为。在选择商品时，感情因素占了主导地位，年轻人往往以能否满足自己的情感需求来决定对商品的好恶，只要自己喜欢的东西，一定会迅速做出购买决策。比如近年来很火的"江小白"，在瓶身上打出一些贴合年轻人心理的文案，就能够迅速俘获大量粉丝。

从这几点不难看出，无论是产品创新，还是营销渠道更新，都要往年轻人的喜好靠拢，他们觉得品牌和自己是一伙的，是让自己感到骄傲、"不丢人"的品牌。总结起来，就是根据年轻人追求"正、靓、快"的特点，来调整产品营销战略。"正"是指产品要好，性价比要高；"靓"是指产品有品位，在设计包装和体验上下功夫；"快"就是先人一步的产品创新和到货。

《执行官》：快消品一直存在消费者忠诚度不高的问题，加上年轻人独特的品牌观念，快消行业维护品牌忠诚度的难度似乎更大。在你看来，快消行业积累多年的品牌优势会受到怎样的冲击？新兴的品牌能否抓住机遇颠覆传统的快消品牌？

Mable（麦咏红）：快消品消费者忠诚度不高一直是我们头疼的问题，宝洁公司每年在维护品牌忠诚度上花费很高。按目前的行业情况来看，短期内快消行业多年的品牌优势肯定会受到冲击，现在的世界500强企业，百年以上的老品牌已经不多了，所以品牌的更新甚至多品牌的重新布局是大势所趋，也是当务之急。前面讲到宝洁公司的三大营销优势之一就是产品创新，这点显得格外重要。在互联网信息密集的当下，创新速度更快、更准，是公司能否跟上市场甚至引领市场的关键。

长期来看，对于不同年龄阶段消费者的持续教育，反而是积淀多年的老品牌的优势，他们有资源，有沉淀，有情怀，有更多的能力去教育新的消费者，发现新的市场空间，赢在未来。

品牌塑造是一个慢慢渗透的过程，需要用资金、时间、情感及匠心去慢慢打造品牌。作为新兴的平台，网易严选敢于挑战一些传统品牌，这类新兴品牌正在抓住机遇，颠覆传统快消品经营方式。传统品牌应该正视这一点，努力创新，跟上时代发展的步伐。

厨电：未来厨房会变为社交的平台

前华帝燃具创始人之一，东方晨星投资管理有限公司总经理

黄启均

如果说中国人前三四十年的主旋律是"走出家门"，那么未来相当长一段时间的主题应该是"回家去"。尽管"家"这个概念随着时代的发展在人们印象中日渐模糊，但在人们内心深处，距离越远思念越深，终有一天，中国人会踏入轰轰烈烈的"回家"旅程。

这个"家"不仅是乡土意义上的家乡，还包括植根于心头的"家族"文化。当然，就生活而言，它亦指我们未来的生活方式。过去，它只是我们出发的港湾。未来，它可能是我们生命中的重要组成部分。

在时空的轮回中，我们日渐忽略的厨房可能在新时代焕发生机，这一点黄启均洞察到了。厨房不但成为重要的自我展示空间，也会更加智能化，成为家庭社交和快乐的重要诞生地点。

作为中山华帝燃具有限公司创始人之一，他辅助公司在深交所上市，在厨房行业耕耘了30年。

他曾参与2008年北京奥运火炬全球传递，被誉为"奥运圣火首席保障专家"。

他是黄启均，被称为厨房电器领域教父级的人物。

在卸任华帝公司的职位后，他创立了中山市东方晨星投资管理有限公司，以"发现伟大、成就卓越"为使命，构建"资源优配＋资本增值"双轮驱动的发展模式，打造全国性资本运营平台。通过"金融模

式＋金融管控”的输出，用资本的力量推动本地及全国的创新创业，支持中国实业的发展，分享中国实业发展红利。

1. 未来厨房会变为社交的平台

《执行官》：厨房产业似乎正迎来又一个发展周期，厨电企业高速增长，橱柜企业越来越多。作为资深的产业人士，你如何看待厨房产业的未来前景？

黄启均：在我看来有以下几点：

第一，厨房会成为未来家庭的核心。随着国民经济的发展，家庭生活水平的提高，厨房会越来越受到人们的重视。从宏观的趋势来讲，厨房的领域会越来越宽。从目前的产业情况来讲，厨房的成长空间也会越来越大，因为目前的厨房产业还比较分散，十大品牌的市场占有率总和不过百分之三十，而很多小型企业的低端品牌占据了市场的大部分份额，因此市场整合还有很大的发展空间。

第二，当今社会正在迎接新一代的消费群体，特别是 85 后的消费群体占据主体。85 后的消费理念和 60 后、70 后的消费理念不同，因此厨房的更新需要更具有设计主张的品牌。

第三，因为消费升级，厨房需要具备更多的功能，比如洗碗机、净水器的需求，又比如过去的橱柜没那么漂亮与豪华，不能实现那么多功能，而这些是厨房发展的一个机会。

第四，未来厨房会变为社交的平台。厨房的面积将越来越大，越来越靠近客厅，与客厅相融。过去的厨房经常被视为“工作间”，但未来的厨房要赋予新的生活模式，成为家庭分享的一部分，成为社交的平台。

总的来说，厨房产业是一个发育还未成熟，产业道路还未完全涌现的行业，是一个非常有前景的领域，它的发展空间非常巨大。

《执行官》：随着智能家居、智能家电逐渐崛起，厨房产品似乎还不够智能化，在你看来厨房未来的趋势是怎样的？智能化会是未来的发展方向吗？

黄启均：厨房未来的趋势可以分为两部分：

第一，功能方面，智能化一定是未来厨房发展的重要方向与趋势，尤其是在有着更多社交的社会。比如利用智能厨电的记忆功能程序，可以发送或者下载菜单，帮助身在异乡的游子重获"妈妈的味道"。

第二，家居美化的功能会越来越凸显。未来厨房的面积越来越大，从一个孤立的地方变成一个开放的地方。它正实现从过去的工具到现在的玩具、道具的过渡。实际上，厨房正成为一个赋予家庭温暖和分享爱的"有情绪"的空间。这样，厨房一体化在未来发展中是一个重要的选择，现在的一些厨电品牌正在做橱柜的产业，而一些"大电"品牌，如美的、海尔，也正在做厨房相关产品。这种横向延伸的趋势已经非常明显。

《执行官》：你最看好厨房产业的哪个品类？为什么？

黄启均：在厨电和橱柜中，我最看好橱柜这个品类。首先，在中国这个产业还处于初级阶段。虽然已经拥有若干家橱柜上市公司，比如欧派，但其市场占有率不超过 2%，因此橱柜的国内市场空间还是巨大的。其次，橱柜这个产业属于舶来品，它原产于德国，这意味着我们国人，包括橱柜从业者、使用者对厨房的理解都还是不够的。最后，橱柜将会成为"统领"厨房的平台。它可以轻松地把一些"大电"用具、厨房五金的产品与一些厨房服务整合在一起，所以它在厨房领域起到了整合者的作用。因此，我比较看好橱柜这个品类。

《执行官》：我们看到，在消费行为发生深刻变化的今天，许多家居企业也在实现自我升级与进化，"大家居"理念正悄然流行，泛家居行业纷纷跨界，你怎么看待这个现象？

黄启均：我认为这种趋势是发展的必然结果。首先，厨房和家居有一个很明显的特征——定制。定制就需要整合，包括整合家居的设计，整合家居的材料和设备。从设计的角度来看，成熟的家庭装饰风格应该拥有一体化的设计，这种趋势正好解决了这方面的问题，比如说板式家具，从橱柜、衣柜到书柜、浴室柜，都可以采用同一种工艺，因此从制造生产的资源角度来讲，这种跨界是必然的。另外，定制也解决了消费者在装修过程中四处奔走的痛点。其次，跨界模式能提高客单价。家居行业的竞争非常激烈，得到一个客户并不容易，引流费用非常高。经过整合，边际收益会得到很大的提高，比如一些区域性企业，客单价平均为 20～30 万元，几千单带来的年收益就是很大一笔收入。

2. 产品分为工具、道具和玩具

《执行官》：随着消费群体年轻化，年轻人对厨房产品有着怎样的需求？围绕他们的需求，厨房产品有何创新变化？

黄启均：未来厨房产业的一个很大变化在于如何去满足年轻一代消费群体的需求。年轻人的厨房面积会变得越来越小，同时他们的生活节奏会越来越快，因此，一个既漂亮又时尚，能满足基本生活需求的厨房将会大受年轻人欢迎，比如可以满足他们下班回来煮面吃的生活方式。对他们而言，目前厨房的组合性功能还不是很强大。

《执行官》：全屋定制被越来越多的消费者接受，成为新的消费趋势。在这种模式下，是否对厨房产品的设计提出了更高的要求？定制模式和厨房产品的平台化生产是否矛盾？

黄启均：消费趋势确实需要我们重视。随着我们工作、生活和社交方式的变化，我们需要提供一些新功能，比如预约功能、快速功能、分享功能等；现在的饮食习惯也在变化，人们追求更健康、更时尚的食物；随着社会观念的变化，人们更关注如何节能环保，如何个性化；还有年轻人对新技术、新时尚的追求，等等。这些趋势都会为产品的变化提供很大的拓展空间，也对产品设计提出了更高要求。

我认为定制模式和厨房产品的平台化生产是不矛盾的，相反它们之间会形成非常好的配合。定制会出现两种模式：一种是完全个性化的定制；另一种是在相对标准化的前提下，根据需要进行组合，即为客户提供标准的模块，让客户自主选择组合。

目前，在我国的定制产品中，影响其成本、效率、质量及工艺水平的根本原因并不是标准化的问题，而在于我们国家的建筑标准没有规范，比如说厨房，其设计形状不一，包括三角、四方和椭圆等各种空间形状。除此之外，我国的"进水进气"也缺乏标准，导致各个厂家的产品生产规格不同。这些都是制约产业发展、妨碍提高效率的社会因素。

《执行官》：电子商务的兴起对许多产品的销售渠道产生巨大影响，同时，当下的店面似乎正重新展现它的魅力。你眼中的销售渠道发生了哪些变化？未来可能会有哪些新的销售渠道出现？

黄启均：目前，终端互动已成为一个明显的趋势，即提供一个场景化的体验。至于未来渠道的发展，O2O作为一个非常通用的模式，已经得到了足够的技术支持。IP化、碎片化的平台也会大量涌现，如通过网红、专家进行圈层化的微分销以及个人分销系统，把个人的朋友、社会关系变成高效率的分销点的分享模式会变得越来越普遍。而"大卖场"的营销模式会受到越来越大的挑战，因为它没有给客户提供足够的体验，在与电子商务的竞争中就处于劣势，很难发展下去。

《执行官》：厨房产品在每个家庭中使用频率最高，人们在不同的使用场景有不同的需求。你是如何去观察、发现消费者的不同需求？有没有可以供其他行业借鉴的经验？

黄启均：洞察消费者的需求，基本的做法是做一些调研、入户访问和试验等，但我个人习惯的一种思考模式是根据产品使用用途的不同，将其划分为工具、道具和玩具。就汽车而言，过去的捷达汽车可以称为交通工具，宝马、奔驰汽车可以称为道具，而法拉利的敞篷跑车就可以称为玩具。这样将产品的价值属性分开后，就获知了消费者的不同需求。但是，因为不同的产品领域有着不同的使用场景、不同的消费群体，因而有着不同的区分方式，对产品还需要更具体的细分。

观察员胡夏：你现在也有自己的投资公司，从投资角度看，你认为厨房产业是个值得投资的行业吗？什么样的厨房企业值得投资？

黄启均： 在未来，厨房会成为一个家庭里面投资比较大的地方。在欧美国家，厨房的装修费用相当于家庭装修的 20%，而中国现在只有 8% 到 10%。因此，未来厨房的投资比例还会加大。而且相较于客厅、卧室、卫生间，它需要容纳很多的东西，因此具有多元化和美学价值，所以这是一个值得投资的领域。

现在，值得我投资的新兴企业并不是很多。一家值得投资的企业，首先需要一个具体独特的理念，其次需要一个很好的团队。只有这样，企业才能持续发展，我才会投资。

餐饮：我的 Y7 餐厅是多元文化混搭基地

Y7 电影餐厅创始人

田　品

这里是一个混搭基地。你可以选择美美吃一顿午餐，如果一时兴起，还可以看一场电影，刚上线的新片，或者是经典老片，由你来定。如果一个人嫌闷，恰好这里有个主题沙龙，你可以参加，发表你的见解，倾听别人的想法。

这里不是一间普通的餐厅，而是多元文化混搭基地。田品曾是品牌管理专家，在餐饮行业赫赫有名，然而现在他愿意守着一方净土打造他的 Y7 餐厅。Y7 餐厅也因他而发生质变。田品，消费者心目中的"场景设计师"，在 Y7 餐厅，能根据不同的场合、时机设计不同的场景，满足消费者的需求，又能通过活动项目的节点管理以及供应链对接，降低公司成本。

创新是时代的词汇，但很多人本末倒置，在追求变化的过程中忘了自己是谁，要做什么，这就是迷失。而他始终提醒自己坚守初心，这样的创新才是富有生机的。

他曾是国内知名的餐饮品牌营销专家，服务于联想、TCL、招商证券等知名企业，后来又转身进入餐饮行业，在餐饮企业品牌管理领域浸淫十余年。现在，他又放弃安逸的生活，创办 Y7 电影餐厅。

其实开一间餐厅也没什么，开一间电影主题餐厅也符合人们的认知，但他偏往复杂处运营，不但天天在那里坚守，而且经常在那里"整事"——不断举办各类主题沙龙活动。这就让人不理解，一间餐厅而已，值得他这位前品牌营销专家劳心费力吗？

然而这就是田品，一位众人眼中20多年从业经验但依然年轻的资深品牌管理人，一位吃遍天南地北仍旧热爱餐饮行业的美食家。他说他不喜欢吃饭时有"到底选吃什么"的烦恼，也不喜欢"没吃完饭就急忙往电影院赶"的约会方式，所以他把它们拉在一起"混搭"，因为自己也是消费者。

在这哥们的眼里，餐饮行业是伟大的行业，他在这条路上知行合一地实践着为消费者的美好新生活开创新型餐饮模式。是什么让他如此拧巴？又是什么让他把社交作为食客的核心诉求而跟传统餐饮对着干？

1. 餐饮业是伟大的行业

《执行官》：你曾是国内知名的餐饮品牌营销专家，服务过数家大中型餐饮连锁企业。为什么，非要创办Y7餐厅？是在服务的过程中发现了巨大的商机吗？

田品：我做品牌管理工作有25年时间。前10年多是为联想、TCL、招商证券等客户服务，后15年做餐饮品牌管理。在做品牌管理时，最受欢迎的解决方案是EI——体验识别系统，针对连锁店的多媒体设计、体验设计等，所以我对于终端如何影响消费者的购买行为有一定了解。

在服务于餐饮企业过程中，我有一些自己的想法，由于种种原因没有实现，只能暂时放下，但是我一直想实现梦想中的餐饮形态。2015年，我觉得中国市场的时机已到，应该有一种新型的餐饮模式，我去美国拜访了星巴克创始人（传记《将心注入》的作者Dori Jones Yang女士），结合这么多年的夙愿，产生了做"类星巴克"休闲餐饮的想法。

有调查数据显示，在人均GDP达到7000美元时，休闲餐饮业会迅速发展。在餐饮领域，随着"八项规定"出台，高端餐饮受到影响，但是小而美、个性化、风味十足的休闲餐饮却呈现出快速发展的趋势。另一边，中国电影市场在过去十年保持近40%的增长，2017年还没有结束，中国电影市场已经达到 500 亿元的规模。因此，休闲餐饮和电影都有很大的市场增量潜力，将二者结合肯定也有巨大的潜力。

2014 年，我们发起"一站式电影院"项目。规划面积中有配套的电影餐厅，原本是打算招商，但因为我一直以来有创建自己的餐饮品牌的想法，也具备一些经验，决定自己做名为"电影餐厅"的"新生事物"。选择回广州做餐厅一是为了逃离北京的雾霾，二是父母年纪大了，小孩也在成长中，是最需要我陪伴的时候。多年来，我服务于餐饮行业，吃遍天下美食，也希望能够将全世界的美食带给家人以及身边的朋友。

《执行官》：随着餐饮业竞争加剧，各类主题餐厅纷纷涌现，Y7 餐厅有何不同之处？Y7 餐厅的产品种类繁多，包含各国美食，这是否会让消费者对其专业性产生怀疑？

田品：我是做品牌管理出身，对于定位的问题在规划之初就有过思考，也经历了创办初期的跌宕起伏。餐饮业在我看来是一个伟大的行业，因为它是"人类能源公司"，它有疗伤作用和记忆储存作用，既能加物理性的油，也能加心理性的油，比如 Y7 餐厅的招牌菜越南檬粉，除了食材与高汤熬制讲究外，我们还建议客人食用时"三口一品"，认真对待食物就是认真对待自己。在这种"活在当下"的时刻，许多人在吃饭时还谈论工作，不仅是浪费美食，更是浪费自己的味蕾。俗话说"民以食为天"，所以餐饮业是天大的事情，自然也是伟大的事情。

Y7 餐厅与传统餐厅的不同之处在于不仅经营美食，还经营空间。Y7 电影餐厅强调空间场景概念，可以举办各种主题派对；同时，它也是一个超级美食单品买手店，在这里能吃到不同国度的各种美食，其中 20 种超级单品美食都能达到单品店的水准，在适当时机可以孵化单独开店。

《执行官》：Y7 餐厅创造性地将电影院和餐厅结合，打造出"一站式"社交场所。为何会将这两者结合起来？与其他模式相比，这种模式的优势是什么？

田品： Y7 餐厅又叫多元文化混搭基地，是以美食为媒介来交流传递感情的。我们的美食与文化活动成为人与人、人与事物之间产生连接关系的催化剂。我服务于餐饮行业十几年，发现没有人真正尝试过文化餐饮。电影本身就具备"移情"的作用，能将观众带入另外一个空间。食物和电影一样，能够让人们精神放松，并凝聚情感。在这个资讯充斥于人们生活的时代，电影和餐饮带来的体验能够避开互联网冲击，二者可以很好地结合。现在人们习惯边吃饭边看屏幕，Y7 餐厅就提供了这样一块大屏幕，让就餐者可以看同一块屏幕，而不是各自盯着手机。

这种模式的优势在于将商业地产中必不可少的电影和餐饮结合起来，产生强大的吸客力。商业地产中的服装等行业受电商冲击很大，而体验感十足的餐饮和电影依然具备很大的增长潜力。在 Y7 餐厅研发实践和打磨一年多后，我发现还有很多可以提升的空间。商业地产最看重的就是客流量和顾客停留时间，以电影为主题的商业中心，加上其他可以玩耍、消遣的项目，这样能大大提高客人的停留时间，从而增加消费额。

2. 成为消费者的"场景设计师"

《执行官》： Y7 把社交作为凝聚用户的核心诉求。这种社交属性无疑会占用太多的时间，因为无论创意、策划，还是组织，都需要做强化体现，这虽是区别于传统餐饮的价值点，但可能成本会更高，你实际的运作效果如何？

田品： Y7 聚焦于单品买手店的经营，是一家多元化的餐饮公司，从另一个角度来说，还是文化传播公司、营销策划公司、活动策划与执行公司等的复合体，许多企业或个人都会在 Y7 餐厅举办主题活动。我们除了提供餐饮产品外，还会利用 Y7 餐厅的空间打造活动产品。Y7 餐厅在设计之初就考虑到了餐厅空间的可变性，定制化配置的装置，可以满足各种不同的场景需求。我们自己的活动有 Y7 读书会、Y 分享等，也有其他平台公司来做活动，比如婚介平台的配对派对、选美平台的走秀、创业平台的路演，等等。

Y7 最大的优势在于将许多专业级影音设备、区域模块化，我们是消费者的"场景设计师"，能够随时针对不同的活动设计不同的场景，比如我们有院线级的大屏幕和音响设备，也有来自全球各地美食搭配的不同主题活动，只需要进行活动项目的节点管理以及供应链对接。这样，与活动营销公司相比，我们的操作成本就很低，实际效果很不错。口说无凭，欢迎各位"孤友"到 Y7 餐厅做活动亲自感受。

《执行官》：社交媒体大行其道，"先拍照、再吃饭"成为消费者新的就餐顺序。在越来越多人晒美食的情况下，餐饮应该如何打造独特性，在社交媒体引起传播？

田品：作为现代餐饮，应该与时俱进，第一要做菜品设计师，第二要做场景设计师，第三要成为"剧照"设计师，第四是做动画师。我认为吃饭拍照已是社交媒体化社会的自然消费行为。为了让消费者成为传播者，最好的办法是提供拍摄的"关键图"。传统的广告只是简单地传达一些信息，只提供一张图片和文字，使信息和影像保持统一，而社交媒体时代我们更多的是要考虑多样性。因此，提供有传播力、记忆力的图片也是服务的一部分。许多女生喜欢在餐厅自拍然后发布，但是很多人并不具备美学知识，作为场景设计师，我们要考虑到这一点，为她们创造出适合的、多变的场景和素材，并且要让阅读者在阅读信息时感到生动。Y7 餐厅任何一处都能拍到很有文艺气质的"关键图"，而且每张图都能给朋友圈里的其他人留下主题性和记忆点。

《执行官》：在餐饮业，好吃一定是核心诉求，在移动互联网时代，如何打造话题和"好吃"结合的产品？被好友分享吸引而来的消费者，如何维持他们的忠诚度，降低消费人群的不稳定性？

田品：做餐饮本质的确是味道好。过去两年，我们都聚焦在菜品上。最初厨师说要推出 100 个品类，我直接说我的目标是 20 个单品，要保证每样都好吃。经过一年的打磨，我们每道菜品都达到了开单品店的水准。客人对我们菜品的认可度很高，有许多次 30~40 人组团来 Y7

餐厅吃檬粉。至于私宴，Y7 餐厅的菜品可大可小，不仅有甜品小吃，也有生蚝、大闸蟹等适合大型聚餐的菜品。Y7 餐厅还有很多主题美食，比如禅修素餐以及旅行主题活动搭配环球美食。在 Y7 餐厅大家不仅能享受美食，还能收获精神食粮，围绕美食我们打造了各种活动来吸引用户，比如 Y7 读书会，这是与大家分享思想和美食的双盛宴。

3. 品牌要带给消费者安全感

《执行官》：技术和媒介的发展不断扩大人们的想象空间，营销的边界不断被打破，旧社群消失，新社群诞生。从跨界营销到无界营销，传播与销售的界限也被打破。在你看来，营销方式有哪些新的变化，如何实现传播与商品的结合？

田品：这个问题我一直在思考，只能说一下粗略的看法。传播环境转变，传统媒体已经没有受众，大家都活跃在微信、微博、抖音等自媒体上，带来了传播的碎片化。因此，要关注消费者的喜好、口碑，关注他们获取信息的方式，以及他们会被哪些信息影响，但最终焦点是消费者，其他都是工具和手段。

我非常喜欢这两句话："生意就是生活的意义。""做生意，要有努力为顾客创造快乐的目标。"每种商业模式都要给消费者提供一种意义与幸福感，如果能够提供这种意义，就能实现传播和商品的完美结合。对品牌而言，正是因为消费者没有安全感，所以需要通过品牌或标签来找到身份感和归属感，从认知到认同。在塑造品牌的过程中，企业如果能够清楚知道所要传递的信息，消费者自然就会出现在眼前。当然，餐饮业的特点决定了每一家店只能也只需要辐射到附近几公里的人群，但如果形成独特的文化和生活方式，其传播覆盖的人群就会很广。

《执行官》：年轻人成为消费的主要群体，然而他们的品牌意识似乎不是很强。作为资深品牌管理者，在你看来品牌应如何吸引年轻人关注？企业在塑造品牌时最重要的因素是什么？

田品：我觉得不用刻意去划分年龄群体，只要好玩有趣，大家是有共性的。无论是哪个国家、哪个年龄段的人都会具备一些共性，只要是好吃的东西都不会放过，年轻和年老只是身体的状态而已。

《执行官》：社群营销是不是中小创业者的最佳方式？你参与了华南两大社群：孤独者联盟和放肆青春社群，为什么？有什么心得用在了Y7餐厅的经营上？营销专家、孤独者联盟社群创始人段传敏曾指出社群商业是移动互联网时代最值得尝试的商业模式，你认同这个观点吗？

田品：社群营销是一个新词，但是传统商业一直在做类似的事，古往今来成功的商人都看重口耳相传，也就是我所讲的"金杯银杯不如口碑"。企业建立了信誉，产品建立了信誉，这样大家就会口耳相传。这个过程就是发生在最早的一批客人中间。一间餐厅能够影响和抓住附近3~5公里的人群就足够了，因为他们的复购率很高。在以店为核心的经营中，最重要的是选址，有地点就涉及"社群"，附近购物中心、写字楼、住宅区的人群，就是所要服务的社群。所以，围绕社群做生意是中小企业创业者采用的最佳方式。当然，这种方式也适合线上，只是线下围绕的是产品，而线上围绕的是"同频话题"。

我参与两大社群首先是因为跟段总、熊总是很多年的好朋友，其次两位都在做一些不一样的事，我本身就喜欢跨界创新的事情，所以很乐意参与其中。除此之外，人都有社会属性，加入有质量的社群有助于个体的信息传播和连接。通过有凝聚力的社群，与有相同价值观的人在一起，去传播有价值的信息，实现同频共振，是一件很开心的事，会有叠加作用。

我在两个社群收获的心得就是平台思维很重要。在互联网时代，能否创造一个平台促进所有人的连接，并通过连接创造价值很重要，这也是我们Y7读书会、Y分享活动受欢迎的原因。另外，两个社群的侧重点不同，放肆青春以音乐为核心，而孤独者联盟用"思想者年会"来凝聚大家，使我受到启发，决定在Y7做一些创新。我想做读书、读人、读故事的活动，感觉有质量的分享就像有质量的进餐一样，让人心情愉悦！请有特殊阅历的人物分享不一样的人生经历，让其他人能够吸收养分，比空洞的大会更有品质，更能给人以温暖，现在通过 Y7 的平台做这些事情非常适合。既然社群一直存在，互联网又提供了非常好的工具，社群商业当然值得尝试。

《执行官》：近来，许多网红餐厅纷纷走下神坛，如健身圈吸粉无数的"色拉日记"停业，网红餐厅鼻祖黄太吉也从人们的视线中销声匿迹。这些网红餐厅崛起的原因是什么？又为何"昙花一现"？

田品："色拉日记"我不太清楚，我对黄太吉以及现在的喜茶等网红餐饮一直关注，我曾把它们作为案例来观察。黄太吉的营销做得很好，创始人对如何传播很有想法，但是对于如何进入餐饮领域却始终摸不到要领。有一次，看到黄太吉的宣传，请了一些猛哥骑摩托车送外卖，开始做大规模送餐服务，这让我非常诧异，我觉得黄太吉忘记了自己的主业是什么。虽然我也提倡创新，但创新一定是要为主业服务的，要知道自己的工作重心，让主业的"肌肉"更发达，持续性更好，不能为了创新而创新。餐饮业要以菜品为核心，要为广大消费者做好饭菜，当一个餐饮公司忘记这一点时，我觉得已经没法去评价，因为那已经是另一个行业了。

黄太吉最近又开始发展连锁加盟，意味着黄太吉的资金链可能出现了问题，难以维持直营店经营，不过为了保持市场占有率和开店数量，黄太吉运用了加盟店的方式。区别于中国连锁市场发展初期的十年，现在大多数公司都主张直营而非加盟。加盟是一把双刃剑，容易走向"双损"的结果。加盟商对特许商不信任，在效益不好的时候就会想办法在食材上偷工减料，或是有经验后独立出去自己经营，毕竟每个人都想做老板，而不想受到合约的约束。在目前的市场，加盟模式失败的案例远远多于成功的案例。因此，黄太吉走上加盟的道路，以后的经营将会很艰难，也可能会导致再一次的战略失误。

餐饮业很多网红餐厅，通过炒作、演技式排队迅速吸引大家眼球，但消费者终究是为自己的舌头买单，餐饮业还是要回归本质。餐饮业的转移成本很低，消费者觉得一家店的面不好吃，或是某家奶茶店的奶茶不好喝，下次直接就不来了，不会因为某家店是网红店而继续光顾。因此，如果餐饮店的菜品不好，再红的网红店最后也会倒闭。另一方面，餐饮店从选址、装修、开店，到环境、价格、服务，还有品牌、营销、供应链管理等，非常复杂，不存在所谓的"短板效应"，任何一个环节都必须达到一定水准。只是营销做得好，这家店的生命力一定是薄弱的，"昙花一现"也是必然的。

《执行官》：在你看来，传统的餐饮行业正在发生什么样的变化，呈现出什么样的发展趋势？你对 Y7 品牌的发展愿景是什么？

田品：在"八项规定"出台之后，高端餐饮受到很大影响，一些小而美的餐饮店近年来在市场上繁荣，不过也逐渐暴露出一些问题。问题暴露是好事，能够让餐饮行业不断改善，更好地满足消费者需求。我觉得未来餐饮业的趋势有三点：第一点是个性化的品牌会越来越受欢迎；第二点是会出现一些平台化的企业；第三点是在产业链里会涌现一些生态化的集团。总的来说，市场更加趋向专业化、细分化、高效化。

Y7 是致力于"让吃饭成为幸福的事情"的品牌，我们花了近两年的时间从产品研发、标准制造与流程化生产、供应链管理与运营模式等各个方面来打磨品牌。一方面，我们希望 Y7 成为"轻奢式"的优质低价的美食代名词；另一方面，我们也希望未来 Y7 能够成为连接的工具，区别于微信等社交媒体的线上连接，是线下的、有品质的连接，比如"Y 分享"就要达到"静悄悄轰隆隆"的效果，每个分享者都分享自己的故事。观众不仅是参加了一次聚餐，更会被分享者的故事震撼到。做有价值、高质量的连接，面对面是非常重要的。

观察员段传敏：餐饮行业牵涉环节多，工作辛苦而繁重，赚一分钱比起你从事咨询行业一单上百万元真是天壤之别，你为什么反而弃易就难？

田品：餐饮业真的是开门百件事，从采购产品到灯泡坏了的小事都要操心，很累很辛苦。成功的老板一定是非常勤劳的，因为餐饮业是彻彻底底的服务业。之所以跨界做餐饮，首先，是因为我热爱美食，做了多年的品牌管理"接生婆"与"保姆管家"后，对于餐饮业的"5W + IH"模式也很清楚，想有自己"孩子"的想法也就逐渐诞生和日益强化；其次，我觉得一个人总要找些事情来修行，工作就是最好的修行，既然这样就找自己最喜欢、最擅长、资源最容易配合的事情来做就好，做餐饮也就成了顺理成章的事。

这其中肯定会遇到困难，而支持你战胜困难的就是对这份事业的热爱。为了这份热爱你愿意去克服任何困难与挑战，这种刺激感与成就感是帮别人做品牌管理完全达不到的。尽管现在卖一碗檬粉只赚几元钱，和原来收取的咨询费没法比，但是看到客人吃完檬粉那种满足而幸福的表情，带给我们的成就感也是以往做其他事情无法替代的。

观察员丁欣： 你也是位投资人，参与发起了一家个性电影院的众筹。为什么你那么看好电影行业？除了电影行业，你还看好哪些行业并愿意投资？

田品： 前面提到了电影行业这几年几乎达到了 40% 的增长速度，你知道，做生意最好的就是进入一个增长型的市场，找到大家愿意消费的领域去做，这样钱才好挣。我们接下来的投资基本上会聚焦在美食、电影、旅行这些生活方式类领域的品牌。如果出现一些新的生活方式消费领域，也会持续关注。

图书：樊登读书会引领的全民阅读浪潮

樊登读书会多木分会创始人

崔　岚

一个没有手机的下午，或一杯茶，或一张座椅，或一株藤蔓，无论是什么，都伴一本书。这样的日子难道就真的遥不可及？碎片化阅读难道就真的成为国人当下定格的生活写照？

花木兰、功夫熊猫……越来越多的文化元素在海内外取得很高的成就，文化的经济价值越来越凸显。在快节奏的时代中，无论在体力上还是思想上，人们都呈现出前所未有的透支状态，精神的空虚急需文化的填补，而这文化并非是低俗的，没有水平的，因为大众的审美力已经成熟，需要的是真正有营养有价值的精神必需品。

她洞察了大众的这一需求，以樊登读书会发起全民阅读，让更多人投入阅读中，慰藉精神，满足心灵需求。谁找准了大众的需求，谁才是真正的赢家。

崔岚，多木文化传播公司 CEO，樊登读书会多木分会创始人。

她说："每多一个人读书，就多一份祥和。"

在互联网时代，一杯好茶，一本书的下午是否再也不见？

碎片化知识是否已经占据了所有人的心？

对于这些，作为一个"悦读者"，她坚决说不。在互联网上充斥碎片化信息的今天，樊登读书会将知识产品化，打造知识经济，樊登书店在知识的产品化上是如何操作的？樊登读书会的创办是基于何种社会洞察？

1. 社会价值引领经济价值

《执行官》：近年来，知识分享产品成为人们获取信息的重要通道，而专注于读书的产品或社群却并不多见。樊登读书会的创办是基于何种社会洞察？

崔岚：我们发现"社会价值引领经济价值"的时代已经来临，一个好的项目能创造多少价值，取决于它解决了多大的社会问题。樊登读书会的创办就是基于以下两个社会问题：

第一，全民阅读愿望强烈和其阅读欠缺之间的矛盾。据统计，2016年，我国成年国民人均阅读量基本维持在 7.86 本，与发达国家相比仍有不少差距。调查中发现，中国超过 50% 的人认为自己的阅读量不够，有超过 60% 的人希望自己能够参加读书活动。从长远看，高质量的深阅读缺乏、碎片化娱乐化浅阅读盛行影响了个人和国家的发展，为此国家还提出"全民阅读"的国家战略。

第二，消费升级需求和商品供给结构落后之间的矛盾。在 2016 年 6 月，麦肯锡一份名为《重塑全球消费格局的中国力量》的报告指出：中国消费结构与发达国家日益相似。到 2022 年，将有超过 75% 的中国城市家庭年收入在 6 ~ 22.9 万元。党的十九大报告指出，中国特色社会主义进入新时代，我国社会主要矛盾已经转化为人民日益增长的美好生活需要和不平衡不充分的发展之间的矛盾。

基于以上分析，我们认为，消费升级和消费者观念的变化导致人们愿意为知识品类中更好的品牌买单。

《执行官》：在互联网出现之前，知识似乎是免费的，现在人们乐意为知识付费，这是消费升级的体现吗？互联网时代的知识付费，是因为信息丰富，还是稀缺？

崔岚：我认为知识付费是消费升级的必然呈现。用岑参的诗句"忽如一夜春风来，千树万树梨花开"来形容知识付费再贴切不过，仿佛一夜之间，知识经济的红利就站在风口上。樊登读书会、喜马拉雅FM、得到等一大批知识付费平台走红。有数据显示，2016 年，有知识付费意愿的用户暴涨 3 倍，达到近五千万人。而 2017 年的统计数据显示，用户知识付费领域的总体规模已经达到 500 亿元。亚马逊的《2017年全民阅读报告》出炉，结论是收入越高，读书越多。看来，要想成为人生赢家，就要先捧起手中的书。

从消费者的角度来说，为什么他们愿意付费？我认为最关键的原因是内容过于丰富，而不是稀缺。如果消费者要找某个知识点，通过网络总是有办法找到的，但消费者更愿意付费让专业的平台帮助他们筛选出哪些才是最需要的东西。从产业的角度上来说，互联网的逻辑发生了转变，即过去让流量变现，现在是想让价值变现。

《执行官》：互联网知识经济吸引眼球的重要原因之一是出现了一批"知识明星"，在 IP 没有那么强的情况下，如何打造自己的知识社群？刚开始核心会员该如何获取？

崔岚：2013 年秋冬时期，整个互联网经济仍是以免费为主导。从那时起，樊登读书会就打算在全民阅读的背景下，用商业化的力量推动读书，打造自己的知识社群。总部 CEO 郭俊杰曾经参加过两次全国的民间读书大会，发现其实可以寄希望于用商业的力量来持续推动读书。公司也发现人群当中普遍存在一个现象，即每个人都想通过读书解决一些问题，或者说通过读书收获一些知识，获得成长，但是很多人没有时间读书，不知道读什么书，读书效率低，无法通过自身努力提升知识水平。这些人就是吴晓波老师说的"新中产"，他们已经从"物质带来幸福感"的时代中走过去了。现在人人都在说消费升级，都渴望进行更好的精神消费，而带他们读书是一个很好的切入点。因此，读书会希望通过商业的力量推动读书，向每一位愿意跟着我们一年读 50 本书的用户收取年费 365 元。目前，我们已经影响了全国近五千万人加入阅读行列，正式会员已超过 400 万人。

据樊登老师回忆，最开始的核心会员源于一个曾尝试建立的为听众讲书的付费群。樊老师身边很多朋友、学生都知道他爱看书，经常让他推荐几本好书。后来他发现，很多人找他荐书时很真诚、积极，但最后还是没时间读。为了改变这一现状，2013 年，樊登老师就尝试建了一个微信群，在群里给听众讲书，愿意听的人需要付费进群，第一天进来500 人，第二天就变成两个群，于是他就做了一个公众号来推送，这就是樊登读书会核心会员的最初来源。随着会员的逐渐增多，公众号和微信群都难以承载讲书的功能，樊登读书会就推出自己的 APP 产品，既有视频、音频，也有图文解读。

2. 构建知识领域里的生态化格局

《执行官》：樊登读书会提出新零售模式下的社区书店概念，在实体书店销售额大幅下滑的今天，樊登社区书店的模式是怎样的？与传统书店相比，优势体现在哪里？

崔岚：樊登社区书店的模式定位为在新零售模式下的社区书店，和传统书店相比，主要优势体现在新阅读、新书店、新零售、新模式四个方面。

新阅读是指变"看书"为"听书"的视听盛宴，既是原书的精华提炼，又能旁征博引，实现融会贯通，对原书进行升华。新阅读是独立的阅读方式，也是传统看书的阅读指南。新阅读的特点是高效实用，便捷阅读，能挣脱传统阅读的时空限制，适应快节奏生活，把"没时间不阅读"的状态变成"随时随地、高效大量的精华阅读"。

新书店是指从情怀到回报，能够帮助书店业焕发生机，具体体现在定位新、业态新、类型新、特点新四方面。定位新是指新零售模式下的社区书店，实现多元收益，让书店赢利；业态新是指以书为切入点进行跨界的产品融合；类型新是指小而精，围绕"事业、家庭、心灵的人生核心"精选塔尖级的优秀书目，围绕美好生活需求精选跨界产品；特点新是指书店的每一本书，在樊登读书会 APP 里都有对应的精华解读版的有声书或大咖推荐。

新零售是指通过线上、线下互动融合的运营方式，将线上优势发挥到实体零售中，满足会员购卡、购物、购书的体验，提升流通效率，并对会员数据进行分析，确定自我文化特点，将质高价平、货真价实的产品卖给消费者，以此实现消费升级的一种创新零售模式。新零售的优势是通过书店，让会员从线上走到线下，通过活动沙龙、社交化的人与人的互动服务，提供有个性、有温度的服务。新零售的核心优势是基于大数据能力的消费需求分析，实现消费方式逆向牵引生产方式，进而实现低库存。

新模式是指共享经济下实现的各方利益共赢，它包括新零售模式、会员制模式、连锁加盟模式、预售模式、共享众筹模式和最后一公里模式六种模式。

新零售模式是 O2O ＋移动智能终端＋线下门店＋跨界新零售的线上、线下为一体的创新商业模式，把线上引流、线下体验有机地融合，在实体店和消费者之间搭建网络平台，帮助线上、线下门店相互引流，实现利益相关者共赢。

会员制模式是指樊登书店用高溢价的会员价值引导客户付费转会员，部分商品低价或不赚取利润，从而保证会员以最实惠价格获得优质商品，让所有的付费会员享受到全球优选正品好货和有品位的 VIP 服务。

连锁加盟模式是指通过连锁加盟模式达到规模化效应，降低各店的供货价格，在市场形成价格优势。总部提供统一的樊登书店形象、品牌、培训和管理等支持，各加盟店独立运营。

预售模式是指部分高价值产品采用预售模式，根据需求灵活调整生产，减少资金成本和压货压力。

共享众筹模式是指会员可投资做店主，店主可自己招募门店合伙人。

最后一公里模式是指打破传统书店定位全城的大而全模式，破除因时间、精力和交通成本高的不利因素，使书店走入社区。

《执行官》：互联网对传统店铺的供应链产生巨大冲击，樊登书店的供货体系有何创新之处？面对日益多元化的阅读需求，实体书店该如何应对？

崔岚：樊登书店供货体系的创新在于产品跨界，能够满足消费升级的多元化需求。

首先，在读书精华解读体验方面推出我们的独家产品——樊登读书会会员卡。

其次，精选、精讲的书，每本书都有有声解读、音频、视频和图文，每本书在所属领域都属于塔尖级的好书；再者是新零售名品和优品，即经营樊登读书会的企业家会员所提供的零利润高品质、高颜值的商品。

最后，咖啡、饮品，让会员享受到咖啡会员价。设计这些产品的目的是实现"多元跨界＋高品质＋爆款＋会员低价＋社群营销"的导流，以书为切入口，不以书为主要赢利点，主卖咖啡，以品质手工烘焙咖啡切入，培养咖啡文化。会员自有品牌的爆款产品，主要以刚性品和高频消费品为主，这些提供产品的会员会以零利润供货。所以，我们是整合了会员自有优质特色产品的模式，共同打造品牌。同时，我们采取精品预售模式和主题沙龙社交等活动来进行社群营销。

面对日益多元化的阅读需求，我建议实体书店考虑根据书友的个性化需求做好 C2B 服务，需求在哪里，市场就在哪里，建议大家加盟樊登书店。

《执行官》：在互联网上有大量无用的信息，将知识产品化是推动知识经济的重要环节，樊登读书会在知识的产品化上是如何操作的？针对不同的消费群体，又是如何打造差异化产品的？

崔岚：樊登读书会最早发布的产品是个人版 APP，会员数量迅速增长，当会员到了一定量级，总部根据大数据的智能化精准分析，针对各类不同群体分别发布了几款新的 APP，市场反馈都非常好。除此之外，总部准备大力拓展樊登线下书店，建立规模化的社区学习中心，同时组建了樊登渠道云，为和我们合作的企业赋予能量。整个产品的设计线已经形成了知识领域里的生态化格局，主要有以下五款APP：

第一款是帮助亲子互动阅读的"樊登小读者"APP，这款APP里的每本书有两个解说版本，分别是针对儿童和家长的，既可以带领孩子感受阅读的乐趣，也可以帮助家长了解如何配合孩子，让他们爱上阅读。

第二款是帮助打造企业内部的读书分享和书籍阅读服务的"一书一课"APP，这款APP是以一月一门课的方式，由樊登老师和各知识领域的知名老师、大咖联合开讲的企业培训课程。其中樊登老师主讲的《可复制领导力》共11个课时，他所提出的理念、方法以及实操技巧和经验，深刻影响着海尔、华为、苏宁、中国银行等领军企业，并在北大总裁班、清华大学生MBA等课程中进一步传播。

第三款是"知识超市"，"知识超市"里是著名的互联网行业领袖所发布的音频课程。

第四款是之前提到的"樊登书店"，目前全国已有超过300家线下书店。

第五款是"樊登渠道云"。樊登渠道云是樊登读书会一项为企业招商赋能的计划，是为实现"围绕优质商业项目和产品快速实现全国成功招商目标"而构建的超级营销咨询、策划、推广、执行，并最终实现在全国范围内的代理商、经销商或加盟商完成招商签约的"综合一站式"服务平台。加入樊登渠道云，能够共享樊登读书会渠道资源和招商能力。目前樊登渠道云发布的第一个招商项目是"张怡筠情商中心——城市合伙人"计划。

3. 多木为林，多文为富

《执行官》：樊登读书会也在创办爱心书院，举办公益活动，在互联网难以触及的偏远山区，如何帮助山区儿童消除"知识鸿沟"？

崔岚：樊登读书会在带领社会各界人群投入知识学习的同时，也在为爱心事业积极奋斗。从建立之初，樊登读书会就启动爱心图书室计划，在互联网难以触及的偏远山区，有针对性地对学校捐助图书等物资，筹建学校图书室，给更多的孩子搭建一个可以阅读、学习的空间，从青少年开始推动全民阅读的浪潮。截至目前，已经在全国建立了超过一百家爱心图书室。我们希望让孩子们共享阅读的力量，助力孩子们实现读书的梦想。

《执行官》：你为什么选择和樊登读书会合作？

崔岚：我想实现"在中国，每多一个人读书，就多一份祥和"的愿景，我也喜欢樊登读书会 APP 里面的内容。说实话，读书会选的书籍都不怎么浪漫，包含实用主义。比如怎么跟孩子沟通？怎么和爱人相处？怎么和员工结成联盟？其实，最重要的是怎么能拥有一颗平静的心灵。也许你会问："这些问题都有答案吗？"没错，这些问题都没有一定的答案，但我们却可以借由这些好书，去无限地接近正确。正确就意味着幸福，一个幸福的孩子、一个幸福的家庭、一个幸福的公司，最后就成了一个幸福的国度。

《执行官》：你的公司名称听起来很有创意，请问你当时确定用这个名字时的想法是什么？加盟樊登读书会后，多木与樊登如何一起成长？

崔岚：多木的创意源自《礼记·儒行》中的记载："儒有不宝金玉，而忠信以为宝；不祈土地，立义以为土地；不祈多积，多文以为富。""多木为林，多文为富"就是这个意思。多木爱文，愿以读书为先，多木倡天下人以书为友，示天下人以读为乐，斯中华常得读书之美，愿世界长蕴文明之安。

在多木和樊登如何共同成长方面，目前我准备以"纺织谷研学"为主线，结合有效的线上、线下合作方式，推广到适合的目标群体中。我们相信樊登读书会这款炫酷的产品将会得到迅速而广泛的传播。

4. "社会价值"驱动的企业才会有未来

观察员胡夏：对于消费者而言，面对海量信息，如何做一名聪明的知识消费者？有没有判别信息的有效途径？

崔岚：对于消费者来说，知识付费也需要断、舍、离。知识付费领域面临一个问题就是很多人买了，部分人听了，但只有极少部分的人在用。所以在买单之前，要先想想自己购买的理由是否充分，可以先问自己几个问题："我为什么要买这个课？""它能帮助我解决什么问题？""所学知识我可以应用于现实生活或工作的哪一方面？"想清楚这些问题后，你才会明白自己是不是一时冲动想买。只有购买动机是刚需时，才会让我们有充足的动力去学习。在此基础上，再判断自己是否具备学习课程的基本条件和动力，最后再通过实践去验证。

樊登读书会内容吸引用户的一个关键因素就在于让用户相信读书能改变命运或者至少能够改变生活状态。和他们交谈，你会明显感觉到他们都非常善于用书中提到的方法来帮助自己。太多的人每天都很焦虑，不断地重复自己的生活，没有方向感，觉得做什么都很难，但是生活没有我们想象的那么复杂，那么困难，实际上所有令你烦恼和困扰的东西，前人都十倍、百倍的经历过。所以，樊登老师才说："书中都总结了特别好的方法、哲学，就放在那儿等着你呢。"

孤友王友滢：樊登读书会以为用户读书为主要形式，是否会进一步消解人们的阅读习惯？

崔岚：实际上情况刚好相反，有很多会员在听完樊登老师的精华解读后，会有再回头看这本书或买这本书深入学习的意愿。我们经常听到，经过樊登老师讲解过的书籍，出版社都会卖到供不应求。目前大的出版社，例如中信出版社等都是樊登读书会的合作单位。

汽车：设计是表情的传递，品牌是内涵的体现

小鹏汽车设计总监

赵 谦

用设计表达情感，用品牌传递内涵。互联网汽车的发展正迎来消费者认知的新拐点，在性能、功效、价格之后，颜值又成为消费者购车的必备条件。

设计对于消费者的心理影响可见一斑，在中国市场设计显得尤为重要。小鹏汽车不仅致力于制造出大家都喜欢的好车，来自互联网的"基因"还带给小鹏汽车更新的造车、卖车理念。有感情，有温度的设计，是小鹏汽车的理念，更应当是每一款产品的目标。

他 2009 年从享誉世界的德国普福茨海姆大学（Pforzheim University）毕业，2011 年至 2016 年担任马自达日本广岛设计总部高级设计师，主导设计了 2015 年全球最美概念车 Mazda RX - Vsion、Concept Kai、Mazda 3 AxelaXD、Next Mazda 3、马 6 改款、Kodo Chair 等项目。

现在，他是小鹏汽车设计总监。成立于 2014 年的小鹏汽车虽然创建时间短，但已被誉为"真正的互联网汽车企业"，得到马云投资。

他叫赵谦。在其内心深处，主张的是有感情的设计。他试图将感情化设计做到新的水平。从马自达到小鹏汽车，他坚持的理念是怎样的？互联网汽车与传统汽车的设计区别在哪里？

1. 通过"设计"向用户分享"品牌的价值"

《执行官》：中国的汽车工业一直处在消化吸收先进经验和追赶先进汽车企业的阶段，所以有人认为中国的汽车企业"无设计"，你对中国汽车行业的设计水平是怎么看待的？

赵谦：不管是手机还是汽车，中国都经历了"山寨"这座大山，并且很艰难地翻越了过来。在今天，不管是从企业数量还是质量上看，我们都能感受到中国民族企业正在向着一个非常好的方向发展。回顾"山寨时期"，中国汽车有各种各样的抄袭，一部分是大环境的原因造成的，一部分是车企没有很严肃地看到"设计"的价值。今天我想给大家分享的一个核心内容是企业应该通过"设计"，更有效地向用户分享"品牌的价值"。

车企正在沿着这个趋势发展。比如如今的国产汽车品牌长城和吉利生产的 WEY 和 Link & Co 都做出了比较好的设计，这反映出我们国内的企业开始走到"利用先进设计手法造车，且有效地把设计提高到卖点"层面，同时这也说明许多本土设计师经过多年学习成长，开始把本事练到家。当然，国外设计人员的归国，对于民族汽车工业的振兴起到了关键作用。

《执行官》：有人说，执行了三十年以市场换合资的汽车工业发展战略，令国外的汽车厂商进入一个相对垄断的市场，获取高额利润，也让包括合资及国有企业在内的汽车企业没有意愿进行设计方面和产品更新方面的投入，国外的企业不愿意把设计等最新的研发成果应用到中国市场，你认为这个现象近年来有没有改变？

赵谦：确实，中国想以市场换技术，最终结果是没拿到核心技术，反而丢失了一部分市场，这种现象让人痛心和担忧。原因有两个方面：首先，奥迪、奔驰、宝马等顶级车厂并没有把最好的旗舰车型放在中国市场开发，所以很自然地回避了核心内容本地化的需求；其次，在中国的外国企业按照他们的游戏规则操纵市场，结果培养了大量只适应他们规则的供应商，也就是说这些供应商不能为国内汽车生产企业所用。看似很多外企在中国投入了许多车型，奥迪针对中国市场推出了加长车型，大众等在中国市场同时投放"欧版"和"美版"汽车，马自达也特别推出中国专属 CX－4 车型，销售的成功表面上看是在推动中国市场发展，但从根本上外资车企只是看中中国市场丰厚的利润。这涉及企业是如何评估国家、行业发展与追求最大化收益的平衡问题。显然很多外资、合资企业只是把中国市场看成一个挣钱的市场。

想要改变这一状况，我们不妨参考手机产品的变化。从小米手机的出现到 vivo、OPPO，再到华为，这些手机品牌在国外也拥有很好的口碑和形象。因此我们完全可以期待国内的民族汽车企业慢慢做出好的产品，直到有一天能够像华为的 AI 芯片对抗苹果的 AI 芯片一样在国外打技术牌。目前看来，国家更期待电动车技术。当国产车企真正做到这一层的时候，我相信国外车企也会更加重视在中国市场上做研发和本地化工作，自然会推动更多国内外供应商更深入地配合。

2. 通过产品颜值认识品牌价值

《执行官》：在你看来，车型设计在消费者选择购买的时候起到了什么样的作用？你所在的小鹏汽车这种互联网汽车设计和传统汽车企业有什么不同的地方？

赵谦：虽然我们常说审美是感性的事情，萝卜、青菜各有所爱，但是"比较美""非常美""最美"和"不美"之间还是有区别的。当一个美的事物出现时，它能够第一时间吸引我们，让我们为之心动，这种冲动是本能的。车也是一样，美的汽车大家都想多看两眼，甚至想用手摸一下，去感觉车的型面关系，想拉开车门坐进去感受一下，这些都是用户做出决定刷卡买车之前十分重要的心理活动。买车看似只是需求和预算决定的理性心理活动，然而现实中我们往往都有这种体验：选择的过程会比原计划曲折很多，就是因为当你做选择的时候，理性心理活动慢慢会被各种因素左右，最后逐渐转变为感性心理活动。明明一辆车已经达到了自己各方面的需求，但就是喜欢另一辆车，然后试驾体验发现完全可以接受，在有了更多体验后选择就变得不那么简单，这就是设计在这个过程中起到的作用。能够这么强烈地影响买车行为，你看设计多么重要。

因此，设计对于消费者的心理影响毋庸置疑。在中国市场设计显得尤为重要。消费者手里有钱了，需要产品对得起面子，对于设计就有很强烈的需求。也就是说，产品设计需要满足人们的猎奇心，成为证明自己成功的物质符号，这种心理在汽车消费中更加容易得到印证。

和其他车厂相同的是小鹏汽车致力于制造出大家都喜欢的好车，不同的是来自互联网的"基因"又带给小鹏汽车更新的造车、卖车理念。互联网和人工智能深刻影响了人们的思维方式，使得人们可以依据更多信息做出选择，同时汽车也被赋予更多的价值观，人们对汽车也有了除去移动工具之外的更多需求。小鹏汽车希望借助互联网，利用 AI 等新技术，提供给车主更加简单直接和优秀的体验，价格不贵，让更多人拥有一台真正意义上的 AI 智能汽车。从这个重新定义汽车的思路来看，我们跟传统车企还是不太一样。

《执行官》：您曾在马自达公司负责设计工作，而马自达汽车的颜值是有目共睹的。马自达公司在进行品牌推广的同时，还有专门的设计推广活动，为什么这样做？针对这些活动，马自达公司做了哪些不一样的设计工作？

赵谦：马自达公司对外做了很多专题的设计推广活动，比如 2014 年参加米兰设计周，马自达公司发布了历史上第一个工业设计作品"kodo chair"——一把拥有马自达品牌的椅子，获得了大量好评。之后每次米兰设计周我们都会带着 kodo design 魂动设计主题的系列产品参加，比如 kodo bike、kodo sofa 等。在与其他艺术家合作方面，马自达公司也做了很多努力，比如赞助了 2015 goodwood，与雕塑家 Gerry Judah 一起制作了 40 米高的大型雕塑。在日本有关"设计"的活动也有很多，比如和玉川堂合作做出的 kodoki，和资生堂设计团队共同推出的

soul of motion perfume 香水，也获得了 iF 设计大奖。做这一系列的设计和推广活动的初衷是想把设计和艺术结合起来，用多种创新方法做出美的东西，以此提升品牌形象。我们坚信，只有美的东西才能持久，更有利于做出高级感、品质感。

我常用皮儿和馅儿的关系来解释品牌价值。品牌是企业的内核，是企业想要传达的核心价值观，但不直观，用户能够直接感知到的产品其实是最外面的那层皮。用户是通过产品这层"皮"去感知内在的"馅儿"——品牌价值观，当一个企业的产品和品牌能够达到"表里如一"，用户会更愿意主动传播品牌价值，所以做品牌和设计间的平衡非常重要。2010 年马自达和福特分家，马自达品牌原本被定义为价值低于福特品牌，马自达公司决心重振品牌形象，逐步提升品牌形象和品牌价值，但是这点又不容易向消费者直接表达出来，于是就要通过产品和一系列的市场活动来和消费者交流，即将马自达汽车做出显得很高贵的感觉，慢慢带领消费者去解读这个品牌的愿景，通过产品颜值进而认识到品牌价值，再通过设计与艺术的结合，让消费者明白马自达公司不仅仅是在做一个好看的东西，而是很严肃、很认真地在做高级品牌。

《执行官》：互联网汽车会强调与用户的互动，也有企业会邀请消费者参与设计，在你看来这种决策是噱头还是具有长远的发展前景？

赵谦：让用户参与设计我认为是无害的，一方面增加了用户的体验感和参与感，另一方面又让车厂拿到了用户群最新的反馈，因此我认为这并非一个噱头，把消费者邀请到车厂体验、做反馈评价是一个正常的环节。换一个角度想，在今天的变革中，汽车产品正在被重新定义，汽车产业链也将被重构。未来谁拥有用户谁就有了服务主动权；谁拥有数据，谁就有机会准确地定义服务内容。数据从何而来？唯有跟用户零距离交流得到数据。这样，拥有互联网背景的公司就有先天优势资源，其庞大的数据可以满足产品的快速迭代，再加上用户直观的反馈，更有利于车厂精准定位，生产出适合消费者的产品；而依托不同类型用户使用场景及产品需求的差异，也能为公司决策提供参考依据。

我相信，伴随着一个好的设计，未来一定会出现大量定制化的趋势，比如大家手中的 iPhone 都长得一样，但是围绕 iPhone 的周边产品有很多，手机壳、充电线，等等。在汽车行业，随着汽车的迭代速度越来越快，类似的定制也会出现，新买的车两年后感觉看腻了，消费者就可以做花样、贴车膜，等等。在未来，如果你想让自己的新车看起来跟别人的不一样，也一定会诞生同平台、异外观的内外饰设计，定制行为也会越来越多。

3. 做出"有情感、有温度"的设计

《执行官》：马自达曾提出要在车身上做"看起来不一样"的型面表达，为何会有这样的战略决策？怎样才能做出不一样的型面表达？

赵谦：在这里需要大家先区分硬件和软件的概念，在车表面做文章属于在硬件上做型面表达。大家可以回想一下 iPhone 诞生之前的手机，以诺基亚、摩托罗拉为代表，都是"屏幕＋物理按键"，有翻盖的，有滑动的，有旋转的。但是 2007 年之后，手机"大屏＋虚拟按键"流行趋势非常明显，按键没了，屏幕变得越来越大，也就是说现在到了软件逐渐替代硬件的时代。软件为什么能引领潮流？最大的优点在于灵活，且变化起来成本低。

回想多年前，家里买一件电器，安装一个电话，大家会高兴一整年。而现在在快消概念的冲击下，人们的喜好会快速发生变化。就算买了一辆百万元的豪车，不出两周，你的新鲜感就会过去。你会握着方向盘对自己说："哎，这车也就那么回事儿。"旁观身边年轻人，如此多的"佛系青年"，他们表现的"平常心、不过多追求"其实就是类似的心理。反过来说，今天人们对于实体物质的要求变得更高，我们做硬件时需要思考更多，匹配更多用户的不同诉求，并融入更多情感，达到一种美的极致。

我们始终相信，人们会为有美感的东西而买单，这种握在手里的踏实感就像你手里一件用惯的东西舍不得换掉一样。这种踏实感给硬件设

计提出很高要求。也就是说，除了好用，做出"有情感、有温度"的产品体验是我们追求的设计目标。这一点在小鹏汽车未来车型上会有更好的体现，因为小鹏汽车拥有占据优势的软件"基因"，相对容易做出"软硬兼香的料理"。

在马自达公司，我们在研究下一代车型的时候做出了很多立体雕塑，它们十分简洁。我们希望提炼出独特而丰富的主题，有了这些"看起来不一样"的主题才能做出"与众不同"的车型。另外，我们也摸索出一套特别的研究方法，用于表达比较抽象的概念，比如如何表现出有动态、有速度感、有感情的效果图，这样能让我们的设计更有"生命感"。

《执行官》：设计人员往往是从自己出发，追求自己内在激情或者主观表达，但汽车等设计又希望从消费者身上获得灵感。乔布斯说消费者不懂自己需要什么。在你看来，汽车行业的设计应该遵循什么原则？

赵谦：这是一个非常有意思的问题。我觉得可以分成两部分去理解。第一部分，设计师一定要接近用户，甚至让自己成为用户的一部分，这样才能在第一时间发现用户的痛点，并做出解决痛点的好设计；第二部分，设计师应该努力发现用户还没有感知到的潜在痛点，并给出解决方案，当用户接触到产品时就会有惊喜。当达到这种境界时，其实也做到了如乔布斯所说的引领用户，因为你已经创造了一个新的用户使用习惯。

除此之外，设计一定要保持新鲜和跨界的思维，不仅要从自己的经验出发高效地做出正确的设计，也要多接触其他行业的思维方式，从而获得新的灵感。

《执行官》：在 2018 美国 CES 展上，汽车自动化、无人驾驶、新能源革命成为汽车行业的世界潮流，这势必对汽车设计带来颠覆性的变化。在你看来，这些趋势在设计方面意味着什么？

赵谦：在消费电子展或是车展上看到的很多概念车，很重要的一点是讨论当无人驾驶时代真正到来时，汽车除了作为交通工具外，还能够承担哪些功能。当每辆车都实现自动驾驶时，汽车会按照指定规则驾驶，会非常安全，没有了碰撞，也就不需要安全气囊、方向盘，电动汽车也没有传动轴和中通道，这些都会带来汽车设计的极大变化，能提高汽车空间的利用率。未来的汽车设计，空间利用率更高，内饰变化更大，更加智能，将会给消费者带来全新的感官体验。

《执行官》：就你个人观察而言，中国汽车行业有哪些企业的设计水平堪称一流，世界品牌又有哪个企业品牌的设计你最推崇，为什么？

赵谦：现在的民族工业企业都在往非常好的方向大步前进。我个人印象深刻的是 Link & Co 和 WEY，它们在做产品的同时也在做品牌，并且实现了产品和品牌较好的结合。

世界上其他汽车品牌有许多非常漂亮的设计，每辆车都有自己的特色，尤其是豪车的设计更加让人心动，因为这些车企有大量的资源、优秀的设计团队、好的工程团队在背后支持，有条件让一个好的想法落地，成就一件好的产品。就我个人而言，还是非常认可马自达公司在这几年做出的成绩，因为马自达公司作为一家规模体量并不是非常巨大的车企，能够在这么短的时间将想法落地，非常了不起。在做出成绩的同时，它也对业界的设计风向指出一种新的解决思路，给其他车企带来了正向的挑战。

《执行官》：就你主导的小鹏汽车而言，你想赋予它怎样与众不同的设计内容，带给消费者什么样的特殊体验？

赵谦：对于小鹏汽车这一新兴汽车品牌，我认为有两件事情是迫切需要解决的。

第一，我们如何去奠定自己的基础。成熟品牌在历史上有非常多的传承，一家大的汽车公司产品线非常多，可以用庞大的阵营输出品牌故事。对于一个没有历史的新品牌，利用单一产品如何输出品牌故事，使得后续产品拥有可以继承的"基因"是一件非常棘手的事情。

第二，在超短研发周期内做出在市场上有差异、有竞争力的优质产品，这本身就是一件非常棘手的事情。想要有好的汽车设计，需要设计、市场等部门齐心协力去定义一个能够反映品牌基调的好产品，然后和工程部门一起实现落地，围绕明确的品牌基调，不断强调那些元素，从而渐渐形成可以继承的"基因"，让人们更容易记住你的产品和品牌调性。

我希望未来小鹏汽车生产出智能、有情感的汽车。通过更加有温度的设计，让汽车能够在不同的光线下营造出不同的型面感受，同时又是非常年轻、有生命力的汽车。作为智能汽车，我们要实现人工智能和自动驾驶的完美匹配，让人们获得更好的体验。

观察员胡夏：小鹏汽车是否可以成为引领汽车行业的企业？靠什么实现？

赵谦：目前电动汽车如雨后春笋一般成长起来，但是也有人指出在2020年之前会有90%的电动汽车企业经营失败。我之所以选择加入小鹏汽车，就是因为看到小鹏汽车是一个真正在认真造车的团队。我第一次到公司是在一个周六，大家完全是以战斗的状态在工作，而不是一种不情愿的加班状态，这让我印象深刻。跟更多的团队交流后发现，尽管大家持有不同的想法，但是造出一款好车的决心却一致。而且小鹏汽车没有把精力放在公关、宣传上，而是选择低调，踏实地打造产品，这一点也打动了我。除此之外，小鹏汽车新一轮的投资是由阿里巴巴领投，这些背后的资源和力量是小鹏汽车能够走下去的后盾。

一个思维活跃的互联网团队，可以和传统汽车人一起造车，这两种思想的碰撞使得这个集体非常有活力，必然能够产出更多高效的方案去推进汽车产品的迭代。

观察员胡夏：当自动驾驶等技术逐渐成为潮流，汽车如何在人工智能和驾驶乐趣之间找到平衡？

赵谦：汽车将是结合人工智能技术并最先落地的产品，人工智能和驾驶乐趣两种技术并不矛盾，人工智能甚至可以更好地满足人们的驾驶乐趣，比如模拟不同的发动机声音，或是模拟不同的汽车速度，等等，这就是软件灵活性带来的优点。

地产：商业与文化的结合

广东茂德公集团董事长

陈　宇

　　几年前，许多人豪言壮志逃离了北上广，但不久就黯然回到这些失望伤心地。为什么？因为家乡的现实更令人难熬。其中原因均是一边倒的指责：做生意要看人情，要不断陪有关部门求得"关照"；官本位严重，简单的事情反而办得很复杂；知音难觅，周围人跟你谈的就是孩子、走后门托关系……其实，这些只是表象，问题的核心是如《文明简史》所言，文明的进步其实是伴随着人的退步同步进行的。也就是说，如果一线、二线、三线城市……一直到农村代表了现代文明在时间－空间上的等级链的话，那么其实生活在一线城市较久的人相比于在农村和四、五线城市的人，生存能力更差。

　　当然，过去有两类人除外：一是衣锦还乡或被打回原籍的官员，二是有足够钱的商人，也就是非富即贵之人。这些人形成一个很好的反哺乡村机制，但在新社会，第一类人不存在了，第二类人不愿意回来，这正是乡村陷入衰败而不能挽救的原因。当然，山重水复疑无路，柳暗花明又一村，现在或许正是有志之人大显身手的时刻。陈宇十多年前就发下宏愿，践行"回家"的旅程，让人感佩。中国的乡村需要更多这样的"新乡绅"。

　　陈宇有许多身份，一个是企业的身份——广东茂德公集团董事长、2014 年度广东省优秀企业家、2015 年最具社会责任感企业家；一个是公益和社会的身份——德基金创始人、广东省政协委员；还有一个是玩家的标签——足荣村方言电影节创始人、广州茂德公草堂堂主、《新周刊》"2007 年度生活家"……

这样一位多标签的嘉宾，显示出他兴趣相当广泛，而且活得真真切切。

但这并不意味着他的事业缺乏定位或者过度多元化。其实，他的事业可以说是散文式的——形散而神不散。近十年当中，他最牵挂的事就是"回家"，将人生和事业"搬回家"。他做了许多人想做却不敢做的事情：人到中年，"回乡立业"。这个大部分男人都在想的"家国命题"，50% 的男人敢说，1% 的男人敢做，0.1% 的男人正走在可能成功的路上。

而陈宇就是 0.1% 的男人中的一位，他身上有着浓重的故乡情结。尽管遭遇诸多困难，但他一心向着故乡，十多年来持续用人文情怀和产业格局重启家乡的核心资源，助力一座小城的文商旅。

1. 回到乡村是因为十几年前发愿

《执行官》：很多人逃离北上广，最后却发现必须回到北上广，茂德公集团的产业为何选择往乡村发展？

陈宇：我们这十几年从来没有"逃离北上广"，之所以在乡村发展一些产业，首先是因为自己曾经发愿，觉得自己的家乡也可以通过努力变得更好，就这么坚持了十几年。其次是因为我目前所进行的一些产业和乡村密切相关。我一直以来做食品产业和旅游产业，和乡村有很大的关联性。除此之外，茂德公集团十几年前回归乡村，回到我的老家足荣村，很大程度上还是一种公益行为，我们是在用其他板块赚的钱来培育乡村产业。到目前为止，在乡村的产业还没有赢利，公司内部只是把它当作一个公益项目在进行，当然我们希望往赢利的方向发展。

《执行官》：茂德公草堂、茂德公大观园、茂德公鼓城，这几个立足家乡的项目把文化和商业结合得非常好，你怎么平衡文化和商业之间的关系？

陈宇：我一直以来都坚持一个观点，即文化和商业并不矛盾，两者不是非此即彼的关系，文化和商业可以结合得很好。刚开始做茂德公草堂时并没有进行商业规划，只是我的个人爱好，所以在文化方面加入了很多我自己的情怀，但是在茂德公鼓城的设计、规划方面，我们非常用心地将文化和商业进行结合。茂德公鼓城开发时有一个选择是做常规的商业综合体，在一个县城里中型规模的商业综合体也挺有市场。但这样一来，就是一个纯粹的商业项目，而我们的布局是做旅游，因此结合雷州这一国家历史文化名城，我们建了"茂德公鼓城"，既能满足商业需求，同时又是一个景点、一个地标建筑，而这种文化沉淀也让商业更有内涵，更有个性，会比纯粹的商业模式更加成功。商业成功后也会反哺文化，所以我认为商业和文化是相辅相成的。总结起来就是：文化能够让商业更富有个性、魅力和竞争力，商业的成功也会反过来支撑文化。

《执行官》：乡村往往人才匮乏，条件诸多不便，你似乎甘之如饴，策划出许多创新营销举措，这种创新从何而来？

陈宇：这个问题戳中了我们的痛点，回到乡村创业、发展什么都好，就是人才难招，前几天我们还在为招聘一个电工头痛，没有人愿意主动到乡村来。

走过十几年的乡村路，除了在村里或周边招聘员工外，管理层的招聘我大致依靠以下几种方式：第一种方式是靠情怀打动人，如果不是在精神上高度契合的人，是不可能在乡村待这么久的。我在2014年中国行的路上，偶然认识了一位贵州姑娘，她就非常有乡土情怀，也非常喜欢乡村，我的诚意打动了她，现在我做的足荣村手作就交给她来负责。

第二种方式是打亲情牌，从自己的亲朋好友中找到合适的人来负责行政、管理等方面的工作。

第三种方式是从公司内部培养人才。茂德公集团这么多年一直在坚持做公益，回归乡村，许多加入公司的人都是冲着这种情怀而来的，我会用心去培养这些年轻人，他们也慢慢走到乡村去负责一些事情。茂德公很多创意都是来源于这些人才，也正是依靠这些人才，我们围绕着同一件事情才坚持了这么多年。

2. 乡村发展离不开核心产业

《执行官》：很多人认为乡村正在空心化，资源、人才和资本都在加速流失，你是如何克服这种困难的？

陈宇：要克服这种困难只有一招，就是我带头回去。我可能是在325 国道上来回奔波次数最多的老板，每个月都回雷州好多次。我自己也算是人才，而且我带着资本回去，这种带头作用是很关键的。就像刚才所讲，你的情怀、精神和理想，会感召一部分人和你一起参与一项事业，会有人跟随你一起回到乡村，在这个过程中慢慢会有人喜欢上这份事业。

能够称得上人才的人，都有自己独立思考的能力，因此除了老板的带头作用外，还有一点就是公司所做的事情必须是实实在在的事情，所说和所做要高度一致，这样才能打动人才，让他们留下来。在资本方面，用我们其他板块来培育乡村产业，尽管是辣椒酱、萝卜小菜等利润较少的产品，也多少能够帮助乡村其他产业发展。

《执行官》：在你看来，乡村发展什么产业最合适？

陈宇：对某一个村子适合的产业不一定适合其他村子，所以也就没有所谓最适合乡村发展的产业，一定要选择的话，我觉得乡村旅游业和农副产品深加工可以作为尝试的方向。用时髦的话来讲，可以尝试"乡村田园综合体"，把第一、第二、第三产业打通，就会非常好玩。《新周刊》的前主编封新城正在大理的一座小镇实施乡村改造计划。有一次我去参观，我们俩找到一个新的话题，在这里可以和大家分享一下。我们提出一个"第四产业"的概念，就是说现在的文化人、艺术家、媒体人在城市里有一定积累之后，可以把艺术、文化带回乡村，以艺术为源头去整合第一、第二、第三产业，这对于现在的中国乡村而言是非常重要的事情。

《执行官》：中国乡村正在掀起特色旅游或产业小镇的规模高潮，一时成现象却难以持续有成效。你在深耕乡村产业的过程当中，有哪些案例可以借鉴和分享？

陈宇：我认为不管是特色旅游小镇也好，产业小镇也好，都绕不开一个问题，即它的核心产业是什么？没有核心产业说什么都没有用。然而，现实中开发产业小镇的大型房地产商都不会花太多精力在产业方面，因为所谓的产业最终都会简化成一个词叫"重资产"，而许多大地产商都不愿意去涉足重资产领域。

我在雷州十几年的体会是如果一个项目想要形成模式去推广，就必须把核心产业做出来。比如茂德公鼓城要做文旅，就需要研究当地历史和传统，从中提炼出能够代表当地的文化内涵，再加入一些现代化的业态，服务于文化旅游业，进而形成核心竞争力。过去我们讲"一村一品"，其实就是打造核心竞争力。就足荣村而言，我还在摸索，目前的方向是把手作和传统食品发展起来，带动村民参与，从而形成核心产品，让村庄在未来的竞争中能够立于不败之地。

《执行官》：你一直关注和践行乡村的公益教育、特色旅游、文化商业，在你看来未来十年中国新农村的出路何在？

陈宇：从政策层面来看，党的十九大召开之后的确有很大利好，领导人提出了中国乡村振兴战略，从顶层设计上更加重视乡村的发展，因此未来十年中国新农村的出路还是离不开国家乡村振兴战略的落实。在政策引导的基础上，资本的跟进很重要。

我个人认为，未来十年中国乡村的出路还是需要打造核心产业，如果神州大地上能有大量"第四产业"拉动的乡村出现，加上政策的倾斜，我觉得前景还是十分美好的。我也是这么来规划和设计足荣村产业发展的，希望足荣村在未来十年能够成为一个示范点和样本。

3. 做纯粹、快乐的公益

《执行官》：你发起的德基金公益支教超过了 50 期，在公益项目上你收获了什么，发现了什么？这个项目将如何持续？

陈宇：一开始，我就说为了中国公益事业。为了"公益"这两个字不被玷污，我们要自律，要管好自己。我一直讲一句话，当你搞定自己之后，尽可能惠及他人，这样就算是好人了。当时决定做德基金，也是希望在实现自己财务自由的基础上，能够帮助更多需要帮助的人。

坚持做德基金 6 年了，如果一定要问我在这个项目上收获了什么，我觉得就是两个字：快乐。德基金的定位就是快乐支教，我们的出发点很简单，就是组织一帮人过去陪陪孩子，让孩子们在这一周内能够快乐起来。让孩子们快乐是第一个层面的快乐，第二个层面的快乐是志愿者收获快乐。我们的志愿者叫"德先生"，很多"德先生"参加完支教活动后反馈他们在活动中也得到慰藉，非常充实。第三个层面就是作为创始人，我很快乐。如果一个公益活动能够让受助者、参与者、创办者甚至社会人士都觉得快乐，我觉得这就是一个好的项目。

在这个过程中我发现做公益真的是举手之劳，德基金有多少能力就做多少事情，并且我们希望发动更多人利用自己的空闲时间做公益，很多"德先生"都是利用自己的假期到乡村看孩子、陪孩子。

只要茂德公集团还能支持这个项目实施下去，我们就会继续坚持；只要中国的乡村还有许多留守儿童，还有许多缺少艺术师资的学校，我们就会一直坚持下去。德基金也不会和其他公益机构攀比，我们只是坚守在自己既定的范畴内，做自己力所能及的事情，确保它能够运转下去。

《执行官》：中国的许多企业正投入资源，做一些和产品及消费群体关联的公益项目，是一种公益营销。你的公益项目和消费者的关联度极低，你如何看待公益营销？你的初心是什么？

陈宇：我的态度是公益就是公益，营销就是营销，两者不能混为一谈。如果企业通过做公益，使得企业品牌美誉度更高、老板形象更好，反过来带动了产品的销售，我觉得无可厚非。但是，如果从一开始就是想通过所谓的公益牟利，甚至有些人纯粹就是为了卖产品而搞伪公益，我确实不敢恭维。我做公益的初心很简单，就是在我自己实现了财务自由之后，能够尽自己的能力，帮助一些我所关注的群体，能帮一个是一个。至少到目前为止，我的初心如故。

在中国做公益的环境非常复杂，哪怕你是很纯粹地做公益，都会有人提出质疑，所以德基金的资金来源只有两个，一是茂德公集团捐助，另一个是我们搭建的爱心直达平台。我们把需要捐助的项目罗列出来，然后捐款直接到达受助者手中，钱完全不经我们之手，我们也不从中收取管理费。只有纯粹才不会让公益这项事业背负一些不该背负的东西。

观察员胡夏：足荣村方言电影节、足荣村手作节等，为什么以足荣村冠名？

陈宇：因为我生于足荣村，长于足荣村。我十几年前发愿，希望能让雷州变得更美好，让足荣村变得更加美好，之所以这么折腾，就是希望雷州、足荣村能够引起更多人的关注，所以我策划的项目只要可行，我都会以足荣村冠名。

旅游：空降长隆后的突破与坚持

知名旅游企业长隆市场总经理

熊晓杰

作为一位前知名媒体人，熊晓杰"空降"到长隆后一度引发企业人士诸多担忧，因为媒体人偏重于思想和观察，企业人偏重于实干和执行；媒体人长于求新求变，企业人则喜欢将决定的事情重复做。显然，已然度过十多年的他"坚持"了下来。其实，不只是简单地坚持，而是继续保持着他敏锐的洞察力，并带给长隆三大独特性的价值：

第一，娱乐营销。长隆近几年的娱乐和内容营销精彩纷呈，而且跨界相当广，这与媒体人出身的熊晓杰的努力是分不开的。

第二，企业媒体化。熊晓杰将每年 3000 万游客当作重要的流量，与媒体开展多元合作，这种整合的力度的确是拜"业内人士"所赐。

第三，业余时间的社群探索，追求生命的多标签。一方面，人生到了一定阶段的"知天命"；另一方面，则暗合了移动互联网时代的精神需求。看似不务正业，却是对"正业"有力的补充——不但强化了与合作媒体的联系，而且有利于资源整合。长隆现在被誉为"中国的迪士尼"，已然是中国最大的旅游产业集团，这与他的付出有很大关系。

他曾是知名的财经记者。他创办的《赢周刊》和写作的《中国民营企业的反省年代》是无数企业家案头的必备读物。

他是活动策划人。20 世纪 90 年代就策划广州最早的地下音乐演出。他在 2003 年创办的《生于六十年代》俱乐部和隐形冠军俱乐部在国内具有相当大的影响力。

他是营销人。2005 年投笔从商后，他伴随所服务企业从地方品牌走向全国品牌。

他是公益人。曾发起"一块为女足加油"活动和"兴隆书院"乡村公益项目。

这几年，他又发起了国内著名的情怀社群"放肆青春"，汇聚了数百位彼此照亮的优秀人士。

他还是自媒体试水者，公众号《熊出没》的个人经历和生命体验经常引起普遍共鸣。

他就是熊晓杰，国内知名旅游企业长隆市场总经理、放肆青春社群发起人。

对他而言，爱折腾、闲不住、多标签的人生才有意思。

带着这种想法，熊晓杰把娱乐化营销带给了他所服务的企业，然而"娱乐至上"的关键是什么？一个抛开商业的社群，靠什么维系？

1. 让人生体验到更多精彩

《执行官》：你是职业经理人，近几年却创办了"放肆青春"社群，个人发起"一块为女足加油"公益活动，似乎有点不务正业，为什么这么做？

熊晓杰：每个人都有自己的价值观和生活方式。有些人倾向于循规蹈矩，安安稳稳地过日子，而我从小就是一个不安分的人。我认为，人应该去追求生命的丰富性和多维度。人生中有很多事情无法改变和选择，如家庭、工作，在这样的情况下，我们要让生活变得更加丰富，人生体验更加精彩，就需要更多的尝试。所以，我们要多一些"标签"，能够在不同的领域释放自己的能量，得到不同的满足感。

《执行官》：你说现在的人正在多标签化，是不是"不务正业"反而可能是正业进取之道？比如宗毅的瞎折腾，罗永浩的锤子……

熊晓杰：多标签的人生除了让人生阅历更加丰富多彩，也会对工作有很大的帮助，因为很多东西都是触类旁通的。一个人掌握的工具、资源越多，兴趣越多，最后集聚的力量就越大。我对音乐很感兴趣，一直在关注着各种音乐活动，在20世纪90年代初，我就策划了一系列广州地下音乐活动。后来到了企业，这个兴趣爱好开始与工作结合。草莓音乐节第一次进广州，就是源自我们的推动。引进这样国内顶尖的娱乐品牌，需要嗅觉，也需要长期的资源积累。

再以"一块为女足加油"活动为例，这是缘于我与中国女足的长期友谊。足球是我的爱好之一，2010年，我们的新酒店开业，当时推出全亚洲最大的会议中心。为了避免过于产品化的宣传，我们决定在这个金碧辉煌的国际会议中心组织一场足球赛，以显示会议中心之大。我们邀请了当时正在广州集训的中国女足前来比赛。这个活动让一个产品化的推广变得娱乐化和有趣，从而形成了良好的传播效果和口碑，也为长隆宴会厅增添了一个生动形象的标签："一个大得能够踢足球比赛的会议中心"。

做策划需要一专多能，既需要有核心竞争力，也需要知识面广博、嗅觉灵敏、善于学习。可以说营销人天性就是多标签倾向的。

2. 社群要让每个参与者得到自己想要的

《执行官》：你似乎有意隔离个人行为和公司行为。这是为什么？

熊晓杰：站在尊重所服务企业的角度，我一直把"放肆青春"活动和企业标签尽量地分隔开来。在"放肆青春"的活动中，我完全不会提及我的职业经理人身份。一个活动的调性和它的外延影响可能与企业的形象、品牌和需求不会完全吻合，如果不进行分隔，可能会对企业的品牌和形象产生不可预知的影响。作为一个企业品牌管理者，我需要刻意去规避这样的风险。

《执行官》：你发起了"放肆青春"社群，也是孤独者社群的深度参与者，在你看来，社群的兴起代表了什么样的意义？

熊晓杰：社群古今有之。不同时期有着不同形式的社群。在互联网时代，社群最重要的一个特征是它的共享和去中心化，这正是它最大的价值之一。在"放肆青春"社群中，共享观念给了我很多启迪。一个好的社群一定有一个非常好的共享机制，能够让每一位参与的人得到他想要的东西，让每一位参与的人与有荣焉。"放肆青春"社群是一个非商业性社群，它的运作依靠大家群策群力和众筹机制（主要是情怀众筹和智力众筹）。这个社群对我的工作有很大的启发：要想让员工把事情做好，就需要让员工觉得这件事属于他自己，这样才能不计较得失，热情澎湃地去做事情。"放肆青春"社群给了参与者展示才华、智慧、风采的机会，所以每个人都乐在其中。

《执行官》：在社群中，许多人并不以职业的本来面目出现，反而以非职业的兴趣、爱好、个性聚合，这颠覆了以往的社交方式。这是不是人们多标签化的内在动力？

熊晓杰：所谓"物以类聚，人以群分"，每个人都希望在有着共同兴趣爱好的人群中找到存在感和价值感，从而进一步完善自己的标签化。在过去的前互联网时代，在很多社群中，个人印记是很弱的，但在现在的社群中，是以个人标签为主要维度的。

《执行官》："放肆青春"社群凝聚力很强，你打造的社群是如何进行维系的？

熊晓杰：

第一，正如之前所说，众筹和共享机制带来凝聚力。

第二，"放肆青春"社群抓住了参与者共同的情怀，对美好青春的追忆是人类最大的痛点之一。

第三，"放肆青春"社群自身的非商业化特点。

这三点是"放肆青春"社群凝聚力的基础。

《执行官》：音乐是"放肆青春"社群的主要特色，娱乐是主要特点。这与你的偏好有关，但也恰好与你所服务的企业性质契合，未来两者可以合作吗？

熊晓杰："放肆青春"社群是不会与我服务的企业合作的。我非常希望我个人的兴趣爱好、社群活动能够与成功的企业经营有一个分隔，所以说我所服务的企业和"放肆青春"社群合作是不太可能的。但是，我自身对音乐的爱好对我服务的企业的经营是有帮助的，比如从 2017 年开始的草莓音乐节、春浪音乐节、风暴电音节、YY 音乐盛典等活动，就与我自己对音乐的兴趣和长期的资源积累有着很大的关系。

《执行官》："放肆青春"社群未来有商业化的考虑吗？

熊晓杰：到目前为止，"放肆青春"社群还没有商业化的想法。这主要出自三个原因：

第一，"放肆青春"社群的伙伴们都是中产以上的人群，我们没有必要通过一个社群来获取利益。这个从来都没有成为大家的目标。

第二，当初发起"放肆青春"活动的目的就是为了"相互温暖，相互点亮"。"放肆青春"作为一个"情怀型"社群，成为赢利组织是不合适的。也正因为如此，它才更加具有凝聚力。

第三，基于共享的理念，"放肆青春"品牌是属于社群每个人的，并不只是属于我或某些人。说到底，我们希望"放肆青春"社群能够成为商业化社会里的一个不同选择，大家聚在一起不是因为利益而是因为好玩、有趣，否则，这个新的标签对我们来说就毫无意义。如果未来"放肆青春"有一些商业化运作的话，那目的一定是利用这个平台做一些公益和慈善活动。它永远不会成为一个纯粹的商业机构。

3. 娱乐营销不会带来"娱乐至死"

《执行官》：你所服务的企业已经成为世界一流的旅游品牌，而你通过一系列的营销活动赋予它"娱乐企业"的调性。娱乐营销成功的关键是什么？这是否会带来"娱乐至死"的结果？

熊晓杰：我们娱乐营销成功的关键在于企业很早就已确定的娱乐营销战略。在 13 年前，我们确定了长隆的娱乐营销战略，我们认为长隆是一家娱乐企业而不是旅游企业。在品牌推广和建设上，都以娱乐的方式进行。在这样的战略基础上，我们创造出了很多具体的方法，比如说我们总结的"娱乐营销八法"等。同时，我们把娱乐营销分为三个阶段：

第一阶段是"借船出海"，我们会与很多 IP 合作，比如电视节目、电影等，借助外部强 IP 的影响力。

第二阶段是"造船出海"，比如与湖南卫视合作的《奇妙的朋友》，与广东卫视合作的《活力大冲关》，与"野心"合作的《我的朋友不是人》等。

目前实行的第三阶段是"自建平台"，打造中央厨房概念。在前两个阶段中，"船"并不是企业自己的，而在互联网时代，我们要打造属于自己的自媒体矩阵和传播渠道，然后整合各种 PGC 和 UGC 的内容制造，进行娱乐化的传播。

"娱乐至死"的结果是不会出现的。因为只要一个企业有着自己的底线、品牌定位和良好的品牌管理，是不会走到这一步的。在实际的娱乐营销过程中，有很多看似传播效果很好和非常吸引眼球的创意，但是如果其社会效益不好或者会给品牌带来负面影响，我们就会果断拒绝和舍弃。

《娱乐至死》《低智商社会》《体验经济》和《一切行业都是娱乐业》这几本书对我有着深刻的影响，让我对娱乐营销有了更好的理解。所谓娱乐营销，其根本在于用娱乐的方式传达信息，满足消费者的消费需求，让信息传达更有效率。每个企业都有属于自己的品牌调性和社会责任，所以娱乐营销并不是没有底线的营销方式。一个企业必须有着娱乐营销的观念和意识，才能做好娱乐营销。娱乐营销是一个放之四海而皆准的工具和手段，所以很多看似没有娱乐"基因"的传统企业，它们娱乐营销的实际效果可能会更好。

孤友幸公子：娱乐营销策略确定后，在组织架构上做了哪些调整？市场部职能和 KPI 设置相比传统型营销组织有哪些变化？

熊晓杰：在 13 年前，我们提出我们是一个娱乐型企业的同时，也提出了我们所在企业是一个媒体的概念。目前，我们每年接待 3000 万游客，这完全能够形成媒体传播的力量。在四年前，我们开始真正投入到打造"企业媒体"的工作中，我觉得这是时代对我们的召唤。过去，企业要想成立电视台、报纸或者杂志的成本是非常高的，但在互联网时代，微信、微博等 APP 的普及为企业自媒体建设提供了很好的平台，降低了我们在这方面的硬件投入，这是企业自媒体发展的契机。除此之外，我们还探索内容传播和内容制造的整套做法。在这方面，由于企业的自身特性和团队媒体的关系，对于内容生产有着独到的优势。目前，我们通过 PGC 和 UGC 每天在生产着不同的内容，包括文字、图片、短视频及大型节目和纪录片，等等。我们每年都会在内容制造方面实现一定的突破，无论是从内容的提供商还是内容的分发渠道，都会根据社会的发展和企业的需求进行合理调整。

孤友丁欣：迪士尼经过数十年的积累打造出强大的 IP，你们企业目前主打的 IP 有哪些？如何保持 IP 的生命力？

熊晓杰：除了与一些外部企业进行强 IP 合作外，我们也在打造自己的 IP 形象。在与外界合作上，我们与许多一流的品牌都有合作，在真人秀方面，我们与《奇妙的朋友》《奔跑吧！兄弟》等进行合作；在电影方面，我们与《功夫熊猫》《爸爸去哪儿》等进行合作；在游戏方面，我们与《我的世界》和《王者荣耀》等进行合作。在这方面，我们在国内企业中做得非常有前瞻性且投入产出比相当高。在打造自有 IP 形象上，长隆已经实现了卡卡虎和熊猫三胞胎从 IP 塑造、影视作品上线到 IP 落地主题公园、主题酒店的全流程。坦率来讲，自主 IP 的打造不是一件容易的事。长隆在这件事上还是蛮成功的。

新兴行业　轻装疾行

社群：小群如何席卷海量用户

腾讯服务商，微播易副总裁

徐志斌

微信依然是国内应用最广泛的软件，人们在各个群里分享与互动。可以说它已成为我们生活的基础设施。如此巨大的流量如何应用于商业，是各个商家都在思考的问题。

新型社群提供了快速连接和交互的平台，使之不再囿于时空的局限。微信小群、朋友圈和无数人的连接，足以快速引发山呼海啸般的力量。徐志斌的研究分享即围绕这一点展开，提供了独特的思路。他的六大驱动——事件驱动、关系驱动、地域驱动、兴趣驱动、利益驱动、荣誉驱动给我们提供了良好的方法论工具，便于进一步研究社群营销。

社群是有浪潮般的力量的，只要你相信并不断探寻。

目前担任微播易副总裁的徐志斌有一段耀眼的职业经历：2007 年徐志斌正式加入腾讯公司，2010 年参与创建腾讯微博开放平台。此后，他把大部分时间都投入在社交网络的实际工作和研究中，直至 2015 年离职，前后总计服务于腾讯公司 8 年。在加入腾讯公司之前，他曾在 eNet 硅谷动力、新浪等公司工作。

2013 年，徐志斌的第一本专著《社交红利》在财经出版市场引起轰动，2017 年他的新著《小群效应》刚刚出版即引发强烈关注，跻身各大财经图书排行榜前列。

从业 15 年间，徐志斌积累了丰富的社交网络工作经验，与诸多创业团队、创业应用商进行过广泛而深入的沟通与合作，在社交化和社交网络方面有着独特而深刻的见解。而《小群效应》则是瞄准 2015 年兴起的社群化浪潮而推出的一本社群运营方面的实战手册，被誉为"社群运营的长尾理论"。

1. 小圈子是社群的基础形态

《执行官》：互联网更多谈论的是流量经济，而你最新的书籍提出了"小群效应"，是不是流量效应不如小群效应？

徐志斌：这个观点并不是说流量效应不如小群效应，而是说企业一直在关心"流量从哪里来？""订单从哪里来？""销售收入从哪里来？"这些问题。从互联网角度去关心这些问题时，我们通常会观察用户的行为习惯，即用户的习惯在哪里，流量就在哪里。举个简单的例子，在过去十多年，大部分流量是由百度、谷歌等搜索引擎统治的。当时这些企业的流量订单几乎占据了 2B 类型企业总订单的百分之八十。但是现在，我们会发现原来的渠道已经不实用，而且压力正在变得越来越大，因为用户把时间和精力更多地放在手机上面，放在社交网络当中。

从 2012 年到 2013 年那段时间，今日头条实现了崛起，因为它正好赶上了用户从 PC 端转向无线端的一个浪潮。从 2010 年开始到现在，当用户的行为习惯从 PC 端搜索引擎迁移向手机时，大量的流量已经由社交网络供给，现在尤其明显，许多公司的运营已经离不开微信，用户订单、流量活动、市场推广大部分都依靠微信。当用户在微信上进行社交活动时，"躲"进了一个小群当中，"小群"准确地讲就是诸如工作群、亲友群、死党闺密群之类强关系的群，这种依赖性强的关系能帮助用户更好地解决问题。这个看起来很小的行为习惯改变，实际上引出了更大的流量，引起了巨大的变化，深刻影响着网民的生活模式和生活习惯。因此，我们说小群效应是席卷海量用户的隐形浪潮。

《执行官》：你对小群的定义是什么？就是我们所说的社群吗？你

在书中提出的核心洞察是什么？

徐志斌：十多年前，QQ 还如日中天的时候，大家虽然把社区和社群的概念讨论得非常激烈，但多数人并不会把 QQ 群当作社群。可是今天，如果我们做用户调研、企业调研，会发现大部分企业都在用微信群做社群运营、营销与推广。现在微信群已成为社群的核心。我在写《小群效应》的时候，发现在 QQ 和微信中 90% 以上的用户活跃在小群当中，微博中的用户也活跃在小圈子中。微博的用户是弱关系，一个圈子大概 20 多人，而微信强关系的圈子人数大都在 20 人以下。同时，大型的社群也是由一个个小圈子汇聚而成。所以说，小圈子是今天社群的基础形态、核心主体和关键。

每个人都想加入大群，却仍然只在小群中活跃，正如一句话所说："人人想进大群，人人只在小群中活跃"。这句话看似简单，展开则非常丰富，大量社群运营的关键都蕴含其中。在接下来的问题中，我会把这句话再度展开分析。

《执行官》：很多人在谈论"社群已死"，因为印象中微信作为一个平台正进入疲劳期，微信群也大多"死去"，但你似乎对社群发展很乐观，为什么？

徐志斌：我不认同微信进入疲劳期这个说法。恰恰相反，社交的浪潮才刚刚开始。很多人进入社交媒体是从 2009 年的微博开始。社交软件沿着一个清晰的路径一环一环走过来，我们从微博到微信，再到小圈子当中，会发现一个简单的逻辑——从弱关系到强关系。在微博中我们属于弱关系，所有人都在聊明星、讨论八卦，但是一旦出现微信这种强关系后，我们就义无反顾地迁移，人们会自然地追求更强的关系。

从人们在线下的行为不难想到人们会从微博迁移到微信。微信提供了一个途径，即让越来越多的人互加好友，这样就会有发生进一步关系的可能。现在很多人都会拥有两三个微信号，就是源于好友数量的激增。就像当时微博的场景，人们对于关系的管理再次失控，因此希望重新找到新的强关系产品，微信小群也就应运而生。那些不关闭消息提示的讨论群，基本上都是同事、家人和死党闺密的群。这些群都属于很小的圈子。人们从微博到微信，从微信泛关系又重新"躲"入小群中，背后的原因正是人们对强关系的追求。

2. 社交模仿蕴含着商品转化的巨大机会

《执行官》：现在微信用户每天都会新建许多群，然而大部分微信群很快就"死"掉了。何种形式连接起来的微信群生命周期最长？如何维持群的活跃度？

徐志斌：每天微信上面新诞生的群有三百多万，甚至更多。腾讯公司对这些微信群的生命周期做了分析后得出这样几个结论：

第一，微信群的事件驱动不如关系驱动，即因为事件建起的群生命周期不如因为关系而建的群。比如很多企业进行社群运营、营销推广活动而建的微信群生命周期很短。生命周期足够长的群，都是工作、家庭和好友群。

第二，人人想进大群，但人人只在小群中活跃，这句话之前已经提过。这反映出一个微信群想要吸引用户，除了关系之外，就需要足够大，足够强，足够优秀，这样就会有大量的用户蜂拥而至。但是在大的微信群中，很多用户很快就会沉寂，这就要求微信群建立一个漏斗机制，把用户分配到各个小圈子中。

第三，将用户分配到"三近一反"的小圈子当中，"三近"即年龄相近、地域相近、兴趣相近，"一反"即性别相反。

能做到这几点，社群生命周期就会非常长，同时它的活跃度也会足够高。

《执行官》：在你看来，优质、活跃的小群应该具备哪些标准？它对于推动企业的商业行为起着什么作用？能否举例说明？

徐志斌：用我们刚才提到的那句话做一个解答：人人都想进大群，但人人只在小群中活跃。这句话其实提出了社群优秀与否的三个标准：第一个是大家互相认识，比如亲朋好友；第二个是信赖，因为信赖大家才会在群里互相帮助；第三个是频繁互动，加群的人会经常聊天。

互相认识、互相信赖和频繁互动这三个标准，能够达到用户高速增长、用户活跃、用户高付费的目的。如"互相认识"可以解决两个问题——吸引用户进入、提升用户留存，告诉用户有多少好友在这里，会降低他们的进入门槛和留存成本；"互相信赖"是社交转化为订单的基础；"互动频繁"则是扩散的基础。

举个例子，前不久京东提供了一组数据，一个社交圈中购买某件商品的重合度达到 60%～80%，意味着大部分社交圈成员都会购买这件商品，因为人们互相认识和信赖，会形成社交同步和社交模仿，而频繁互动则会不断扩散。当一个 20 多人的小圈子形成同步时，更多的互动会将消费行为扩散到其他圈子中，因此在大的社交圈中就会形成重合，形成该社交圈成员共同认可。社交同步和社交模仿之后带来的扩散效应之中蕴含着商品转化的巨大机会。

《执行官》：你在书中指出，小群是席卷用户的隐形力量，能否说明小群是如何席卷海量用户的？

徐志斌：如上所述，每个小群非常容易在互动中带来山呼海啸般的病毒效应，我们要做的是激发它们，通过一个个小群获得我们想要的结果。社群运营面临两个问题：第一是封闭，外人进不去；第二是运营成本高，因为人数少运营困难。当每个人都生活在几个小群中时，如何让数以万计的小群聚拢在产品或品牌下面，这就考验社群组织者的管理能力和信息扩散能力，也就是聚拢社群和扩散信息的能力。只有把这两个问题解决，"席卷用户"的社群效应才会出现。

在这个过程中，我们通常会用 6 种驱动，分别是事件驱动、关系驱动、地域驱动、兴趣驱动、利益驱动与荣誉驱动。总结起来，事件驱动不如关系驱动，兴趣驱动不如地域驱动，利益驱动不如荣誉驱动。

尽管讲起来轻松，但任何一个驱动如果用好，都会产生非常大的效应。比如滴滴红包、支付宝集福字是利益驱动；腾讯公司的产品许多都采用荣誉驱动的方式，如各种排行榜；豆瓣则是典型的兴趣驱动；陌陌只允许用户在学校、写字楼、住宅区建群，这是区域驱动。如果运用好这些驱动，效果会更好，能很好地把用户聚拢在我们的品牌之下。

3. 社交电商"两低一高"

《执行官》：在你看来，目前的社群商业有几种模式？最具爆发力的社群商业模式是什么？

徐志斌：叫社群也好，叫小群也罢，现在已经成为基础的商业土壤，在上面长什么树全看企业本身如何操作。我们可以看到，最近的"独角兽企业"基本上都在运用小群模式，比如全民 K 歌、狼人杀等社交娱乐，还有自媒体大号、网红直播等也运用了社群化的方式。其中，最热门的当属社交电商，拼多多从崛起开始，在很短的时间内达到月流水 20 亿元，发展迅猛。我认为单纯地讨论社群模式没有必要，要考虑如何把传统的商业模式与社群的特点结合，嫁接到社群中来。

《执行官》：社群更多基于分享，但企业怎样实现社群的有效转化？其中的关键因素是什么？

徐志斌：社群转化涉及很多方面的细节问题，但核心无外乎两个：一是用户之间的信赖，如果某用户和他的好友之间的信赖程度足够，那么该用户推荐的内容其好友会毫不犹豫地购买；二是企业了解用户真正的需求，即企业推荐的商品是不是用户真正需要的东西，这是每一个生意人都要考虑的问题。因此，企业想要完成转化，关键就在于能否推动用户心甘情愿地为你的产品背书、推荐。

《执行官》：社交电商以高转化率的优点吸引了大量的营销力量，然而社交电商也存在分享率低、互动率低等问题。在你看来，如何刺激社群成员的社交分享？社群运营的驱动力又是什么？

徐志斌：电商产品在社交中的分享率和互动率都很低，基本上是新闻分享十条，商品才会分享一条。这反映出用户的行为习惯是不喜欢"捧臭脚"，即不太喜欢和别人讨论自己买了什么东西，电影、图书、奢侈品除外，但只要用户发生了分享行为，其他好友参考的概率非常大，这也是前面提到的社交圈消费商品的重合度问题。因此，电商在社交圈中的数据存在"两低一高"的特点，即低分享、低互动、高转化。

刺激消费者进行社交分享很简单，只需解决三个问题：是否方便消费者塑造形象，是否方便消费者维系关系，是否方便消费者表达诉求，图书、电影、奢侈品就在这个范畴内。而刺激社群分享可以采取6大驱动——事件驱动、关系驱动、地域驱动、兴趣驱动、利益驱动、荣誉驱动，做好一种驱动就足以增加社群成员的分享行为，也容易达到小群互相认识、互相信赖、频繁互动的三个标准，最后形成小社群影响大范围人群的效应。

《执行官》：微播易是短视频社交的领跑者，你在公司内部如何践行小群营销？

徐志斌：我们是抓住了三个标准中的"频繁互动"，当人们频繁互动时，容易形成高密集度的社交圈。当一个小群密集地认可某一件事，就会影响更大的圈层。无论是微博营销、微信营销还是短视频营销，如果能提高密集度就会无往不利。因此，密集度是社群营销的核心，抓住这个核心其他的玩法才能应运而生，才不会被太多的营销幌子迷惑。

4. 社群是一片肥沃的土壤

观察员胡夏：我觉得小群里人和人之间的关系很微妙也很亲密，调动和经营小群成员关系你认为是不是重点？有没有很好的方法？

徐志斌：这些关系不是经营出来的，而是生活中积淀下来的强关系。我提到的6大驱动不是告诉大家如何经营社群，而是告诉大家如何运用社群，将无数个社群黏在我们身边，将我们的信息扩散到无数个社群当中，这才是关键。

另外一方面，企业和用户之间的关系需要经营，因为用户天然追求强关系。如何打造强关系今天就不展开讲了，大家可以看一下明星的粉丝社团是如何打造的，他们的共同特点是模拟关系。当然大家也可以去看《小群效应》这本书，里面把如何打造小群、运用小群讲得比较清晰。

观察员段传敏： 随着竞争加剧，企业运营粉丝的成本更高，经营小群是更经济有效的方式吗？

徐志斌： 我并不是说运营小群会成为更经济有效的方式，而是说现在的小群是提升用户流量和增加收入的肥沃土壤，许多"独角兽产品"都孕育于此。很多企业运用不好社群的原因是现在经营社群的门槛越来越高，很多企业对社交、社群的理解不够。未来需要大量的平台、工具帮助企业运营，现在已经出现了类似平台的雏形。不管怎样，社群都是一片肥沃的土壤，值得企业去学习和思考。

观察员段传敏： 孤独者社群作为一个小群运作了 3 年，主要面向营销、创业和文化财经精英，其中经历了各种试验，目前聚焦一点以《CEO 说》的方式进行知识内容分享，就目前分享的形式，你有什么更好的建议？

徐志斌： 这种访谈模式很好，但是我可以提两个建议：

第一，一问一答的模式产生的内容可能并不是用户真正想听的东西，有可能造成用户流失。

第二，每个嘉宾讲的内容都不一样，用户可能对这位嘉宾没兴趣，或是对另外一个话题没兴趣，这样会比较分散，较难在同一时间聚拢社群成员。我觉得这两个问题值得认真琢磨一下。

观察员胡夏： 作为公司高管，你在商业上最关心的三件事是什么？

徐志斌： 我们会关心一些简单的问题：一是关心用户行为习惯发生了哪些变化，所以我们会每天分析大量数据；二是关心这些行为变化会给企业带来哪些新的调整或变局；三是关心如何在这些变局当中抓住新的机会。

观察员胡夏： 什么时候是你最孤独的时候，你会想什么？做什么？

徐志斌： 有时候老婆上班，女儿上学，只有我一个人在家里没事干的时候觉得孤独。这时候我就在家里发呆，有些过去想不明白的事情反而会突然想清楚。所以孤独挺好的，可以让自己积聚力量。

共享：共享经济的价值、泡沫和未来

Xbed 创始人

李春田

　　互联网打通了当今经济发展的大动脉，共享经济以各式各样的姿态融入人们的日常生活：共享单车、共享雨伞、共享充电宝……但是这些基于产业主的经济共享并不是真正意义上的共享。真正的共享经济是在共建基础上成长起来，即凝聚个人手中的现有资源，加以合成，从而形成庞大的价值实体。

　　因此，所谓共享经济，并不是单靠几个大企业主投资生产，统一营销，而是基于共建共享的基础。所谓共建，是整合大众手中闲置的资源，互联互通，相互利用，降低成本，提升资源利用率。

　　互联网时代，更加突出人的主体价值。谁能准确挖掘出人最迫切的需求，并整合好相对应的资源满足需求，谁才是时代的弄潮儿。

　　共享经济（有时称"分享经济"）在中国变得炙手可热。从 2013年到现在，中国共享经济快速发展，已经处于全球领先地位。

　　一方面，在资本的助推下，继共享租车后，共享单车正变成现象级产品，席卷整个共享经济行业，共享图书、共享充电宝、共享雨伞、共享汽车、共享公寓住房……共享行业的投资正演变成热潮，甚至连马云、马化腾都来参与。

　　另一方面，国家政策暖风劲吹。令人惊异的是，不像共享租车当年的遭遇，尽管共享单车存在诸多问题，但在各地都得到批准。在 2015年的夏季达沃斯论坛上，李克强总理提到分享经济是"拉动经济增长的新路子"。

创业两年来，基于共享理论，Xbed 打造的中国首个全互联网运营的分布式酒店产品和模式独树一帜，它不但颠覆性地改变了酒店产品的线下外观，更获得了资本界的竞相追逐，获得 8000 万元投资，2016 年更引起硅谷预言家、《失控》著者凯文·凯利的关注。许多专家指出，这将是一家共享经济酒店的"独角兽企业"。

1. 共享经济的两大原动力

《执行官》：如何看待共享经济这一经济模式的兴起？

李春田：小时候，老师告诉我们，我们最后的愿望是迈向一个各尽所能、按需分配的共产主义社会。彼时幼小的心灵埋下了一颗种子，那个社会是多么的美好。

任何社会的进步需要有一个原动力。中央电视台有部专题片《公司的力量》。里面指出，社会的进步不仅仅需要领袖人物、政府的推动，还有一个非常重要的力量——公司。不论是共享还是其他领域，真正意义上推动社会向前发展的力量还是公司。

在历史的进程中，什么样的企业家才能称为创新者？众说纷纭。企业家不像科学家那样能够在实验室里发现新的物种，或是发现新的规律。实际上企业家是经营者，他们的创新更多的是将这些新物种、新规律转化为大众化的应用。这是企业家创新的核心。

共享经济的起源应该是从使用权的确立开始，使用权跟拥有权是两回事。例如租赁，它实际上就是一个获取使用权，不必获取拥有权的过程，但它仅仅是个初级阶段。

在我看来，共享经济实际上是有三个层级的：第一个层级是运营标的物的变化；第二个层级是分享，也就是通道的共享；第三个层级是软服务。这三个层级是递进的关系。现在看来，共享经济现在如此热门，实际上就是第三层级正在爆发。

《执行官》：什么样的原因令你创立了 Xbed？它有什么创新之处？

李春田：企业发展的原动力无外乎两点：第一是效率驱动，第二是成本驱动。商业模式的逐步递进和迭代也是以效率提高和成本降低为基础的。共享经济正是这样一步一步地向前推动。

Xbed 的诞生，首先是成本的驱动带来的商业模式变化。一开始，酒店的形式是大而全，星级酒店背着厚重的包袱，酒店拥有所有的配套，服务于客户的各种需求。后来发现很多酒店并不赚钱，因为只有客房这个刚需赚钱，其他配套如餐饮、会议室、商务中心、康乐设施等都不太赚钱，所以酒店行业就发生了第一次革命——出现了经济型酒店。经济型酒店只做睡眠这部分，它不再评星。放弃不赚钱的配套使得它只是一个睡眠必需品，成本有效降低，利润开始提高。这是十年前酒店行业的第一次变革，是垂直切割所带来的。

10 年来，这次革命造就了许多大型经济连锁酒店集团。可是现在，这些酒店集团又开始不赚钱了，就需要进行第二次垂直切割，即进一步地降低成本。方向指向那些看来关键但似乎无用的领域——走廊、前台、电梯等公共空间。这些地方的成本虽然几倍于客房的造价，却能够进一步进行共享。这就是 Xbed 诞生的一个基本思维方式。

在 Xbed，酒店是从无数分散的住宅、公寓共享而来，走廊、大堂、电梯甚至安保体系都是共享的，住宿产品仅仅是一个个孤零零的客房。只要把有限的成本投入客房本身，它的产能就会大幅增长，投入产出比一下子提高了几倍。因此，这是一种革命更为彻底的产品。

刚才我讲共享有三个层级：第一个层级讲的是物理性的运营对象，用政治经济学的讲法是生产资料；第二个层级是分享；第三个层级讲的是负责生产的劳动者。客房是复合型产品，硬性的客房加软性的人的服务和配套。而 Xbed 在人和服务配套这两个关键性的要素都实现了共享，就构成了一个非常完美的双共享体系。

双共享体系形成的客房以很少的投入带来很高的客户体验。只需投入两三万元，可以体验到四五星级酒店的产品。这样一来，低成本高体验的超体验效果得以形成。这就是我们目前正在运行的 Xbed 版本，因此 Xbed 被硅谷预言家凯文·凯利所赞赏。他认为，这就是未来共享的某种实现。所以当他再来中国考察，看了 Xbed 模式之后，发现他的新书《必然》里边的 12 个词，实际上已经被 Xbed 实现了将近十个。由于彻底共享的理念，Xbed 酒店的运作方式和产品外观都发生了巨大变化。

共享第二个解决问题的方向是解决了效率问题。这个效率是在恰当的时候做恰当的事情。当购买比租赁更加方便的时候，大家会选择购买；如果一时买不到或者买起来很麻烦，就意味着分享是恰当的。

2. 共享经济仅仅是一个开始

《执行官》：2017 年 7 月 3 日，国家发改委、中央网信办、工信部等八部门联合印发《关于促进分享经济发展的指导性意见》（以下简称《意见》），提出大力发展分享经济，有利于提高资源利用效率和经济发展质量，有利于激发创新创业活力和拓展扩大就业空间，对于培育经济发展新动能和改造提升传统动能具有重要意义。你对此怎么看？

李春田：意义重大。它一方面有利于提高资源利用效率，另一方面也能够提高经济发展质量。只有在效率提高，同时成本并不增加甚至有可能降低的情形下，商业才有可持续的动力。所以，无论从激发创新创业活力还是从拓展更大的就业空间来说，共享经济对于现在的中国乃至一些人力成本更高的国家都是意义非凡的。

随着共享经济的发展，就业率或者失业率已经慢慢变得不再重要，取而代之的是就业时间的长短。无论是对就业还是资源的再分配，它所带来的变革都是巨大的。政府的深度参与对于我们的共享经济领先于世界，以及带来更大的社会效应，都具有重要的历史意义。

《执行官》：你觉得共享经济与分享经济有区别吗？摩拜是共享经济还是分享经济？

李春田：两者应该有时候表达的是同一个意思。如果硬要作一个区分，那么，共享实际上是一个共建之后的产物，共享的前提是先有共建，就是众筹、众包、众建、众销。不论是打造产品还是分享成果，整个过程是公众参与的。所以共享经济的涵盖面应该更大一些，而分享经济是单向的，是物权者对于它的使用权进行单向的分离和分配，如摩拜单车就是一个非常标准的分享经济产品。但是，我们想把它变成共享的话，那模式可能就不同，也许自行车的来源是个人的，个人不用的时候放到平台上供其他人使用，这样共享的味道就多了。

目前，共享经济仅仅是一个开始。虽然看起来很热门，但是我们现在看到的共享经济仅仅是一个门拉手，它真正的爆发还在后面。有国外机构预测，未来 30 年共享经济才能展现它应有的面貌。

《执行官》：请你结合共享单车、共享雨伞、共享图书，谈谈共享经济酒店何时火起来。

李春田：共享酒店其实已经在风口到来的过程之中。

住宿行业内有一个经典的案例——民宿，前段时间就非常火热。大家都去做，之后问题就来了。民宿本来就是一个共享经济的产物。简而言之，就是不管你来不来住，我的家都在这儿，这间房都在这儿，是一个闲置的资源。这时民宿的商业模式支撑点是对闲置资源的再利用，它是一个很标准的共享经济。但是，后来很多人觉得民宿很好，用租来的房子、融来的钱和雇来的人去经营，这就意味着民宿的模式完全变了，成了专属投资行为。接着，投资回报的要求，运作成本的分布，以及其他的挑战就跟着来了。因此，现在民宿的退潮是共享经济在执行层面变形导致的。

Xbed 会坚持不懈地走共建共享路线，真正把住宿产品和酒店产品的门槛降到最低。Xbed 的核心竞争力总结起来就四个字，叫作共建共享。我们会坚定不移地把这四个字打造成我们的核心竞争力。目前，我们连自己的自营房都逐步带着利润还给房东本人，让他们变成酒店的建设者、享受者。这就是坚持初心不变。

《执行官》：目前，有人说共享经济出现泡沫现象，你觉得是一种必然，还是前进中遇到的波折？其解决之道是什么？

李春田：目前，有些企业出现了问题，我觉得这要一分为二地看。问题出现的诱因有两个：一个是落地的姿势有待于提高，这跟企业经营行为、管理风格以及团队的执行能力有一定的关系；一个是市场的成熟程度。

共享单车经常被损坏，我不认为这是泡沫经济的象征。这就是一个市场成熟的过程。在共享的体系逐步成熟、人类文明进步之后，共享经济自然会成为社会重要的组成部分。

我坚信，随着时间的推移，人类的文明越来越成熟，人们的价值观逐步适应一个共享式的社会，那么共享经济和共享经济体出现的类似挫折将会越来越少，同时我们所看到的某些所谓的泡沫经济也会越来越少。

3. 共享经济是一种温和的社会革命

《执行官》：Xbed 创业两年来取得了哪些成果？

李春田：Xbed 创业两年来我感受最大的是市场的认可度比我们想象的要大很多，同时市场期待共享的资源比我们想象的要丰富很多。

Xbed 目前签到的房源大部分都是房东主动找上门的，数量远超我们的预期。在中国期待共享的房源量大得惊人。如果以国家电网的数字来看，我国有 6300 万套房屋的用电量是零。实际上，中国人以后是不缺房子的，已经住人的这部分房屋在未来的共享需求可能更大。

同时，中国的人力资源越来越贵，分享就会变得越来越迫切，带来的分享方法会更丰富。所以，人力共享这个市场也是未来共享经济里面一个重要的组成部分。

如前所述，Xbed 有效实现了双共享，成本大大降低，自创立以后得到社会各方面的积极响应，肯定了这种商业模式，令我们坚定了创业方向。诚然，在打造产品和磨合流程的过程中，还有很多需要做足功夫的事情，但 Xbed 的出现一石激起千层浪，得到了全社会的认可和各种资源的配合。

观察评论员王嘉萌：在共享经济大潮里，您认为还有哪些亟待开发，潜力无限的领域可以进入？

李春田：这个问题充满了预测性，范围也很大，大家可以集思广益。以分享为出发点，对传统商业模式来说，各种各样的机会无穷，空间非常广阔。在未来30年的时间里，我相信层出不穷的共享商业会席卷整个社会。

最早的分享大部分存在于一些低技术含量、高标准的领域，依赖的是信息通达。未来，我们将会看到，一些更稀缺的、应用频率更低的物种也会陆续加入到分享领域。比如现在分享的是低廉劳动力，未来高级劳动力照样是可以分享的，而且这个趋势越来越明显，如科学家的智力、高等级设计师产品……不管怎么样，共享大趋势一定会实现。社会主义的方向，甚至社会主义的高级形式共产主义蕴藏着人类的某种理想，它确实是源自人类内心的某种愿望和追求，只不过社会的进步不一定是剧烈的革命。可以说共享经济和分享式的商业模式是最温和的一种社会革命。各种社会革命都是以生产资料的拥有权为目标，能够温和地替代部分资源的重新分配及劳动果实的重新分配。

4. 社群实际上是"脑汁"共享的一个非常好的平台

观察评论员胡夏：请问李总，果汁可以分享，"脑汁"怎么分享？

李春田："脑汁"的分享实际上跟果汁的分享原则是相符的。"脑汁"我理解为智力。实际上，在科学研发领域，这个分享已经很丰富了。

我记得十年前就有一个网站叫作威客，你干不出来的活可以发布到网上，找干得了的人来接单。近期还有一个非常重要的网站，名字叫知乎。目前知乎上面所解答的各种各样的问题，不仅仅是调侃，更多的是专业人士在上面用自己的业余时间不计报酬地回答。所以知乎实际上已经成为一个拥有巨大知识含量的共享平台，里面的科学技术和知识的价值甚至已经高于任何一所历史悠久的高等院校。这是"脑汁"共享的经典案例。

孤友乔庄主：是不是可以这样理解，共享经济是以降低社会成本为基础，是与个体经济无关的社会行为？

李春田：是的，乔总的话题非常重要。共享经济是以降低社会成本为基础，同时又是与个体经济无关的社会行为。但这仅仅是一个方面，另外一个方面是效率。成本和效率的交集构成了可持续的共享经济行为。

就像机场借打火机这事，实际上人人都是买得起打火机的，成本的压力并不大，但是当你去购买一个打火机所使用的时间或者是使用它的效率更低的时候，那么分享也许是优先的选择。所以成本仅仅是一个方面，效率是另一种驱动，这两者都是共享经济的原动力。

微博：鹿晗凭什么一句话就可以"现象级"刷爆微博

新浪微博副总裁

王雅娟

　　微信出现后，成了微博一个空前强大的对手。但是，微博重新定义自己为开放性的兴趣聚合体，提炼出微博的两个强项：一是强传播能力；二是基于单向关注的弱关系网络。这样的功能定位和微信的功能形成了互补关系，一个封闭，一个开放，于是就提供给了用户更多可能。企业把微信公众号和微博作为主角，加上其他的功能性APP组合成营销生态圈，实现功能的交互、互相倒流和营销战术配合。微博重新在用户心里树立起强大的传播王者的形象。

　　2014年2月，在微博最艰难的时刻，王雅娟受命担任新浪微博副总裁，负责广告销售和商业策略及运营。她着力研究企业和个人如何玩转微博，如何把微博的作用发挥得淋漓尽致，为企业和个人提供更大更宽的传播平台，帮助用户利用流量经济、粉丝经济、品牌经济实现价值转化。

　　如今，她在微博发展的道路上越来越自信。

　　从2009年创立到现在，新浪微博已成为各大企业和品牌营销传播的高地。它不但是受众最广的强势传播平台，还是一个可以组合的、基于单向关注的传播矩阵。

　　微信兴起后，微博流量一度跌入谷底，"微博已死"的言论甚嚣尘上。在这样的情况下，微博运营者顶住压力，不断创新，终于迎来微博的再次爆发。

微博焕发"第二春"，再度成为热点话题的爆发地。2017年国庆节后发生的"鹿晗表白，鹿饭集体失恋"事件恰恰说明拥有巨量粉丝的明星也在利用泛众平台社交制造出强大的传播飓风，狠狠打破了传统营销思维与局限的"次元墙"。

2014年2月，在微博经营最艰难的时刻，王雅娟受命担任新浪微博副总裁，负责广告销售和商业策略及运营，可谓是带领新浪微博重回业绩增长的关键人物之一。那么，在她看来，企业如何玩转新浪微博？这个平台还将释放出哪些能量？

1. 三大玩法为企业创造无限可能

《执行官》：2017年10月8日，艺人鹿晗公开恋情，在微博引起粉丝激烈讨论，竟然成为一个"现象级"事件。为什么明星一句普通的话就引起这么大的反响？

王雅娟：回答这个问题需要简单梳理一下微博的特点。

2014年是微博转型的关键期，当时的微博作为移动互联网的头部APP，对自己的定位却不是很清晰。于是，在2014年4月份，我们将微博的定位和微信区分开，把微博定位成开放性的兴趣聚合体，提炼出微博的两个强项：一是围绕热点的强传播能力；二是基于兴趣的单向关注的关系网络。

基于此，我们针对微博提出了几项策略：一是多媒体化。所谓的多媒体化就是媒介形式的多样化，微博加入了图片、短视频、直播等新媒介，实现全方位覆盖，使微博上面的内容表现力非常丰富。二是垂直化。我们要给用户每天登录微博的理由，于是从用户兴趣的角度垂直化运营，比如明星娱乐、时事热点、动漫电影等，从公众事件的传播转向各个细分兴趣领域的深度运营。目前微博有55个垂直领域的深度运营，在这些领域产生了一批优质V用户，这样普通用户就可以在微博平台获取最新、最优质的内容。三是用户"下沉"和年轻化，随着移动互联网的发展，三四线城市用户和年轻用户成为我们的目标群体。

微博 2018 年第一季度的日活跃用户数达到 1.84 亿，月活跃用户数达到 4.11 亿，移动端的使用率超过 93%。鹿晗在微博上积累了四千多万粉丝，他的粉丝非常活跃，曾经创造了单条微博粉丝评论过亿的吉尼斯世界纪录，因此当 2017 年国庆节后鹿晗公布恋情，迅速成为热门话题。

《执行官》：微博上市之后，业内人士从营销角度逐渐提炼出微博两个强项：一个是强传播能力，一个是基于兴趣单向关注的关系。像鹿晗这样拥有巨量粉丝的明星或许很容易利用其弱关系的社交制造强传播，如果是一个没有太多粉丝的个人或企业会怎样呢？有没有可能制造类似效应？有没有这方面的案例？

王雅娟：企业制造强传播的效应在微博上是非常多见的，主要分为借势和造势两类情况。所谓借势即"蹭热点"，借助微博上的各类热点事件进行营销，比如鹿晗之前在上海外滩和一个邮筒合影，于是这个邮筒变成了"网红"，许多鹿晗的粉丝找到这个邮筒合影，中国邮政借助这个事情注册了账号——"外滩网红邮筒君"，号召年轻人回味书信情结，借势做了一次成功的营销。

所谓造势，即企业从无到有制造话题，引起热议。比如天猫在推广国际化策略时开展"天猫苹果首发"活动，让用户以为苹果手机在天猫首发，其实是用类似苹果手机包装的盒子装了 6 个新西兰苹果，自己制造了热门话题。

《执行官》：微博上的信息是海量的，人们的注意力被分散，广告主如何利用微博放大营销信息，而不是让营销信息淹没在其中？如果一个企业期待以微博为平台制造传播事件，你建议如何操作？是不是必须要有巨量的传播预算才可以与新浪合作？针对中小型企业，你建议它们怎么做？

王雅娟：我们自己总结了三种微博上的营销玩法：第一种是流量经

济，第二种是粉丝经济，第三种是品牌经济。许多企业都在使用流量经济的营销方式，即如何在有流量、吸引用户眼球的位置发布企业或产品的信息。微博推出了"超级粉丝通"这款产品，在用户集中的地方投放广告信息。这种基于兴趣的曝光成交转化率非常高。比如上海的韩国艺匠婚纱摄影三年前在微博上进行引流，去年（2016年）的营业额已经接近百亿元，其中有55%的流量来自于微博上的精准推广。流量经济的玩法，用很少的预算就可以启动，而且可以边投放边转化，如果转化效果不好也可以迅速优化或是停止投放。对于企业来说这是一种低门槛效果可控的营销方式。

与流量经济不同，粉丝经济更关注粉丝的获取与积累，当粉丝生命周期内带来的价值高于获取粉丝的成本时，就能够为企业带来利益，但前提是要有足够的预算获取一定量级的粉丝。在微博上基于粉丝经济的网红效应是非常显著的，网红经济也成为淘宝里最活跃的分支。一些著名的网红如张大奕，在微博上发布穿衣打扮一类的信息，不断积累粉丝。这些粉丝用户喜欢她的穿衣风格，因此也对她推荐的产品接受度很高，而且粉丝生命周期长、忠诚度高，可以重复消费。这些网红公司的发展速度很快，一年多时间与我们开展业务合作的MCN机构从50家增加到了1700家（注：MCN模式源于国外成熟的网红经济运作，其本质是一个多频道网络的产品形态，将PGC、专业内容生产联合起来，在资本的有力支持下，保障内容的持续输出，从而实现商业的稳定变现）。可以说没有微博，就不会有这么火爆的网红经济。

在短时间内形成热点进行强传播，迅速提升企业或产品的知名度，这属于第三类品牌经济的玩法。这种方式是需要大量预算的，否则话题就会被淹没。

《执行官》：微博是基于兴趣关注的关系平台，很多企业微博的粉丝质量很低。对中小企业来说，你觉得获取优质粉丝重要，策划创意内容重要，还是进行有计划的活动重要？

王雅娟：微博在早期管理较为粗放，微博运营者没有特别关注粉丝质量，也没有主动帮助企业清理"僵尸粉"等低质量粉丝，近三年开始微博运营者越来越重视粉丝质量，不定期在全网清理"僵尸粉"，也会给企业提供更多吸引优质粉丝的工具。

我认为，企业明确自己的业务、产品或服务，比创意和计划更重要，比如搞清楚企业的目标人群、与竞品相比的差异点、在市场上的定位等。把这些问题梳理清楚后，微博可以为企业提供精准的用户群体。在这个基础上，好玩的创意和优质的内容更容易引起用户关注，再结合有计划的促销活动，效果更好。所以，这几件事情是相互衬托、相互促进的关系。

2. 微博改变了传统营销方式

《执行官》：在传播和营销效果越来越不可分的情况下，人们期望社会化媒体所产生的关注和流量能带来相应的效果。在这方面，微博如何实现有效打通？有无这方面的案例？

王雅娟：在流量经济方面，微博带来的效果如何是非常清楚的，从转发、评论、点赞等互动方式可以直接看到用户对商品感兴趣的程度。在进行粉丝营销时，我们和阿里巴巴的合作也可以清楚看到粉丝的消费转化，因为微博账号和淘宝账号已经打通，在淘宝平台能够清楚看到有多少消费者来自于微博平台。流量经济是直接的转化，特别是用户互动与企业客服中心打通后，转化效率还会进一步提升。

社会化营销最难衡量的是品牌经济层面，因为很难直接衡量话题热度、传播量级带来了多少销量。不过在微博和电商平台数据打通之后，可以看到用户的广告触达、成交转化等，这让数据变得逐渐清晰起来。在 2016 年的天猫超级品牌日，微博和天猫合作推广了 120 个品牌，其中超过 20 个品牌在超级品牌日的销售额超过"双十一"，达到全年最高峰，80 多个品牌也达到了仅次于"双十一"的全年次高峰，转化效果明显。

《执行官》：微博运营者从简单的售卖广告位，到现在进行"多点联动"的社会化营销，是顺应趋势，还是直接推动了这一潮流？企业在利用微博进行社会化营销时，有哪些玩法可以创造机会？

王雅娟： 社交媒体在全球范围内成为主流，如 Twitter、Facebook、Instagram 等，在这些平台上并没有太多类似微博社会化营销的趋势。在微博平台，我们不只是简单的广告展示，如果仅仅把微博当成推广平台是对微博资源的浪费。我们利用微博强传播、热点聚合、兴趣聚合的特点，改变了传统的营销方式。微博是一个开放的广场，许多人可以同时就一个问题进行讨论、互动，当大家对某件事情形成讨论时，更容易引起情感共鸣，在这种情况下也就提高了个体的参与度，比如微博和天猫合作"超级品牌日"，交易额提升到原来的 12 ~ 16 倍，效果非常明显。

企业应用微博营销的玩法是多种多样的，因为可以通过不同的内容、代言人、热点或形式进行各种组合。当利用好积累的粉丝、炒作起热点话题时，微博很容易实现"起点即爆点"的营销新形势。众所周知，90 后成为消费主体，他们的消费方向是小众化、个性化的，这些商品的营销难度很大。但是在微博平台上，我们可以让明星向粉丝推荐"种草"，通过事件进行内容营销，这能够为电商平台带来巨大的流量。微博是年轻人扎堆的地方，明星对粉丝的影响力很强，如 OPPO 就将明星代言的泛娱乐营销发挥到极致，OPPO 推出 R9s 时在微博进行了推广，我们看到传播的层级达到了 200 层。微博平台的统计只到 200 层，实际传播还会更深入。

《执行官》： 从企业营销角度来说，互联网第三波浪潮正在袭来，互联网对于生产方式的冲击和改造如海啸般势不可当。在你看来，这种影响是怎样的？有没有例子出现？

王雅娟： 在社会化媒体上，企业能够和消费者进行互动沟通，最快获取消费者对于产品的意见，迅速改进产品。海尔集团推出能够洗土豆的洗衣机，就是因为看到了有消费者反映用洗衣机洗完土豆后发现泥巴将下水管堵死了，海尔集团得知后立马开发一种出水管粗大的洗衣机，既可洗衣服，又可洗土豆、地瓜，获取大量的市场份额。过去，企业四大业务板块是从产品到市场，再从销售到服务，而现在企业的产品设计已经成了营销的起点。从企业角度来讲，社会化媒体可以让企业提前接触到海量用户的反馈意见，缩短信息反馈链，因而企业对于市场的反应会更加迅速。

孤友型滢不离：微博是社会化营销的重要阵地，但过度营销会令营销信息充斥用户界面，这种过度营销的情况是否会影响微博的社交属性？

王雅娟：这个问题在几年前给我们带来了很大的挑战，因为当时对整个信息流没有进行有效的管理。在明星、自媒体以及营销账号中，营销号发布的微博量最多，如果不去控制的话，单一用户接收到的营销信息占比就会非常高。现在我们已经对营销信息进行严格把控，在一些信息流为主的 APP 中，微博的广告信息占比非常低。同时我们还上线了广告负反馈机制，帮助平台全面提高广告内容质量。

观察员胡夏：微博的广告营销已经从原来的集中变得分散，你们有没有发现这个问题？有哪些具体计划或者新的模式正在研究？

王雅娟：这两种营销方式在微博上都可以开展，可以针对用户进行精准的广告推送，不同用户接触到的信息可能不一样；也可以制造热点话题，使其出现在热搜榜或是开机画面中，两种方式并不冲突。

孤友朱义正：微博上的八卦、娱乐信息越来越多，这是否会影响到微博的发展？

王雅娟：从我们的数据来看，娱乐、八卦信息并没有越来越多。明星本身就具有很强的话题性，而八卦、娱乐信息关注的用户多，传播得更快，造成这类信息非常多的假象，但实际占比并没有很高。

新零售：美团是"咨客"，考拉先生是"妈咪"

考拉先生网络科技有限公司创始人

雷　勇

从天上到地面，从高大上到地气王，一个航天精英擦着地面飞行，迅速完成几十万家店铺的客户系统化管理，这不是传说，而是考拉先生的真实故事。所以说，上得了天的人一定能入地，因为在掌握飞翔技能之前一定先学会了奔跑。

考拉先生着力将店铺顾客管理提升到一个更高的层级，解决了店铺和顾客之间的很多矛盾，人和店之间的关系从简单的买卖关系转化为情感和心智的互动关系。

期待考拉先生地面起飞，"擦燃"一个新的店铺管理模式。

他是国防科技大学的一名高才生。在部队服役期间，曾先后参加过"神舟一号"飞船指令控制系统、"神舟飞船"交会对接算法研究、作战三维分布式模拟仿真系统等国家重大项目研制和开发。

他是一名创业者。2006 年转业后毅然自己创业，做 VR 建筑规划。2014 年，受亲人启发创立了广州市考拉先生网络科技有限公司（以下简称"考拉先生"）——一个目前服务超过 40 万个体零售商家、线上支付月流水超过 10 亿元，2016 年 5 月获得 B 轮融资 1.5 亿元的移动互联网公司。

他叫雷勇。从看起来高精尖的航天技术人才变成了面向中小实体店铺商家服务的一名创业者，他的经历是一个追求梦想的故事。

做生意就是把握三个环节：一是拿货便宜；二是客人多；三是能说会道。考拉先生起初做的是社区 O2O 生意，现在致力于打造中国领先的智慧店商平台。考拉先生抓住中间的一点——客户端，以自己的 CRM 平台让社区店消费者更容易与经营者建立联系，进行精准的营销。

用雷勇的话说："做社区 O2O 最适合在社区旁边做生意的人，做一件事情，给淘金者送水，我们给他一个线上实现的能力，帮他更好地管理顾客。"

1. 新零售就是一种互联网思维方式

《执行官》：2017 年京东超市布局，2018 年马云布局无人超市，不久前亚马逊收购全食超市……2017 年互联网大亨的线下超市布局战愈演愈烈。在你看来，这种变化预示着新零售出现什么趋势？

雷勇：我认为"新零售"只是个概念。大家不要被误导了。其实在我看来，新零售跟 O2O 一样，是一种互联网人对传统世界的思考方式。互联网人跟传统生意人的思考角度有什么不同？如亚马逊收购全食超市，大量资金只收购了 100 多个超市，这背后的故事是什么？互联网人看到的核心就是流量成本。

我们都知道，现在线上电商的流量成本非常高。维护一个普通顾客大概需要七十多元，而维护互联网金融的消费者则需要花费几百元。我们可以对比一下亚马逊收购全食超市的数据，按照全食超市每个店铺平均每天的客流量来说，亚马逊平均每天获取一个有效购物客户的成本不到两美元，流量成本很低。这就是所谓的新零售——互联网人从流量成本、流量价值的角度去思考传统生意的一种方式。

其实，传统生意也有这种思考方式。比如在一个地段很好的位置开店，这个店最好人头攒动，哪怕租金贵点都值得，因为流量大摊薄了租金成本，这就是很典型的流量思维。无论是京东还是阿里巴巴，都在寻求更低、更快接触到顾客从而获取流量的方法。拿京东新通路来讲，它号称在几年之内"翻牌"100 万个便利店，京东付出了什么？这些便利店还是原来那 100 万个便利店，京东没有租任何地方，也没有雇人打工，更没有每天去完成繁重的交易工作量，他们只是把供应链对接，把所有的能量赋能给这些小商户，却获得了一个成本很低的线下流量。这就是采用了新零售方式。因此，新零售不是什么新模式，它只是用流量的方式去看待铺租、水电、人工、货物这些问题。

《执行官》：你创办的考拉先生力图拉动传统社区店铺的线上零售，独辟蹊径，推动线上、线下融合，但面对互联网"巨鳄"抢滩，考拉先生有何独特优势？考拉先生的产品定位及特色是什么？

雷勇：先纠正两点，考拉先生本身并不是做线上零售，也不是做线上、线下融合，我们做的事情非常专注，只做两件事情：第一，只服务于实体店铺；第二，只服务于一种场景，叫作到店消费。用一句话来形容，考拉先生就是我们给中小实体店铺服务，帮助他们管理顾客，管理上游进货渠道的平台。

从流量的角度来看，我们的对手并不是刚才提到的京东新通路、亚马逊，而是美团。因为美团是一个典型的把线上流量导流至线下的公司，任何一个实体店可能都会在开业的时候使用美团、大众点评做宣传，吸引更多的线上流量，这是一个非常好的模式。但是，这个过程有不经济的地方，如果一家餐馆开业通过美团、大众点评吸引了新客，当这些顾客第二次到店消费，商家还要为美团、大众点评的流量继续付费，这是比较浪费的。

考拉先生独辟蹊径，不管商家的流量来自美团、大众点评还是饿了么，让商户只需付出客户第一次到店的流量成本，就可以通过熟客管理、熟客营销，让顾客主动到店里进行再次消费。举个特别简单的例子，美团、大众点评把一个顾客引流到商户这里，商户要为此支付消费总额的 15% ～ 20%。这些消费折扣伤害了顾客，伤害了商家，只有利于美团。而站在美团的对立面是非常有意思的——给商户一个系统，让他们能够把吸引来的新客转化成熟客，这 15% 的折扣让商家多赚 5%，然后10%的利益直接让利给熟客，这就是一个很好的结果。小生意就是要做熟客，商家要把熟客掌握在自己手里，而不是被平台不断地裹挟，为一个熟客反复花费流量成本。

考拉先生做的事情很简单，就是把已经到店消费的顾客充分管理起来。我们的特色是能够给我们体系内的商铺平均每天带来30%的回头客，即每三个到店顾客就有一个会"沉淀"为熟客。凯文·凯利（《失控》著者、硅谷预言家）说："当任何一个普通人拥有1000个铁杆粉丝的时候，就可以过上体面的生活。"同样，任何一个实体店铺，当它有1000个熟客的时候，生意当然不会差。

新零售其实就是解决实体店的赋能问题，给实体店赋能主要解决三个问题：第一个是人，第二个是钱，第三个是货。不同的公司有自己独有的切入点，阿里巴巴的零售通、京东的新通路都是从货切入，因为这是它们的优势所在。我们不具备这个优势，因此选择从人的角度来切入，把线下已经有的流量进行更深入的挖掘。无论从人、钱还是货切入，最后解决的问题就是帮助实体商户管人、管钱、管货，所以我们之间一定会有交叉的一个过程。

2017年，应该算是新零售的一个元年，新零售思维刚刚开始，是抢市场的时候。我们从人切入，会比较"轻"量化，结合支付，结合大数据的分析，带来的实际价值更大。未来我们还会有新的产品上线，从人的角度切入，逐步为实体商户贷款、借钱，这样就能更加牢固地抓住实体商户，商品的整合也就水到渠成。

用一句话来形容考拉先生的产品定位，就是我们希望给实体商户做一个"神经系统"，帮他们管理顾客。因为即便资金雄厚、存货量大，没有顾客反复消费，实体商户的生意也会差很多。我们找到了一个最合理的流量成本。在这个过程当中，不仅不需要花钱给实体店吸引线上流量，而且直接获得了实体店的线下流量，只需要把现有顾客反复经营，就能够获得非常便宜的流量。商户的租金、购买新顾客流量的成本、进货的成本，对我们而言也就不再是成本。

2. 共享经济为整个社会降低成本

《执行官》：共享经济对社区店商有什么影响？如何在共享经济的环境下打造智慧店商？

雷勇：共享经济一个特别值得称赞的地方体现在长板理论，让每个人做自己擅长的事情。所以，我们可以利用社会上服务实体商户的现有团队，充分挖掘他们的价值。这些服务团队有各自不同的切入角度，比如从支付角度切入，从 POS 切入，从顾客系统切入，还有从外卖切入，这些都是有力的帮手。现在全国有超过 5000 个团队使用考拉先生的产品去拓展实体商户，为之服务。与此同时，他们还能赚取应有的东西，比如移动支付的手续费、金融信贷借款的手续费、收费系统的销售收入。这些团队能够帮我们极大地降低成本、提高效率，增加服务的广度和深度。如此一来，成本就被摊得更薄了。流量成本越低，其价值将会更加凸显。比如我们可以把流量变成广告，把流量变成商家端的收入，也可以把流量变成金融服务。共享经济为整个社会降低了非常多的成本。

共享的另一个意思就是开放，只要我们把开放的思维极大地发挥出来，把平台做得更开放，我们的成本还会降低更多。从 2017 年到现在，我们在北京、上海、广州、深圳、成都有五个直营分公司，还有全国超过 50 个城市的联营分公司，2018 年年底会有超过一百个联营分公司。这些联营分公司运用我们的开放平台，在当地实体店实现他们的流量价值。

在利用共享经济打造智慧店商方面，第一条是我们开放平台，让所有人都能够在当地创业，大家把区域内的实体店铺"瓜分"一遍；第二条是团结一切可以团结的力量，让送外卖、做传统 POS 机、做系统等服务团队都运用我们的产品来实现价值；第三条是我们会避开一个城市的核心商圈，避开高知名度的实体店，发力于金字塔中下端的小商户。

《执行官》：马云的"无人超市"引起大家的广泛关注。在你看来，这种智能化的超市会取代社区店，或者会和智慧店商发生冲突吗？

雷勇：作为一项生意，无人便利的关注点无外乎两点：第一点看成本，第二点看收入。无人便利店的一个核心成本优势就是没有人，其实人真是成本吗？人根本就不是成本。除此之外，还有所谓的流量成本、租金、设备、货、人，包括口碑，这些都是成本。这些成本丝毫没有降低，而且因为科技含量更高，无人便利店还增加了很多其他的成本，比如监控、防盗等。

我认为，无人便利店会是一个趋势，这是由两个原因决定的。第一点是地球的人口会不会减少，如果地球的人口会减少，它会是个趋势；第二点是中国的人口会不会减少，中国的人口减少，开始负增长的时候，我认为它是个趋势。毫无疑问，无人便利店非常有价值，它会成为趋势，但目前它是互联网"巨鳄"玩的概念，就像概念车一样，我们不要盲目跟风。

无人便利店背后的逻辑可以这样拆分，即如何把商品流、资金流和人流充分融合在一起。同样，无人便利店存在可以创业的点，比如RFID（Radio Frequency Identification 技术，又称无线射频识别，是一种通信技术，俗称电子标签）。一个店铺可以没有人，可以位置差，但是一定不能没有货物。目前的实体店铺最大的问题是货物信息流不通畅，从收货到检验，再到零售终端，整个过程需要很多的人工检验，非常消耗时间。我认为，如果能让商品流变得通畅，会节约非常多的时间，会创造出更大的价值。

现在零售业采用的是条码形式，最多是二维码，即所谓的一物一码。这就存在一个问题，需要人工扫码，这是非常低效的工作。如果货物摆放在某处能实现瞬间识别，信息流就会很通畅。信息流通畅之后，资金流和人这两个环节的结合将变得很方便。所以，我的结论是无人超市会是个趋势，但它当前是互联网"巨鳄"玩的综合性概念。对于创业者来说，可以从某个部件入手，这样就会发掘出非常多的创业机会。

我觉得这也是未来的一个特别有意思的发展方向，不管是不是无人超市，商品货物流的信息通畅性一定会越来越受到重视。

《执行官》：作为一名高精尖航天人才，你为什么会选择做考拉先生来服务社区店商？考拉先生从 2014 年至今取得了哪些成果？未来努力的方向是什么？

雷勇：服务实体店铺是我在一次偶然的机会得来的灵感。我妹妹住在广州一个小区，和我妹夫两人都要工作，还得带小孩。但是家里老人的身体不是很好，生活非常不方便。当时我就想在他们家楼下开一个综合性的店铺，老人家需要何种服务直接让店长帮他们完成。我在考察选址时发现他们家楼下是各种各样的实体店，于是决定用自己的特长做个系统，把实体店整合起来。我妹妹或者妹夫在上班的时候下单，回家的时候取货，或者是建立熟人关系，让邻里之间的关系更加密切，多点服务和关照，老人家就有人照顾。我外甥女的英文名叫考拉，所以公司取名为考拉先生。

从 2014 年到现在，我们也取得了一些成绩。我们现在有 40 万个实体店铺，服务了接近 2800 万顾客，月交易额已经超过 10 亿元，每天可以给商户带来 30% 的回头客……这些都是不错的数据。

考拉先生未来的发展方向和其他公司不同。我们未来想做一个 SSX 平台，英文全称是 Store Stock Exchange（实体店铺股权交易系统）。想做这件事的原因是我们的定位是一家大数据公司，通过为实体店铺服务，获取大量经营数据，希望能够越来越完整地对实体店铺顾客进行"画像"，因此会考虑实体店铺的加盟、连锁、并购或收购等问题。这些东西其实就是所谓的店铺股权交易，或者是收益权交易。现在实体经济有特别明显的两大趋势，一个趋势是品牌化，另一个趋势是连锁化。京东要在 5 年之内"翻牌"100 万个招牌便利店，在选择这些店铺的时候一定会考虑有经营能力和经营规模的实体店，这些实体店的实力如何评估是有待解决的问题。

还有一种情况，比如一家水果店想开新店，将面临重新选址开个新店或是并购另外一家水果店，这两个选择都需要对新店做定价，如何定价也是有待解决的问题。所以我们的想法是做一个平台，可以解决实体店铺定价的问题、收益权交易的问题或者是产权买卖的问题。实际上在美国这种事情很多，比如 HSX——好莱坞股票交易平台，这个平台有专业的基金经理对美剧进行操作。

《执行官》： 考拉先生目前也在积极进行升级，推出智慧店商新图景，力图成为新零售行业的先行者。在你看来如何从美团等企业手中切一块蛋糕？考拉先生自身的核心竞争力在哪里？

雷勇： 美团是不断把流量带给实体商铺，通过线上流量来获取利益，而考拉先生是让进店后的熟客重复消费。

我们的优势在于团队，团队的产品和技术氛围非常浓厚，尽管我们的产品看上去跟美团有点相似，跟很多收钱的工具有点相似，但是我们的团队给产品做出准确定位。其实，微信和短信、米聊相似，然而微信和这几个产品就是不一样，不一样的地方就在于定位。我们从来不把产品定位于实体商户的简单工具，我们把实体商铺的老板看作拥有共同属性的人群，基于这点进行产品开发。我们即将更新的版本将更加着重于内容，更加着重于实体店铺经营者这一细分人群的社交。原本我们的产品需要员工去地推，需要我们的合作伙伴去地推，这会让成本居高不下。如果将旧的产品更新为一个通过内容、社交拉动下载量和传播量的产品，我们的成本就会大幅降低。加之我们的产品比较"轻"量化，且平台是开放的，所以我们扩张的速度比较快，可以在一年之内落地100 多个城市，影响到更多的城市。这是那些供应链沉重的公司所不具备的优势。

3. 做法没有对错，只有适不适合自己

孤独者社群孤友： 您曾是一名航天人，后来选择自己创业，这中间有没有不适应的地方？之前的创业是否有失败的地方？如何看待失败？

雷勇： 没有什么不适应。我觉得现在创业比以前做航天事业还辛

苦，因为现在是跟人打交道，不再是跟机器、代码打交道，所以难度大很多。之前创业也没有什么失败的地方，2007—2008 年我们应该是华南地区最大的 VR 公司，也是中国首批做房地产和政府规划仿真系统的 VR 公司。我们当时以 10 人以内的团队实现 2000 多万元的年销售额，利润比较丰厚。之后做软件公司，服务于不同的企业客户，尤其是地产开发商、物业，等等，也取得了一定成绩。转型是因为在 2014 年年初的时候碰到了启赋资本的傅总（傅哲宽，启赋资本董事长），在我送他去南站坐车的路上聊了一些目前正在做的事情。他认为对实体商户的服务有可能实现平台化，建议给我投资尝试做平台。我的转型就是这么来的。

孤独者社群孤友：对于中国制造的转型升级包括消费升级，企业转型中国智造，你的核心观点是什么？在你看来哪些企业可以成为中国智造的代表？

雷勇：中国智造这个问题可能还回答不了，但是消费升级我可以简单说一下。最近发现很多实体店都面临一个问题，电商、海淘给我们中国人带来了广阔的视野，对消费的要求已经不再是简单的充饥、保暖，我们需要更高品质的消费，但是实体经济目前还不能快速做出反应。因为任何一个产品从设计、生产到制造、批发，最后到达消费者终端，都有一个滞后的、传递性的反应时间。与此同时，电商平台和互联网给我们带来的新事物跟实体经济滞后的传递性反应还是有差异。所以实体店铺的消费升级、供给侧的升级面临巨大的机会。

举个例子，最近考拉先生正在跟网易进行战略性合作。大家可能了解过网易严选，我们结合自己的线下资源，把网易严选的产品供应给全国各地的实体店铺，让他们能够获得一个优质产品快速零售的渠道。

至于中国智造代表，我觉得汽车是一个典范的创新企业，因为从某种逻辑来讲，中国的汽车制造业可以弯道超车。我们不再受限于发动机技术、变速箱技术的门槛，只要解决电池技术我们就可以生产出很优秀的智能汽车。

观察员唐伟： 请问如何在大数据运维上协助门店提高销售额？

雷勇： 用大数据实现门店销售额提升其实特别简单，就是利用数据让服务更好，某个顾客来了能够叫出他的名字，知道他以前买了什么产品，知道他喜欢吃什么，可以跟他聊天，那么这个顾客就有再次消费的可能性。我们只要把这些数据充分分析之后展示给商家，就可以得到想要的结果。

观察员李勇韶： 邻里之间的社交电商的机会存在吗？

雷勇： 存在。拼多多、订好货就是非常典型的例子。一个产品跟好朋友分享，跟朋友圈里面的朋友分享，然后一起来拼团，这就是一种邻里社交电商方式。其实好东西大家一起来分享是人的天性，我觉得这点非常有价值。

群友段国强： 一个药店和医疗产品线下店的整合运营管理公司的商业模式与考拉先生有几分相似，请问考拉先生将来如何应对来自于其他专业垂直领域竞争对手的挑战？

雷勇： 我觉得这是打法的问题。举个例子，娱乐界有个 SNH48 女团，主要的成员就有 48 个。还有一些明星如鹿晗，不是这种团体明星。那么是鹿晗强大还是 SNH48 强大？我觉得各有特色。我们是从横截面去"切"一个所有商户的共同特点，然后从服务的高频行业重点发力。而有些公司是从垂直行业发力，我觉得是做法不同。做法没有对错，只有适不适合自己。

垂直专业领域我倒不是特别担心，因为我们都是服务于 B 端的，对于 B 端来说，没有那么多垂直细分的东西，我们做好自己的事情就行。在客户量大的领域我们深挖下去，然后不断提供更简单、快速的使用方式。任何一个产品绝对不是功能强大才会有人使用，而是功能简单才会有人使用。

虚拟：技术带来新玩法

骨狸科技 CEO

胡昌涛

一个街头小霸王，迷恋网吧，沉迷游戏，几经教育不见改正，于是被送到部队锻炼，在当列兵时便熟练掌握导弹自动化和惯性卫星导航系统，是唯一以列兵身份担任指挥员的新兵。退役后，他成为一个"王者"，成了同龄人眼中的英雄，在游戏中带领团队奋勇杀敌；他成了战友眼中的 IT 天才，别人半年学不会的技术他两周就能熟练掌握，小时候走过的那些弯路铺垫成了成功的大道。

他瞄准影视 CG 全流程的制作和服务，在商业营销美术呈现上结合最前沿的技术开创新广告营销。包括 AR 的技术提供和 VR 的技术支持，新媒体硬件等。在这些新技术与商业领域的合作中，他独具慧眼，深入研究 AR 技术与商业宣传应用的结合，为实现 AR、VR、CG 技术在商业上的价值最大化，他正在走一条全面超越的路，期待他们的骨狸科技有一个炫酷梦幻的未来。

他已经从一个"非主流"一跃跨进了商业大潮的主流之中。

流连网吧、痴迷游戏，最终高考落榜，在很多家长眼中，他不务正业，沉迷游戏误入歧途，"误了终身"；

但他却是同龄人眼中的英雄，游戏空间里的超级勇士，带领团队奋勇杀敌；

他更是战友眼中的 IT 天才，别人半年学不会的技术他两周就能熟练掌握！

2004 年，胡昌涛高考落榜。他在家玩了两年游戏。父母 2006 年送他去服役。没想到，他非但不改"恶习"，还以此在军队里开启了自己的"逆袭人生"——以列兵身份带领老兵，指挥小组参加大型军演，参与过汶川抗震、桂林抗洪、广西特大雪灾抗灾、神 7 发射等任务，荣获集体三等功和集体二等功！

5 年之后的 2011 年，他退役了。凭借这些独门技术和经历，他径直杀入影视 CG 行业（注：CG 为 Computer Graphics 的英文缩写。随着以计算机为主要工具进行视觉设计和生产的一系列相关产业的形成，国际上习惯性地将利用计算机技术进行视觉设计和生产的领域通称为 CG。应用于电影上，广义的 CG 电影是指影片本身在真实场景中拍摄并由真人表演为主，但穿插应用大量虚拟场景及特效。通常的手法是在传统电影中应用 CG 技术增加虚拟场景、角色、事物、特效等对象，以达到真假难辨，增强视觉效果的目的。狭义的 CG 电影是指整部电影中所有的视觉产物（场景、角色、物品、特效等）全部由计算机生成的 CG 动画或 CG 图片构成。但其视觉效果全然区别于传统的 2D 动画片），参与《星行者传说》长篇动画制作，是中国首批使用 Optitrack 动作捕捉技术的人员，曾参与制作《广州亚运会宣传片》《上海世博会城市主题馆方案动画》等。

现在，胡昌涛是骨狸科技 CEO，是 CG 行业融合 AR 和 VR 技术呈现方式的领军者，IT 开发领域的创业先锋。

AR、VR 技术可以应用在哪些领域？这一技术的发展前景如何？

1. AR 技术给营销带来乘法效应

《执行官》：据说你是一个游戏重度沉迷者，后来是什么样的机缘让你接触了 AR（增强现实）、VR（虚拟现实）？为什么选择这个方向创业？

胡昌涛：游戏沉迷者更多是外界对我们这类人的形容，我们玩家自称"player"，我们公司的口号也是 we are game——我们即游戏。我的人生价值也是基于游戏的理念。我对游戏的态度很简单，用八个字概括是"认真对待、努力获胜"，这个世界是一个很精彩的舞台，人生也是一个无法重来的游戏。

选择 AR、VR，首先是因为这个行业有趣，有挑战性，我个人喜欢有难度、好玩的技术；其次，从商业角度而言，这个领域刚刚起步，前景广阔，我想尽早进入这个领域，并且迅速找到能落地的商业项目，这也是市场所需要的。

《执行官》：如果你有足够的资金，你最想用你们的技术创办一个什么样的公司？

胡昌涛：我们公司的技术不是最强的，但我们会把掌握的技术发挥出最大的价值，根据市场需求提升性能，根据客户反馈不断迭代。不过核心技术开发只靠我们公司远远不够。就骨狸科技而言，我们目前在学习、利用国外的技术，并不断改进，希望公司能够健康成长。

《执行官》：从你们公司提供的服务来看，哪些行业的企业对 AR 的需求最明显？是不是游戏或动漫？2017 年一款很火的游戏 Pokemon Go 为什么让 AR 技术风靡一时？

胡昌涛：我们的主要业务是影视 CG 全流程的制作和服务，以及 AR 的技术提供和 VR 的技术支持。AR、VR 技术最早都是用于军事领域，如 VR 可以模拟飞行员、潜艇兵、宇航员的一些特殊训练，AR 主要用于战场信息的获取和指挥。目前 AR、VR 技术在游戏和动漫领域的表现不错，威尼斯电影节也开设了专门的 VR 影视奖，新出的一些 VR 游戏也有很高的质量。

除了用于以上提到的领域，AR 还具备 VR 不具备的便携性，所以广泛应用于营销和手机游戏。AR 是基于计算机视觉算法的技术，只要一部拥有摄像头和显示功能的设备就可以制作 AR。

严格意义上讲，Pokemon Go 是营销案例而非 AR 游戏。它由任天堂和谷歌共同推出，让任天堂的股价在短短 7 个交易日内翻了一番。作为游戏而言，Pokemon Go很普通，游戏性和体验性一般。值得注意的是，Pokemon Go实际上没有用到AR技术，只是结合了LBS技术和手机陀螺仪，借用AR概念做出的新鲜玩法。谷歌的技术可以实现游戏的AR化，但由于Pokemon Go作为营销案例开发周期短，而且要支持大部分设备运行，因此采用了低负荷的游戏构架，舍弃了AR功能。

Pokemon Go火了以后，国内很多企业找我们合作AR游戏，比如"山海经Go"等，不过我都拒绝了，因为Pokemon Go是打着游戏名号的营销，成功的原因在于它强大的IP而非游戏本身，因此不具备很强的可复制性。

《执行官》：如果站在企业的角度，利用AR营销自己的产品或服务可以起到什么令人惊喜的效果？请举例说明。

胡昌涛：就像刚提到的Pokemon Go，它对于任天堂股价的提升让人叹为观止。好的技术在合适的场景展示，会给营销带来乘法效应。越来越多的领军企业，如苹果、谷歌、NIVDIA等，开始大力研发AR技术和AR硬件设备。我给大家提供一些知名企业所采取的AR营销案例。

一张照片里有三个人、三只北极熊，画面里美女是真实的，北极熊和雪地则是虚拟的。这张照片并非后期合成，观众在现场可以直接看到北极熊和雪地。该项目是哈根达斯和某博物馆共同开展的营销项目，旨在表达尽管天气炎热，也可以在这里感受到如北极一般的凉爽。

一张照片是百事可乐的营销案例，百事在公交站台布置了AR的硬件设备，乘客在等车时会看到各种匪夷所思的场景，如外星人绑架人类、陨石坠落等，这些场景都是用AR技术在大街上即时合成的。

AR技术可以把虚拟的东西脱离屏幕，用一种直观、三维的方式展现出来，因此AR叫作"增强现实"——把我们的现实强化却没有脱离现实。支付宝的AR红包、腾讯的AR抢火炬，都是基于"增强现实"的技术。随着技术的发展，一些新颖技术开始从军用转向民用，再从民用转化为通用技术，也许以前拍摄AR这类视频很困难，现在我们可以轻松地拍摄 AR 视频，未来在我们的生活中会随处可见。

《执行官》：奔驰在柏林地铁站内放置一面投影墙和一个传感器，可接收奔驰钥匙的信号，并根据不同信号播放不同视频。你可以用钥匙"打开"一辆奔驰车门，但从车上走下来的可能是变形金刚，也可能是健身美女、怪咖。这样的技术你能实现吗？

胡昌涛：这个营销案例使用了类似 AR 的技术，我们公司是完全可以实现的。奔驰这次营销利用了钥匙信号感应器，它的钥匙有自己固定的波长，在墙壁上悬挂类似投影幕布的介质，将视频内容展示出来。而 AR 技术的营销互动性更强，比如在电影院设置 AR 海报，观众可以通过手机扫描，让海报中的人物走出来，水流淌起来，甚至可以通过用户数据让海报里的角色喊出你的名字，实现更多元的互动。

2. 互联网技术是服务者而非统治者

《执行官》：腾讯、阿里巴巴这些巨头都推出了 AR 平台接口，苹果公司刚刚发布的 iPhone8 更是首款搭载 AR 技术的手机，这是否意味着 AR 进入大规模普及阶段？

胡昌涛：世界上的著名厂商都开始布局 AR，而国内的腾讯、阿里巴巴还处于试水阶段，尚未开发自己的硬件设备。我们公司曾和支付宝开展了脉动的 AR 营销合作，因此也拿到了支付宝的 AR 平台接口和引擎，但支付宝的 AR 平台能实现的功能有限。因为作为一项全新的技术，还没有企业能做出独立的 AR 平台，阿里巴巴、腾讯都是利用自己的用户优势，搭建在其他应用软件之上，毕竟没有用户会为了看广告单独下载一个软件。

苹果发布的 iPhone 8 和 iPhone X，是真正意义上的 AR 手机。在 AR 技术应用方面，苹果做出了表率，能在一些独立软件上实现很好的效果。但平台要扩大，仅仅依靠软件和硬件是不够的，还需要更多优质的内容，更多的开发者和用户。我原以为 AR 技术还要 2~3 年时间才能普及，但是苹果的发布会让我惊讶，AR 技术的应用会迎来更快的发展，随着手机的迭代，当大部分人都用上 AR 手机时，技术的大规模普及就能实现。

《执行官》：目前资本对于虚拟现实行业的整体态度如何？在你看来，未来虚拟现实产业的发展会是爆发式的，还是细水长流式的？

胡昌涛：从无人知晓到人人有所了解，VR 在 2016 年已经迎来一次爆发。但这种爆发不像喷涌式爆发，更像是打开缺口的一摊水。VR 的爆发使得 AR 技术也迎来了关注，虽然二者技术差异很大，但是使用效果类似，被许多人误认为是同一类技术。

技术迅速爆发有三个原因：首先，受关注度越来越高，引来资本的疯狂涌入；其次，有了资金基础后，可以进行技术的迭代；最后，硬件更替，智能手机普及、4G 网络普及使这些技术有了更好的发挥空间。

以我们熟悉的物联网、人工智能、大数据为例，这些技术都是近年来为大家所熟知，物联网在 2012 年开始兴起，2013 年迎来爆发，许多机构、高校都在关注物联网，随后大数据技术成为热点，而共享单车就是依靠物联网和大数据技术实现的。

AR 和 VR 受到广泛关注是一个很好的开局，接下来的发展究竟是和物联网一样，还是走出一条完全不同的道路，我们拭目以待。从以上技术的发展来看，互联网技术的发展是服务于实业、呈现于生活的，互联网技术并非遥不可及，它只是一个服务者，绝非统治者。

3. 人类技术发展陷入停滞

群友型滢不离：我们认为中国智造主要体现在技术、工业设计、营销品牌和模式创新，这样利用更多知识的企业可以代表未来的中国智造。在你看来，哪些企业可以称为中国智造的代表？

胡昌涛：我对于制造业了解不多，但从技术的整体趋势来看，表面上似乎我们在近年来科技大发展，而实际上人类技术的发展已经陷入停滞。技术的发展是跳跃式而不是长跑式的，我们正处于技术缓慢发展的时间点。中国在 30 年的时间内吸收了国外 300 年的技术，给我们造成一种技术发展迅速的假象。近十年来，除了互联网技术飞速发展，其他技术都慢慢放缓了脚步。中国的量子通信技术领先于世界其他国家，而华为是通信领域的佼佼者，因此我认为华为可以称为中国智造的代表。

群友家明： 阿里巴巴刚刚举行了 18 周年年会，有人说阿里巴巴的成功在于创造了一种新的文化形态。在你看来，人工智能等新技术是否能带来新的生活方式或文化形态？

胡昌涛： 创造文化形态的永远都是人而不是技术，技术是由人的需求产生的。在我们需要更加便捷、快速的网上购物体验时，阿里巴巴恰好做了这件事情，也因此获得成功。AR 和 VR 必然会改变人类生活方式和文化形态，因为人类在朝着自己向往的方向发展，创造出为人类服务的各项技术。我们想要计算机替我们处理事情，人工智能出现了；我们想要用计算机认识世界，AR 出现了。

观察员胡夏： AR 技术还在不断的研究和进步当中，会不会给消费者带来使用风险？如果有，会是什么程度的风险？

胡昌涛： 前面提到了 AR 技术的原理是基于计算机视觉实现的。它的方便性显而易见，我们无须搜索，计算机会告诉我们答案，而风险也出现在这里。当 AR 普及后，我们深信它所提供的数据是可靠的，一旦它提供的数据出现偏差，将带来意想不到的问题。这个问题普遍存在于计算机技术，并非 AR 独有。iPhone X 推出了面部识别解锁功能，网上也出现了许多调侃，因为面部识别尽管很时尚，但是对于隐私的保护是否真的比密码更安全，这点值得我们思考。

群友家明： 如今人们被手机牢牢控制，成为技术的"傀儡"，一方面技术进步带来了更加便利的生活，另一方面也让人成为附庸，在你看来，未来的技术发展能否突破这种局面？

胡昌涛： 我们在许多地方都看到过科技威胁论，我认为这源于科幻影片的渲染。我们都在使用手机，但经常有人提出手机不健康，这说明手机还存在问题。有问题就去解决它，这才是人类。手机的更替是必然的。我们也可以推测一下，替代手机的会是什么？最早的生物通过生物电沟通，人类出现后开始用动作、声音沟通。随着人类进化，我们可以用图形交流，图形又演变为文字，大大提高了人类沟通的效率。而计算机的演变则相反，从最早的文字操作系统发展为图形操作系统，目前出现了手势识别、语音识别以及 AR 图形识别，等等。我们可以看到，虽然计算机和人类的进化方式相反，但目标一致，旨在用更简单的方式实现复杂的操作。技术的发展将重现人类在进化中曾经使用过的行为操作系统，而 AR 技术正是这一系统实现的基础。

群友家明：作为 CEO，你认为最重要的三件事是什么？

胡昌涛：回到小时候的话，我依然会选择玩游戏。我之所以是我，不是因为我叫什么，从哪里来，而是因为我的经历。尽管我对现在的自己有不满意的地方，但这也是真实的我。一生经历的事情总是有千丝万缕的联系，不会因为一件事情而改变一生。我虽然在网吧度过了很长一段时间，但庆幸没有迷失自我。我相信改变一个人的不是他沉迷于什么，而是他想成为什么样的人。如果能回到过去，我会跟那时的我说一句话："并非所有的流浪者都迷失了方向。"这是魔兽世界里的一个角色德莱尼首领先知维伦说过的一句话。我曾经有一段时间就像一个流浪者，不知道何去何从。我很感谢那段时间遇到的好游戏，我经历了那些游戏角色的一生，他们的性格、价值观深深影响了我，成就了现在的我。

IP：超级 IP 的互联网温度从哪里来

《大唐雷音寺》《市井财经》创始人

张春蔚

　　互联网时代的第一重搜索是百度和谷歌，第二重搜索是知乎、分答这类知识分享平台，第三重搜索是解决情绪诉求，即解决互联网用户当下的困惑，这便是《大唐雷音寺》的功能。《大唐雷音寺》将几位 IP 名人梁宏达、郁钧剑、赵忠祥、苏扬讲述的内容进行整合，一方面解决了互联网时代内容粗俗浅显的弊病，给受众带去真正有价值的内容，满足受众欣赏水平日益提高的精神诉求，另一方面，在"读者本位"的时代，《大唐雷音寺》真正践行将受众放在首位，以受众的需求作为自己努力的方向，是对受众最大的尊重。

　　这是自媒体，一个充满自由、彼此尊重的平台，一个颠覆以往价值体系的平台。

　　人生要么是在折腾，要么是在自我折腾的路上。

　　有这么一个人，早年在平面媒体可以一天写上一万多字，后来在南方周末、FT 中文网、凤凰财经杂志等专业媒体任职，职位也做到了总编辑，可谓是能写能编的行家里手。

　　后来，她"弃"笔"触电"，成了各大电视台、广播电台主流财经栏目的常客，成了人们眼中那个锐利、直爽的知名财经评论员，甚至和央视主持人赵忠祥、倪萍一同在中央电视台《等着我》栏目中出现……

　　她是财经评论家、资深媒体人，她也是自媒体创业者。2013 年她就预测了自媒体的兴起，并把"自媒体"列为年度关键词。2015 年，她和知名媒体人梁宏达联手创办了《大唐雷音寺》，同时在微信和"今日头条"各拥有百万级的粉丝关注，并建立了亿级流量的分发平台。

她就是《大唐雷音寺》《市井财经》创始人张春蔚。

她是如何在后自媒体时代迎头赶上的？带着一众"老炮"IP 在互联网各大平台迅速"吸粉"，她是如何做到的？

1. 传统媒体人要想明白为什么做自媒体

《执行官》：你曾在 2013 年就预测了自媒体的兴起，但在近两年才投入全部精力进军自媒体领域，在此过程中，你在思考什么？顾虑什么？可以说，自媒体的兴起和传统平面媒体的没落几乎是相伴而生的，大量传统媒体人员纷纷进入自媒体，究竟是什么导致这种现象的出现？

张春蔚：2013 年，在广东卫视《财经郎眼》的年度盘点当中，我说："今年的关键词是自媒体。"当时大家都说我的这个关键词格局比较小，但现在你会发现，自媒体的发展完全超出了人们的想象。2013 年我曾经做过一段时间自媒体，有过三个微信公众号，但是做了一年后，我发现我看不透它最后的商业模式，最终在 2014 年六七月份的时候，我暂停了这三个微信公众号。

我觉得对于传统媒体人而言，一定要想明白你为什么做自媒体。其实我在 2015 年重新开始做的时候，首先想好的是模式：第一，一定要有视频；第二，音频起辅助作用。我们会看到，目前为止所有的媒体上市公司当中，只有音频是没有上市公司的，换句话说，对于传媒行业而言，我认为最后的一个风口是在音频，所以当下，我是以短视频做切入，以音频做辅助，着力在推的是音视频的一个版权解决方案。从这个角度上而言，我大致找到了一个方向。

传统媒体人面临的最大问题是是否能够跨界，能不能提升销量。其实，我们省下来的成本主要在于：第一，可以自己写；第二，可以自己编；第三，可以自己排版配图；第四，可以自己拍视频。实际上省的是人工的钱，并不是说做自媒体就便宜，其实是把你几十年的积累，把你的审美，把你对于新媒体的一个考虑放进去了。所以，从更大意义上而言，做过杂志的人在这一波新媒体浪潮当中会更容易出来，而对于那些完全是做日更新的，比如报纸出来的媒体人，可能会有一定的压力，因为他无法握紧拳头，集中解决一个更成系统、更成建制的概念，并且有所侧重地去推出一个重点。

大家总是习惯于做特别棒的东西，但就我个人而言，做媒体首先你必须要从中下水平的内容做起。不是说中下水平好，而是说一个人的常态可以做到的良性状态其实就是中下水平。但是，我相信有些人的中下水平是某些人的中上水平，而有些人的中上水平对于老手而言仅仅是中下水平。所以，所有的自媒体建设一定要跳出"我每天要出特别棒的东西"这个思维模式，我认为，能不能够以平均 70 分的成绩去应对365 天的更新，这点很重要。

大量的媒体人其实喜欢自媒体的表达方式，因为在自媒体的表达当中，他会觉得很自由，以前发不出来的稿子现在可以发了，以前发表的稿子一部分文字会被编辑删除，现在不会出现这种情况。从这个意义上而言，是自媒体解放了传统媒体人，自媒体又让传统媒体人有了自己的平台，所以，一定程度上，自媒体使得更多的人可以以一种非专业的方式来进行相对专业的表达。

《执行官》：有媒体人曾认为，自媒体相比传统媒体，内容、发行、经营三驾马车职能皆不可少，比较之下，自媒体固然在发起上可以实现瞬间直达，但依然需要在内容上不断发力，而且具有广告经营上的劣势，很可能演变成变相的公关软文。你觉得这样的自媒体会有生命力吗？

张春蔚：自媒体也是媒体，天然具有广告属性，如果一件事靠软文就能做好，说明软文是有生产力的，所以自媒体做广告我并不排斥，但是怎么把广告做好是很有讲究的。自媒体最担心的是流量问题，我看到很多广告报价很高的自媒体其实数据并不高，有的自媒体会去买榜单、刷数据。许多广告主希望通过自媒体证明自己的存在，还有一些是用自媒体实现平时做不到的事。

自媒体把内容、发行、广告集于一身，具备很大的能量，想要把自媒体做大关键是要理解广告流量和内容之间的差距。每一条生态链都有自己存活的价值和意义，对于自媒体广告，大家没有必要一棍子打死，也没必要说这代表了自媒体的模式和方向。有提价能力的才叫模式和方向。

《执行官》：自媒体单打独斗的时代很快过去，组织化成为生存必然，你创办的《大唐雷音寺》试图将几位 IP 名人梁宏达、郁钧剑、赵忠祥、苏扬讲述的内容进行整合，创造一个超 IP 平台，相比直播时代的那些小鲜肉疯狂"粉"，你为什么选择这些"老炮"一起触网？

张春蔚：首先，我会考虑互联网的新增用户从哪里来。通过研究，我们发现互联网发展到现在，新增的稳定用户其实是中老年人，所以我做的是中老年艺术家在互联网的再青春模式，我的目标受众很多也是中老年人，而且是眼光挑剔的中老年人，他们有消费能力，而且不认识那些小鲜肉。互联网的接近成本很低，在直播中受众离这些超级 IP 很近，能够拉近彼此之间的距离，迅速唤起大家的情绪共鸣。所以当大家都在做年轻人群体的时候，我选择做一些中老年人熟悉的 IP，让他们在互联网上更加亲民，也许我的尝试不一定对，但起码我找到了方向。

许多人会觉得我们的 IP 年纪比较大，内容产出跟不上，但其实他们都特别勤奋。赵忠祥老师一口气录了两个半小时的节目，一口气讲两个半小时很多人都坚持不下来，但是赵忠祥老师坚持了下来。我选的这些超级 IP 都勤奋努力，见过大场面，而且有深厚的积累，所有的内容都来自于已有的积累，而不是简单地读一下现成的稿子，我只是帮助他们把已有的内容互联网化。需要我解决的是这几个问题：一是互联网表达；二是年轻人是否喜欢；三是能否在互联网生存；四是如何完成互联网的数字轨道记录。解决了这几个问题，我就能帮助他们完成互联网作品。从这个意义上来讲，不是他们在迎接互联网，而是互联网在迎接他们的内容和积累。

我认为《大唐雷音寺》做的是互联网的第三重搜索。第一重搜索是百度和谷歌，第二重搜索是知乎、分答这类知识分享平台，但是互联网需要解决的是情绪，要把互联网用户当下的困惑解决。我们创建了很好的内容数据库去对接互联网的热词，"今日头条"会以特别快速的方式完成数据堆积，给好的内容提供更大的流量。许多人没有去有意识地了解普通人的需求，而了解普通人的需求、完善普通人的需求，才能战胜机器。如果你不能战胜机器，不能理解机器，同时又不能被机器所解读，就会失败。

2. 要给用户带去陪伴和温暖

《执行官》：《大唐雷音寺》和后来创办的《市井财经》实现粉丝和流量的快速增长，并快速切入正在爆发的视频领域，你觉得这些"老炮"凭什么能得到互联网用户的认可？

张春蔚：我觉得这些"老炮"本身就多才多艺，他们不仅能写会说，还能在镜头前展示自己。书面用语向口头用语转变是第一层转变，口头用语向口语表达转变是第二层转变。好的口语表达在于让人听到就能记住，很多人连第一层的转变都做不好，无法很好地展示自己。要让粉丝和流量快速增长，一定要用视频，使用视频的目的在于让别人记住你的脸，许多人比高晓松帅，比罗振宇知识丰富，但是这两位被记住正是因为人们通过视频记住了他们的脸。当个体的脸和嘴结合起来时，就能把内容进行重塑，所以互联网时代不是见字如见面，而是"见面如获新生"，一张能被记住的脸尤为重要。

视频的快速崛起说明人越来越懒，过去人看书看报，现在只看视频。视频可以带来"眼见为实"的感觉，并且会让观众感觉自己加入了判断力。当短视频快速爆发时，我作为一个写字的人迅速拥抱它。短视频会是流量点和用户增长点，如果不借助视频留下互联网记忆，完成不了互联网的数字转化，那么就会失去流量资源。

绝大多数人会问我，为何要让别人记住我的互联网符号？这是因为如果你的互联网符号有价值，你的文化碎片都会被别人捡拾。我现在记录这些超级 IP，也许在未来某一天人们在寻找方向和答案时，就会想到梁宏达、郁钧剑、赵忠祥这些积累了几十年经验的超级 IP。这些经验都是长者的经验，而长者经验的意义在于告诉人们怎样减少失败，怎样成功。长者不是靠老就能赢得尊重，而是因为他们经历过很多东西，有深厚的积淀。

《执行官》：互联网用户关注的内容纷繁，在打造互联网超级 IP 时，如何让他们不断保持热度？如何拉近传统媒体人与网民的距离，提升 IP 的热度？

张春蔚：这就关系到如何打造这些超级 IP 的互联网作品。梁宏达在 2017 年连续 19 天直播做体育评书，许多互联网新媒体都承受不了，但是我们坚持了 19 天不间断直播。我们可能熟悉赵忠祥老师是因为《动物世界》，3000 多集的内容，37 年的记录，但在互联网我们做的是"舌尖上的赵忠祥"，把他塑造成一位老百姓餐桌旁的邻家老大爷。从这个意义而言，传统媒体人一定要在互联网上标签化，才能更好地突破。

保持热度在于保持内容产出，《大唐雷音寺》现在的后台数据没有 2017 年年初的时候好，但我们反而进入了微信 500 强，因为很多媒体不是日更新，没办法做到日陪伴。日更新是最好的陪伴，能够吸引用户到你这里花费时间。超级 IP 会有流量的洪峰，但是其他时候也需要填补碎片时间。我的超级 IP 每周录半天的视频，这些素材足够一周推送，给用户带去陪伴和温暖。

对于很多传统媒体人而言，第一是放不下架子，第二是不愿意做互联网陪伴，第三是习惯于表达自己的内容，而不关心用户需要什么。因此，我们选择以团队的形式运作超级 IP，约束他们的表达，并帮他们寻找关键词，形成更有效的传播，这样才能保证超级 IP 既有流量又不至于太辛苦。比如，对于老梁，我们用直播的方式帮他节省时间，而且他的直播已经成为互联网热门节目；对于郁钧剑，我们打造音乐学堂，教用户唱歌的技巧；为赵忠祥老师打造了老赵食堂，给大家讲一讲百姓餐桌、市民生活，让用户感觉亲近。

《执行官》：近年来《奇葩说》《罗辑思维》和《晓松奇谈》等内容火爆，你在运营这些个人 IP 的过程中，做了哪些卓有成效的工作？你如何区分个人 IP 和平台 IP 的关系？

张春蔚：《罗辑思维》占有用户的互联网时间是每天一分钟音频、三分钟文字、每周 30 分钟左右的视频，加起来差不多一周两小时，而《大唐雷音寺》则每天有两个小时的直播，并且是在晚上的 9 点半到 11 点，这是我们争取的核心时间，因为这是一个人比较轻松且属于自己的独立时间段。

在我看来，一个人每天可以自由支配的时间是 2 ~ 4 个小时，这个时间大家会看书、看电视或者玩手机，如何通过更有效的方式占有这个时间显得尤为重要。因此，我们会用功能性的区隔服务来增加产品的第二属性。比如，我们做的老梁"特别会说话"，《大唐雷音寺》从 2016 年 2 月 8 日第一天问世，我们就让老梁"教你好好说话"，这就是一个功能性区隔；对赵忠祥老师，我们打出了"日积月累"；给郁钧剑老师打出的是"特别爱唱歌"。这样，每个 IP 都占有一种情绪、一种温度，都有某种功能属性。换句话说，我打造的每个 IP 都要依托"事"，这样就能让他拥有更多的传播价值和品牌价值。

因此，个人 IP 应该具备个人特点，集体 IP 则是抱团取暖。个人 IP 的局限在于听多了就会觉得内容重复，没有新意，因此做个人 IP 压力非常大。所以，《大唐雷音寺》做的是集体 IP。我们在"今日头条"有接近 160 万粉丝，推出的是媒体矩阵，在矩阵中有梁宏达、郁钧剑、赵忠祥和我们的主编廖保平等 IP。在打造 IP 的过程中你会发现依靠一个人的力量走不远，但是依靠一群人的力量就能够彼此借力，打造出一个多姿多彩的世界，更能赢得粉丝青睐。

《执行官》：个人IP、自媒体有瓶颈，许多互联网时代崛起的IP迅速陨落。在你看来，像《晓说》《吴晓波频道》《罗辑思维》等个人IP有无持续走红的可能？他们的瓶颈要如何突破？

张春蔚：我认为吴晓波很优秀，他抓住了所有风口，早些年从机构向个体转化，树立了个人品牌，随后写国企、民营企业专栏报道，之后开辟博客、出版专著、做自媒体，他总是能活在潮头；高晓松在歌唱领域属于超级IP，罗振宇本身就是一个超级IP。他们能走到今天，是大量付出和积累的结果。这些署有个人名字的品牌，是在特定历史时间的特定选择，我正是看到了他们在个人品牌做大后面临着巨大压力，所以才没有把自己的产品冠以个人名义，比如赵忠祥的"日积月累"、郁钧剑的"超级爱唱歌"、梁宏达的"特别会说话"，《大唐雷音寺》从一开始就避免过于强烈的个人属性，走的是大概念，类似杂志的做法，找到某个话题或关键词，来规避依靠单个IP的风险。这只是风险控制，并不是说个人品牌不好。

当自媒体进入深耕阶段，就开始出现平台和矩阵，开始走抱团取暖和集体出拳的道路，这样的集体用户愿意停留。许多个人IP盲目跨界，原本做收藏的开始谈经济、谈社会娱乐，正确的方式应该是平台上集中不同领域的IP，让平台跨界，而不是个人IP跨界。

如果只是做个人IP，我认为没有问题，但如果把它作为一门生意，让更多的人受益，就必须走向平台化。

3. 好内容不一定有好流量，但好流量一定是找准了某些需求

《执行官》：互联网上好内容很多，但能运维好内容的却很少。据说《大唐雷音寺》的运维只有一个人，你是如何在持续生产好内容的同时做好运维的？

张春蔚：我们的运维不是只有一个，微信号有许多运维，今日头条只有一个。我一直认为运维很重要，我的头条号是第四个过百万的自媒体号，最好的成绩是周排行前三名。在我看来，运维不是依靠人多，而

是要靠智能。我们在"今日头条"有一个智能数据库，当出现焦点热词时，我们会自动推送相应的内容。我们依靠海量的内容叠加出数据库，这个数据库可以应对很多的"潮起潮落"。从这个意义而言，我认为我做的不是内容创业，而是版权和数据库的叠加，也正是基于此才能在未来形成长尾效应。

如果内容做得好，运维做起来就相对容易。很多人会以为是运维让内容变好，这其实是一个误区，因为好内容不一定有好流量，但是好流量一定是找准了某些需求。很多时候大家会觉得算法让我们迷失本性，因为要不停地迎接机器的挑战。但是，我们在"今日头条"分发内容的过程中，开始慢慢让机器适应我们，而不是我们去适应机器。因此，在我看来，运维的核心是理解算法，理解数据库，并且理解什么是真正的流量。

《执行官》：好的内容能够获取大量粉丝，但是往往难以变现，《大唐雷音寺》的变现途径是什么？

张春蔚：《大唐雷音寺》变现的途径首先在于我们有流量，有广告收入；其次，我们也在做电商，目前每月有接近 100 万元的营收。电商板块我们 5 月份刚开始，如果继续深耕的话，未来可能每年有千万级以上的销售额，关键在于运用好流量选好产品；最后，我们做的内容会有一些出版问世，比如 2017 年出版的《特别会说话》，到现在已经加印 7 次。

2017 年 8 月份，《大唐雷音寺》已经拥有了百度指数，我们有自己庞大的数据库，也熟悉如何打造超级 IP，最近开始走品牌代理、推广的道路。在这个过程中我发现，新媒体只要活下来，会和传统的模型越来越接近，与以往单一的新媒体状态截然不同。不是我们在改变，而是去掉那些噱头之后，人们仍然愿意选择更为靠谱、经验更丰富的人。

《执行官》：许多内容产出平台过度依赖某个知名 IP，用户对推出的其他 IP 不感兴趣，你是如何实现超级 IP 与平台"解绑"和定位再整合，让 IP 和平台在内容方向上一致，实现同频共振的？

张春蔚： 我们都知道"人强恒强"，一个人如果总是和弱者打交道，他就会越来越弱，而和强者打交道，自己也会变得强大。《大唐雷音寺》和超级 IP 打交道，帮助他们更加强大，这个过程中我们也会更加强大。我们没有和合作的 IP 签"死约"，因为他的全部收入跟我们没有太大关系。但重要的是，我们能够一起在互联网成长，在共同努力下能够得到更多的收获。

我们没有因为某个 IP 强而选择和他绑在一起，而是把他的优点、个性在互联网中发挥出来，我谈的每一个项目都是从起点到终点全程规划，而不是只关注当下的利益，关注未来才能走得更远。

"解绑"在于能否对超级 IP 做出界定，我们会对 IP 进行一系列方向性的调整，比如最近我们在做"考研帝"，让老梁和张雪峰过招，有人会说这两人的受众完全是两个群体，但是我们把年轻人吸引过来，也把《大唐雷音寺》带给考研群体，两者开始出现交合的部分，越开放就会收获越多。从某种意义而言，打开平台，就会获得更大的空间。

4. 创业者都是孤独者

《执行官》：《大唐雷音寺》和《市井财经》并没有融资，据说你为这次创业押上房产。你对自媒体创业前途的信心来自何处？你觉得它的商业模式有什么延伸的空间？

张春蔚： 自媒体在资本市场上不被看好，所以我在 2016 年开始创业其实是错过了风口，在资本的眼中我们是被淘汰的一群媒体人，而且认为我们并不代表潮流和方向。在我个人看来，《大唐雷音寺》的价值在于我们经历过很多，知道如何更好地走下去，也能比别人坚持得更加久一点。没有融资有好处，也有坏处，好处是可以独立发展，坏处则是一切都要靠自己，发展速度可能会慢一些，甚至有时候需要花自己的钱。但是，我们这群人在媒体做内容经过了二三十年的积累，这条路会走得更执着，所以到现在我们还在扩张，而许多拿到融资的自媒体已经走不下去了。

在我抵押房子时，几个朋友来看我。有几个朋友的公司已经上市了，这时我才知道，他们都抵押过房产，因为在决定创业的那一刻，只能孤独地坚持，与其说服别人，不如相信自己。经历过这些我才能够理解做企业不容易，我才真正意识到企业家要能输得起。我做了20多年的媒体，采访过许多优秀的人，那时只知道他人创业很难，做生意不容易，等到自己创业时，才明白为什么"红蜻蜓"的老板会说生意的秘诀就是按时发工资，才理解为什么有人坐在屋顶一言不发直到天亮，有些人坐在车里待两三个小时，因为创业者本身都是孤独的，这种孤独只有创业者才能体会。

自媒体的前途首先在于有多少人生存下来，其次在于自媒体是否能够完成职业化、规模化的发展。开始的时候，大家做一个号都会觉得麻烦，现在做4~5个号都能得心应手。当这个行业开始规模化的时候，我们这些老媒体人的经验就能发挥出来，就会从"草莽"进入更系统、更专业的职业化阶段。

观察员段传敏： 作为资深媒体人和产业观察家，往往面临与互联网原住民沟通过程中的代沟难题，你觉得在内容转换上，IP名人如何实现深入浅出？

张春蔚： 我认为，个人IP一定要亲民，我当时围绕赵忠祥老师打造栏目时，思考究竟是继续做他的文化属性，还是延续《动物世界》，最后提出了"舌尖上的赵忠祥"，关注百姓的餐桌，因为赵忠祥老师有积累，能唤起大家的共鸣。

深入浅出的前提是IP的功能性要让普通人觉得可以接近，产生亲近感，因此我们做的是从上往下走的过程，是互联网的脏活、累活。个人IP如果总是神话自己，是很难往下走的，一定要有烟火气和市井温度，才能更好地完成和用户的交流。

超级IP一定要有用，如果没用的话，不管个人多么有名气，都没有价值。我们在打造自媒体品牌时，首先要做功能性界定，而不是为了做品牌而做品牌，如果不能带来某种情绪、温度或感受，其实是比较失败的。所以我在给所有人做规划和设计时，都让他觉得这个栏目是他的互联网作品，而不是一个简单的碎片化记录。

观察员陈兴荣：作为初创企业，如何运营自己的自媒体，使其成为提升自己品牌的助推器？

张春蔚：我个人认为绝大多数人没有必要做自媒体，因为它不是简单地写日记，而是做媒体展示，需要花费很多精力，而且自媒体这波风潮已经过去，许多人都已经做不下去。

对企业而言，自媒体倒是一个很好的机会，但是千万不要过度强调自己的品牌，而要强调行业，成为行业的助推器。海尔正是依靠开放的平台吸引了许多自媒体用户。因此，我个人认为，初创企业在做自媒体时往行业的大内容去做，可能会更容易做出品牌。

观察员胡夏：公司现金流目前是依靠广告收入吗？

张春蔚：我们公司每个月的成本大概在三十五万元左右，我们在"今日头条"每个月有十万元左右的净利润，电商板块有二十多万元的利润，所以我们主要收入在电商和版权，这两块基本上能保证我们的收支平衡。广告是额外的收入，并不是我们的主要收入。

直播：职业化主播和短视频，品牌的 IP 化之路

广州尔码文化传播有限公司 CEO

喻晓马

　　营销专家创办网红直播媒体听起来很有意思，但是对于喻晓马来讲，好像就是水到渠成的事情，网红经济、大数据、粉丝经济、视频直播、品牌 IP 打造……这些热词都跟他有关。

　　一家动辄收费百万元的营销公司纵身跳入互联网直播的大潮，这件事本身就是一个热点，喻晓马带领团队开创的短视频直播"上班那点事"又怎能不火？喻晓马投身网红直播，其实是源于他对网红直播价值的发现和挖掘。从单一的营销现象到可以个性化的营销闭环，喻晓马游刃有余，在经营网红经济、粉丝经济等热点上，他是一个眼光独到的伯乐。品牌的个性化营销将会通过新的直播形式得到快速而细致的发展，也会在其中看到未来品牌营销的新特性。

　　一个网络营销专家创办网红直播媒体，这事听起来就有意思，而且做得相当成功。这件事更有价值，尤其是在网络营销急剧变化的今天。

　　喻晓马不但是广州尔码文化传播有限公司 CEO，更是国内互联网营销行业资深专家，先后在多家行业知名企业担任过营销总监、市场总监。2009 年创立广州尔码文化传播有限公司，现在该公司已成为国内互联网整合营销领域的领军企业。他著有《互联网生态》与《零工经济》。这样的营销专家在 2015 年视频崛起时创办了"上班那点事"，令人大跌眼镜。

　　一家动辄收费百万元的网络营销服务机构，怎么会想到创办一家网

红直播媒体？经历了三年的实践，网红直播的热潮进展到什么阶段？它显示出社会化营销正朝着什么趋势发展？这些都是值得深究的话题。

1. 围绕内容服务打造营销闭环

《执行官》：互联网发展至今，传播模式从文字到图片，再到现在的视频内容，呈现出怎样的发展特点？未来又会有哪些趋势？

喻晓马：互联网发展至今，信息沟通方式从图文社交过渡到视频社交，不仅仅是传播形式发生了变化，更重要的是大家接收与处理信息的方式也发生了改变。在我看来，目前很多企业还在坚持报纸、电视、户外广告等传统广告的投放方式，他们将会面临一个非常艰难的处境，因为无效的投放会让企业经营和竞争处于更加被动的局面，传播已经从过去的视觉化创意驱动型转变为现在依靠算法的数据驱动型。

《执行官》：三年前，你们从一个网络营销服务机构延伸创办"上班那点事"是出于什么考虑？你觉得"上班那点事"的成功源于什么？

喻晓马：几年前文化 IP 兴起，比如《纸牌屋》《甄嬛传》创造了收视奇迹。我当时判断，IP 的价值不只是局限在文化领域，还会在商业领域大放异彩！因此，我在三年前创办了"上班那点事"这个视频化内容 IP 产品。之所以叫作"上班那点事"，首先是考虑到目前主流消费群体还是上班族，因此必须围绕这个群体打造内容与产品服务。但在打造"上班那点事"的 IP 时，许多人都持质疑态度，认为文化领域的 IP 概念难以应用到商业领域，同时他们也认为网红生命周期短，流动性太强，粉丝难以聚焦到某一平台上。实际上，我们一直在沿着互联网发展趋势"进化"，比如现在，我们的 IP 已经成为基于企业级日常直播服务和电商直播服务的输出端口，既为企业引流，也为企业培训、孵化职业主播，同时根据企业需求，我们同步为企业打造短视频平台 IP，为他们提供优质视频达人和泛娱乐短视频内容，协助企业前期"吸粉"和后期导流。

在我看来，每个阶段都有不同的平台价值和用户行为习惯。我们目前的成功之处在于利用视频化 IP 提供内容服务，汇聚了大量粉丝。泛娱乐直播、电商直播及以短视频为核心的视频达人，除了提供优质的视频直播和短视频内容外，我们认为其核心竞争力还是在于如何获得精准用户和粉丝，并展开互动鼓励分享，不断吸引新粉丝，导入新流量。现在我们讲的互联网用户和过去的企业产品客户不同，用户除了要求良好的产品体验之外，还有更高的服务需求，如希望企业产品不是推销或者营销，而是根据个性化需求满足用户不同的需要，与品牌建立的也不是人与物的关系，而是人与人的实时互动，让沟通有情绪和温度，用服务解决客户实际的相关需求。

《执行官》：大量的粉丝、强大的话题性、资本认可的变现能力……目前"网红经济"已经成为移动互联网时代的重要现象和营销传播方式。在你看来，它是一个短暂的现象，还是代表着未来的走向？

喻晓马：资本追捧直播 IP 或是网红电商是阶段现象。在我看来，多数资本并不关注大趋势，但是关注可用于讲故事的素材。例如，我们在 2017 年 3 月份便提出来的区块链技术在餐饮行业的服务领域落地实施方案，到现在来看，依然是非常超前的一种品牌发展战略。遗憾的是，客户方除了把这个概念拿来卖故事融资，并没有在技术、团队、系统上做任何投入。在我看来，网红经济首先是内容层面，这是不变的主题。任何时代都需要内容变现，网红们呈现的内容会升级而不是消亡，比如目前的电商直播和短视频达人，就是内容层次的一次大升级。而泛娱乐直播，如简单的歌舞、聊天、脱口秀都只是短暂现象。

在人格化传播主导的时代，个人网红通过炒作往往崛起很快，但是生命周期非常短。打造网红机构 IP 或产品 IP，如网红餐厅、网红品牌，需要具备超前的思维方式和操作手段。过去那些红得快消失得更快的网红往往缺乏经营系统和生态打造，不具备可持续的商业价值或是变现能力。真正意义上的网红经济不应该是"颜值"经济，而是系统的、注重用户体验的专业化创新服务方式。

2. 直播未来的趋势在垂直直播

《执行官》：目前，企业直播营销停留在信息分享层面，将信息传递给粉丝并在互动中沉淀品牌印象，促进销售。在你看来，如何让主播与品牌产生亲密关系，将网红主播的粉丝导流至品牌？

喻晓马：这是因为大家对直播的印象还停留在泛娱乐直播上，其实中国的直播领域已经发生变化。去年年底，整个泛娱乐直播的流量下滑，用户规模、粉丝打赏有所减少，除了国家政策的原因，内容产生、用户链接、平台体验等比较单薄，也是泛娱乐直播难以为继的重要原因。泛娱乐直播平台多数用户属于低端用户，内容变现价值低，且主播和用户的兴趣也仅仅停留在"荷尔蒙"刺激的范畴。如果不做出改变，这类平台的发展道路只会越走越窄。我认为，直播未来的趋势一定是在垂直直播，目前声势浩大的垂直直播，如淘宝、京东等电商直播，已经开始布局，但这些直播电商也正面临转化率偏低，流量入口单一，粉丝黏性低等问题，因为商业意味太浓的直播与用户的需求相悖。

尔码互动正在和一些新的合作伙伴打造完全不同的垂直行业领域直播 IP。从进入某一行业开始，找到这个行业的痛点、用户的痛点、渠道平台的痛点，打造该垂直领域的主播，构建好自己的用户社群平台和粉丝流量池，同时从技术和产品层面完善金融生态闭环，这样才能与各方需求高度融合，使项目本身具备自媒体强传播属性、内容生产和服务属性，这样才能影响到垂直领域的精准受众，使他们产生深度信赖。主播和品牌建立亲密关系一定要由企业主导，企业不应该简单地请美女主播做产品直播、会销直播等内容，而是要让美女或者帅哥脱离单纯依靠颜值与歌舞才艺的表达方式，化身为行业与产品专家，企业化身服务平台，共同提供给用户产品的售前、售中、售后服务。

《执行官》：2016 年"双十一"淘宝女装成交 Top10 中有 8 席是网红，如何打造有销售力的网红？除了网红自己销售产品外，如何在企业营销中体现价值？

喻晓马：我不认为是这些网红单纯依靠自己粉丝的力量带动了成交量，而是他们代表的品牌或者 IP 早早地开始了自媒体平台、电商平台的全渠道布局。这些品牌不是仅靠颜值经济变相推销产品，而是开始提供系统的内容服务吸引精准用户，再用产品服务去满足这部分用户的需求，从而形成了完整的营销闭环。

大数据时代一个显著的特点是产品已经成为用户和品牌链接的基础要素，而平台算法对于双方链接价值的激活非常重要。在未来，电商应从简单的产品提供商转型为内容服务商，用户成为商业营运的核心，而传统商业则是以产品为核心。企业打造自己的网红要系统化全渠道布局，首先通过线下各种激励措施，把传统渠道的消费者导入进来，以相关内容的增值服务为核心，形成老用户的持续互动与黏性。此外，专业和优质内容也能吸引行业中新的用户关注，使其转化为消费者。

《执行官》：P * pi 酱在引起广泛关注后，现在难以继续保持流量，在注意力日益稀缺的时代，如何持续保持网红的持续关注度？网红又该如何凝聚真正有价值的内容？

喻晓马：在 P * pi 酱爆红的时候，我就不大认同她那种炒作型的资本变现模式，因为 P * pi 酱最开始的模式是炒作录播视频的点击量，后来资本进入，导致一系列的话题事件炒作，偏离了她的核心定位和价值，甚至一度使她成为短线资本的投机工具。

另一个网红主播 * 佑和 P * pi 酱的风格与路线完全不同，* 佑是内容创作型的直播 IP，能形成非常强大的粉丝聚合力和引导力，在 YY 语音做直播时聚集了大量粉丝，后来转向其他平台也吸引许多铁杆粉丝跟过去。当然，做网红级内容也有相应的法规风险。如果网红不注意自身铁杆粉丝的社群化维护和商业化产品的设计打造，不为粉丝设计快速变现的金融支付方案，就无法成功转型升级为 IP，其生命周期就会大打折扣。

互联网的网红界总是长江后浪推前浪，想要保持持续关注度，凝聚真正价值就只能与时俱进埋头苦干，同时还要注意遵纪守法。之前有个微博红人"作＊本"，现实生活中的他原本是一家广告公司的文案，文字功底深厚，不过在微博时代才引起关注。所以，网红要想获得持续关注，必须不断投入，把自己变成某一领域的专家，认真经营自己的IP。

3. 未来的营销依然是"营销"人性

《执行官》：张大奕等网红创造了销售奇迹，很重要的原因在于将自己IP化，形成品牌。反观企业，已有品牌如何IP化？"上班那点事"做了哪些实践？

喻晓马：张大奕曾是《瑞丽》杂志的御用服饰模特，长期的行业深度体验，让她对时尚有相当深厚的理解和积累，同时又聚合了一大批行业资源，自媒体平台上的粉丝对她的服饰搭配建议认可度很高。除了张大奕，还有很多种类的IP，如三只松鼠、江小白、杜蕾斯这类非人格化品牌IP，所以IP并不一定是网红个体，也可以是组织机构、品牌或产品。"上班那点事"依托于我们在直播平台的数百万活跃粉丝，正在和一些项目深度合作打造自己的行业爆品，其中几个项目采取了用户众筹的方式共同打造，这体现出用户对我们的信任。

当然，罗马不是一天建成的，IP的打造需要专业的团队和稳定的流量资源，加上源源不断的内容生产能力，才能形成从内容流到数据流的商业闭环。

《执行官》：在多数人印象中，网红直播热闹成分居多，网红直播如何与品牌理念更好地契合，实现品牌价值最大化？

喻晓马：产生这种印象是因为大家对直播的认识还停留在泛娱乐直播领域，在垂直直播领域已经不存在这个问题。在垂直直播领域，主播是用户、企业和平台之间的超级连接器。品牌如果要进行商业营销变现，就要求主播专业性更强，粉丝更精准，服务更到位，当然也要求主播在服务客户之前做足功课，使自己先成为这个领域的专家。

《执行官》：各个行业的垂直直播成为企业营销的重要方式，企业如何通过直播打造专属平台？与知名网红合作，自己培养主播，哪种方式更适合中小企业的直播营销？

喻晓马：企业首先要做内部的自我诊断，看一下是否完成了全媒体布局，如是否有头条系、微博、微信的公众号，是否打造了微信社群、小程序、头条号，是否有联动抖音账号，等等。此外，还要从产品思维转变为用户思维、服务思维，从这个角度打造品牌传播的战略。事实上，没有更适合中小企业的方式。所有企业不仅要做视频直播的互动入口，还要着眼于全平台布局。其中，精准找到目标用户留存的平台是关键，从导流、沉淀到激活、互动维护，最后到视频化营销的变现，形成闭环。

《执行官》：网红直播突出的是个人 IP 的移情作用和信任背书，有专家指出未来的焦点是如何利用粉丝经济打造品牌 IP，你对此怎么看？未来社会化营销将呈现什么样的趋势？

喻晓马：我认为，未来的营销依然是"营销"人性，所谓粉丝经济，就是我们的内容提供满足了网友物质层面或精神层面的某些需求，满足了网友对美好生活的向往。要做到这一点，必须好好地利用人性中的本能欲望：一是荷尔蒙，这是男女之间永恒的故事；二是多巴胺，解决人的满足感、信任感等方面问题。因此，我们的焦点，表面上是通过互动打造品牌人格化 IP，实际上还是围绕人性的需求去展开，真正打造品牌 IP 还是要提供内容服务，然后吸引用户，沉淀粉丝，最后根据粉丝的需求形成产品服务。

4. 网红直播的特点就是互联网本身的特点

观察员胡夏：与明星代言相比，网红直播的特点与优势是什么？

喻晓马：在我看来，明星代言的时代已经过去。年轻人对于明星的认知与过去不同，他们会认可明星的影视作品，但对明星代言的产品不一定认可。而网红直播的特点就是互联网本身的特点，即草根化、去精英化、个性化，因此和网友的关系更近，网友的接受度更高。

观察员胡夏：您曾著书《零工经济》，坦言目前的共享经济像是击鼓传花的资本游戏，为什么这么看？在你看来，零工经济或共享经济更像是被时代倒逼出来的吗？

喻晓马： 共享经济是移动互联网时代带来"线上＋线下"资源的二次激活，包括社会和家庭的闲置商品资源、人力资源服务等，这些带来了共享经济、零工经济的兴起。共享经济本身不是资本游戏，而是互联网进化的必然产物，但共享经济的一些延伸产品却成了资本的圈钱游戏，不过也只是部分现象。无论是共享经济还是零工经济，都是上一轮的全球经济危机结合移动互联网时代倒逼出来的。环境需要我们更加节约，充分利用资源，避免人工浪费，而零工经济能够解决日益高昂的用工成本，因此产生了这样的临时契约关系。共享经济和零工经济是一对双胞胎兄弟，共享经济解决的是产品的剩余价值，零工经济解决的是人与时间的剩余价值。

观察员段传敏： 专家级的人物涉足直播有没有优势？

喻晓马： 专家级人物涉足直播非常有优势，但是要明确到底是哪一类专家。这个世界是多元的，大家的关注点不同，关键是如何将专属领域的特长通过身体语言、视频语音表达出来，并获得认可。许多网红、大V都是媒体出身，他们的语言表达意识强烈，如罗振宇、吴晓波能够获得大量粉丝追捧。如果工匠、艺术家、科学家能够把自己的专业很好地表达出来，直播与短视频是非常好的吸引粉丝的方式，国内的职业化主播趋势已经非常明显，专家在这方面有着非常多的经验与职业优势。

观察员段传敏： 在你看来哪家企业可以称为中国智造的代表，符合你说的趋势？

喻晓马： 中国有大量优秀企业在不断成长，广东省佛山市及江浙的一些智造业军团已经走在了全国乃至世界的前列。虽然目前我们面临的挑战很多，但是靠着我们中国人勤劳、智慧，我相信中国智造终会走向世界。

娱乐：如何最大化挖掘明星营销的价值

太合音乐品牌市场部总经理

司新颖

作为商业运作里的一个经常使用的手段，明星营销的作用有多大，到底有哪些诀窍，如何做到极致，发挥出明星营销的最大价值？"老猫"（司新颖）把握住这个需求热点，不停地使用数据和事实进行验证和总结，把明星的个人 IP 烧到沸腾。商业从来不拒绝热度，但热度不是凭空而来的。所以，营销策略虽然千变万化，但万变不离其宗，找到商业需求的核心并"引燃"，关注度自然就上升到你期望的高度。

"老猫"和太合在播种一些火热的种子，点亮明星、行业、娱乐营销的未来，也收获更多在商业土壤成长起来的粉丝大树上结下的硕果。

近年来，市场上的娱乐资源从形态到数量都急速增长，包括电影、游戏，以及以音乐、户外真人秀领军的卫视综艺节目、网剧等。作为最核心的元素，随着合作方式的创新和个人商业价值的增长，明星备受瞩目。

移动互联网时代，粉丝经济和 IP 大行其道，而兼具两者优势的明星 IP 受到品牌、媒体的关注与追捧。品牌在营销传播中越来越强调交互性，力图将明星粉丝变成用户，进而形成口碑传播。这种变迁使明星越来越多地从幕后走到台前，从远距离的"高冷"到可互动沟通的"亲近"，从脸谱化的形象到更趋生动的"人设"。

作为中国领先的音乐服务提供商，太合音乐旗下业务覆盖音乐产业上下游全部领域，服务艺人包括薛之谦、许嵩、陈洁仪、刘惜君、徐佳莹等。作为市场总经理的司新颖（笔名"老猫"）拥有十年传媒运营和IT公司管理经验，曾服务于博客网、世纪佳缘、盛大集团、拉手网等知名机构，担任市场副总裁等职，在市场推广、品牌营销、政府关系等方面拥有丰厚的资源与经验，既是位知名专栏作家、品牌运营专家，又是位财经作家（已出版品牌行销和文学作品八部）。那么，他眼中的娱乐营销究竟是怎样的呢？

1. 明星营销不是脑门一热砸钱去做的事

《执行官》：太合音乐是如何挖掘明星价值的？

司新颖：明星也是人，明星与公司之间不仅仅是简单的商业关系，还是互相依存的关系。对于艺人而言，追求的是作品耳熟能详或者广为人知，是其整个演艺生涯的巅峰状态；对于太合而言，我们从不将艺人视为资产，而是将其视同伙伴。

太合音乐不是　家初创公司，而是有着30多年的历史，所以在选择明星的时候没那么急功近利。在整个音乐产业里，太合是非常包容的。如早年的许巍、郑钧、李宇春等，都是在其他平台有一定基础之后，再进入"太合 family"，然后更加专注地发挥他们在音乐领域的价值。同时，我们也会发掘一些新的潜力艺人。另外，许多当红艺人如吴亦凡、鹿晗等人，他们很多音乐作品的海外发行、现场演出都跟太合合作。

《执行官》：明星营销存在一个难以避免的问题：消费者盯着的只是代言明星，而不是产品，明星光芒盖过了产品，您如何看待这个问题？

司新颖：做明星营销之前需要明确几个问题：明星营销的目的到底是什么？是提升品牌知名度和存在感，还是带来产品销量？

怎么使用明星 IP，到底是用他的一张形象照，还是用更多的互动形式，或者利用他的影响力吸收粉丝？现在很多公司是委托第三方的广告公司、营销公司提出一个方案，再按照这个方案做明星营销，结果许多企业花了很多钱却没有明显收获。这时候需要听取一些专业意见，看到底用什么方式把明星 IP 的价值发挥到极致。

现在，明星营销越来越系统化。明星营销有一整套的推广逻辑，比如你花了一千万元找到一个明星代言，可能还要花数亿元把明星代言的价值放大，这样才能取得效果，否则仅按一千万元去计算投入产出比，永远得不到你想要的结果。

很多福建的服装厂家筹到 1000 万元，拿其中 800 万元找明星代言，剩下的钱拿 100 万元做产品设计，100 万元找代工厂制作。这不是明星营销，这是一种赌博。

明星营销始终是一个非常专业、极度复杂的活儿，应该由专业团队来操作。只有在时间、地点与品牌调性相契合的情况下，明星营销才能达到真正的效果，不能头脑一热就砸钱去做。我一直强调在选择明星营销这种手段时一定要无比谨慎，正是基于这个原因。

2. 做"播种者"而不是"收割者"

《执行官》：明星代言往往存在一个通病，即在明星代言人的横向传播组合上发力，却忽略了明星本人纵向价值挖掘。在你看来，明星对于营销最大的价值是什么？如何更好地发挥这些价值？

司新颖：我们首先要明白"受众群"和"目标客户群"是不同的概念，一种情况是明星的粉丝群正好是品牌的受众群，另一种是新增的目标客户群。以李宇春为例，喜欢她的是 80 后还是 90 后？这些 80 后、90 后在品牌的目标用户群里所起的作用是什么？如果你仅仅是针对她的受众群，也就是纯粉丝，那么营销效果是可计算的。纯粉丝带来的二次购买、重复影响才是最关键的。

大家讲横向传播的组合，或是纵向价值的挖掘，往往忽略了一个最大的问题，就是不能按照一个方法或一个公式去计算。这些计算只是在统计结果时选取的一种统计方法，至少我做营销近 20 年的时间里不按这种方式去做。横向和纵向只是一个方向性的比喻，跟我们讲网状、立体化、整合等一样。

前段时间，一个比较经典的国产护肤品牌在营销上发力非常大。这个时候我们必须要讲价值挖掘，如果仅仅是在明星的粉丝中宣讲或培育目标消费群体，怎么投放都赚不回成本。

那么，品牌如何才能通过与明星的粉丝互动实现价值共享？只有借助明星粉丝衍生出更大的目标用户群，才能取得更大价值，而这在方式、方法上要用得非常巧妙。比如，某旅游网站请的代言人仅仅在一档综艺节目中表现尚可，并不是太红，后来这个旅游网站又请了一位代言人。这个案例中对代言人如此随意的选择与更换，在整个品牌策略上是存在严重问题的。还有一点与明星的敬业度有关。在整个品牌营销过程中，明星能不能真正去为这个品牌考虑很重要。

《执行官》：不同的明星带来的营销效果差别很大，您是如何选择适合的明星？更看重明星的特质，还是他们背后的粉丝资源？现在经营粉丝已是趋势，如何更好地挖掘明星的粉丝资源？

司新颖：关于明星粉丝运营，有一点要记住，明星最忌讳品牌把自己的粉丝当作猎物，他们更期望维护粉丝，而不是把粉丝当作摇钱树。太合坚决杜绝把粉丝当作赚钱的机器。粉丝不是韭菜，割了一茬又一茬。我们的艺人对粉丝非常爱护，很少在粉丝运营方面做过多商业化。所以，我认为品牌在营销的过程中，切忌把粉丝当摇钱树，能让粉丝产生更大价值的是"播种"，他们是品牌营销、推广的种子。所以明星和企业应该把眼光放长远，不要贪图一些小钱而忽略了最大的价值。

现在一些有先见之明的明星已经开始经营自己的 App，从而为粉丝提供更好的服务。在为明星定制的 App 中，我们并没有安插大量营销内容，而是真正把粉丝当成一家人，去做服务。这和我们经营品牌粉丝是一样的，我们认为不应营销粉丝，而是应该与粉丝融为一体。

假如你是艺人，你会愿意自己的粉丝整天被这个机构、那个组织"收割"吗？况且很多粉丝的经济水平并不高，张学友有句歌词是"半年的积蓄买了门票一对"，有些粉丝可能真要攒半年才能请心爱的人一起去看演唱会。所以要多想想，还有没有其他办法让粉丝得到这些服务。张学友演唱会大部分场次是太合做的，我已经追着看了好几场。让我感触很深的是，张学友真的是把自己的粉丝当家人，他可以唱很多场以满足大家的需求，而不是为了多赚钱开高票价进行一次"收割"。

不同明星的营销效果之所以不同，一方面与明星的特质有关，比如选择摇滚明星、流行歌手、综艺明星带来的效果是不同的；另一方面主要还与营销策略和方式有关。我认为，品牌决策者、市场营销者要更多地考虑自身的打法。例如新百伦邀李宗盛拍的广告《每一步都算数》，很多人看了都非常有感触，新百伦找到一个非常巧妙的点，通过讲述李宗盛个人的故事经历，将新百伦的品牌诉求与李宗盛的个人感召力结合到一起，瞬间为新百伦圈了很多粉丝。

3. 未来音乐营销是标配，音乐营销也被越来越多的品牌商选择

《执行官》：你曾经把哆啦 A 梦做成了互联网行业第一个虚拟形象代言。当初为何选择这样一个虚拟动漫形象？

司新颖：哆啦 A 梦这个案例是我迄今为止还算比较得意的一个作品。当时正是团购网站的"百团大战"时代，58 同城、赶集网、拉手网等都请明星代言，团购行业已经把明星代言当成标配。如果不请代言人会被业内看不起。我们也想过请明星，包括林志玲、金喜善等，但都觉得不太合适。

最终确定使用哆啦 A 梦，源于一个灵机一动的想法，因为它的无所不能的特质与我们品牌承载的东西相一致，而且当时它的授权费很便宜。这也侧面印证了刚才强调的：请代言人，不是你去请谁的问题，而是品牌怎么去发力的问题。

当时，我手里掌控的市场预算非常有限，开完哆啦 A 梦发布会后

虽然吸引了大量注意力，但在后期营销上缺了一环。我们就买了一辆公交车上的广告位，然后把这辆车途经的每一个地方都拍了照，营造出买了很多公交车广告位的感觉，放在微博上，吸引了公众的持续关注。在这个案例中，我们仅用了几万元，却得到了几百万元才能达到的效果。后来，天猫也把哆啦A梦的虚拟形象买过去做代言，完全成了我们的模仿者。

观察员胡夏：我觉得企业以后在品牌文化塑造方面都会用到主题音乐，你对此怎么看？

司新颖：我认为未来音乐营销是标配，就像二维码。在消费升级的大环境下，音乐营销是非常重要的手段。从我们这两年的经营数据上看，音乐营销被越来越多的品牌商选择。但音乐营销不单指做一个广告曲或者请一个代言人，音乐具有很强的伴随属性，它几乎在任何场景下都可以和人共生。另外，在歌曲使用上郑重提醒大家，虽然目前国内的维权成本较高，但随着最严版权法的实施，原创音乐版权已经得到了前所未有的法律保护，例如对原创音乐擅自使用超过某段时长（精确到秒）就会被判定为侵权，使用未经授权音乐的品牌商则要承担相应的法律责任。

秀场：不想做设计师的导演，不是好公益梦想家

秀场导演、造梦空间创始人
肖寅菲

现在的大咖都跨界。不会跨界的牛人不是好工匠。但跨界并不是以低俗庸俗媚俗博人眼球，它是对不同领域的融会贯通，是在熟知基础上的行为操作。

时尚这个词大家都很熟悉，但要说到底是什么，也可能各有各的想法。时尚永远离不开商业，其意识形态在商业体中盘根错节，却又高于大众商业体的俗不可耐。时尚既要不迷失自己，保持独特性，又要与商业结合，实现永续发展。

与时尚距离最近的似乎是服装行业，服装秀场是视觉营销中高水平的表达方式，其传播效力与付出成本不一定成正比。保持心态，读懂自身灵魂，才能挖掘秀场的魅力价值。

时尚距离普通人越来越近，许多品牌正向时尚急速靠近。不为别的，是消费者彻底变了。过去满足于温饱，现在执着于情调；过去看重功能质量，现在青睐颜值、流行。过去小圈子的、高端贵族式的时尚正在拥抱日益扩大的消费市场，而越来越多企业也认识到，与时尚的结合将有力地提升品牌价值。

比如某著名家电品牌原本就是传统家电品牌形象，但现在正在智能的基础上朝时尚路线迈进。仅仅一两年的工夫，品牌便焕然一新。近日，一位叫胡社光的著名设计师成为其时尚创意官。

胡社光也是一位优秀的秀场导演，在服装行业浸淫很深。

今天，我们要介绍一位时尚导演。他就是活跃在华南时尚服装界的青年秀场导演、造梦空间创始人肖寅菲。他是中国孤独者年会第一届和第二届的导演，也是一位富有情怀的青年人。近两年，他发起的 X – show 力求用时尚的元素将"非遗"产品快速推到公众面前。

1. 每种时尚都有独特的 DNA

《执行官》：看《小时代》，人们觉得时尚就是物质的堆砌，拜金主义的盛行。作为一个时尚导演，你认为时尚是怎样的？

肖寅菲：《小时代》中的时尚仅仅是导演郭敬明心中的时尚，它代表的只是一小部分群体心中的纸醉金迷。若把它放在中国乃至全世界的范围内，这种时尚显然是不高级的。我认为，时尚应该是刻在骨子里面的，正如每个个体有独特的 DNA 一般，个体对美有着独到的见解。譬如杨丽萍老师把自己的灵魂与民族服饰相结合，演绎成了世界流行趋势的代表。

《执行官》：大部分观众直言"不懂时尚圈"。在你看来，时尚一定要标新立异才能吸引眼球吗？如何让概念性的时尚产品走进生活？

肖寅菲：与很多人不懂高数，对其缺乏清晰认识的情况类似，这个问题是一个缺乏清晰度的伪命题。在我眼中，时尚绝不是一种以吸引眼球为主的表达方式，这样的认知来自于我对艺术和生活的理解。无论一个产品的概念性多强，只要有其独特的"DNA"，它都值得走进生活。不同的产品对应着不同的概念，对应着特定的表达人群和表达场景。换句话说，如果没有以消费画像为基础，概念性产品是很难进行推广的。因此，我们在推广概念性产品，让它走进千家万户的生活时，一定要先把消费画像处理清晰。

《执行官》：与时尚距离最近的似乎是服装行业，你也服务过一些企业，你认为秀场的策划对服装企业的帮助是什么？如何看待很多策划看起来有品位，却没有销售力的现象？

肖寅菲：秀场是视觉营销中高水平的表达方式，是一种昂贵的现象级品牌广告手段。在秀场中，主办方可以清楚地算出这样的推广方式每秒钟所需的花费。举个实例来说，假设一场秀场的花费是 100 万元，时长为 30 分钟，这样就能推断出在每秒钟主办方所需的花费。所以，每个品牌对自己的花销一定要清晰。高品位却运营不起的销售策划就如被商业化的文艺片没有票房一样，是综合因素造成的。

《执行官》：现在许多企业的发布会正借鉴时装周的模式，用冠名一些时尚秀场或直接赞助网红模特获取流量，时尚与商业有着怎样的共赢生态？业内公认最成功的品牌植入案例有哪几个？

肖寅菲：时尚永远离不开商业，其意识形态在商业体中盘根错节，却又高于大众商业体的俗不可耐。两者的关系时而如恋人般如胶似漆，时而如过客般笑忘于江湖。

以百雀羚为例，2017 年百雀羚的现象级广告在朋友圈一度刷屏，原因是它突破了平面广告的视觉极限，利用美女、谍战、悬疑等进行创新，将一个众所周知的大众化妆品牌拍成如电影大片般的广告，具备了关键的传播因素，在朋友圈引起了很大的轰动。这是花小钱办大事的一个例子，其创造的价值可能是用百万元经费都无法达到的高度。

再以 vivo 手机为例，在各大视频网站中，都能搜索到吐槽大会这个真人秀节目。在 vivo 手机第一年做推广的时候，便开始向吐槽大会投资。策划人以搞笑的风格，让明星和主持人进行推广，把 vivo 手机带到中国很多家庭。目前，吐槽大会的点击率已经超过了八亿次，在所有综合平台中排在第一位。这两个利用平面和新媒体营销成功的案例，也印证了时尚与商业之间的关系。

2. 读懂自身才能挖掘品牌灵魂

《执行官》：一些国内著名厨电品牌在高端智能的定位基础上，近两年来大力进军时尚圈，力求建立"智尚"定位。近日又与著名设计师合作。在你看来，家电或其他品类的工业产品与时尚结合的方向对吗？

肖寅菲： 从秀场的表现来看，我不认为这个秀场与此品牌有任何关系。换句话说，这是一件用钱赚取社会眼球的事情。换为"格力""美的"等同类品牌，也没有什么不同。这是一次失败的"联姻"，因为没有"婚"。

这种事在服装界更为普遍，譬如，在任何一座商场，若把两个品牌的标识互换，它们同样能够卖出去，这就是没有"DNA"、没有识别度的情况。一位话题营销大师，他的服装设计并不是很有特点，但在当下的流行趋势方面他是很有思想的。如今已经成为明星的胡德顺，当年是一位行为艺术家，后来正是因为被他邀请去参加"东北大棉袄"服装秀，在秀场赤膊上阵，用自己苍老的肌肉赢得了全国观众的认可，如今已转型为明星。所以，只有与适合自己、能够读懂自身"DNA"的整合专家或时尚推手合作，才能把品牌的灵魂挖掘出来，这样才能走进千家万户。

《执行官》： 传统的制造业是"最不时尚"的产业，"实业"与"时尚"是低联想和弱关联的状态吗？如何运用时尚资源来创新"中国制造"的形象？你对工业品与时尚结合有什么建议？传统企业能否通过艺术时尚活动来获取年轻群体关注？

肖寅菲： "中国制造"在当下最要紧的是应升级为"中国智造"，摆脱外国人对中国人喜欢抄袭的固有印象，让全世界人民认同我们是一个有智慧的民族。在工业品与时尚结合方面，无论是工业品企业还是传统企业，都可以通过新媒体展开新的营销。在时尚领域，与年轻人进行碰撞，进行强关系的互动。正如之前所举的例子，vivo 手机利用吐槽大会真人秀的推广方式，在年轻人群体中大受欢迎。

《执行官》： 如果运作不当，秀场经常沦为小圈子的空间。"造梦空间"在运作秀场方面有什么大胆的创新和成就？邀请普通人登上深圳时装周秀场，通过"参与感"形成自传播，这是扩大影响力的一种途径吗？

肖寅菲：2017 年，我在巴黎和米兰进行了为期 7 个月的游学，后以浸入式戏剧为基底，根据自己对剧场作品的理解创造出了全新的艺术形式——秀剧。在为"安所"这个品牌制作秀场时，我们在里面进行了三维空间的嗅觉创作。在成功之后，又加以投入，将其放入为来尔佳昵创作的秀场中。在秀场里面，我们打破了传统时尚展示的表达方式，让所有观众戴着白色面具站立看完这场秀剧，从而形成了观众与演员之间的强关系，让观众成了艺术创作的一分子，最终也实现了让观众感动落泪的艺术效果。

在深圳时装周秀场，我把它作为多维度的实验舞台，在同一空间中，通过对品牌"DNA"的创造，实现了自主传播的多维度表达。在我与艺之卉品牌的老板合作时，我发现她对自身品牌的固有调性无法实现突破。于是合作期间我将其固有调性全部推翻，在为其创作的秀剧中，演出的人员没有一个模特，由社会名流、主持人、VIP 粉丝，甚至深圳市政协委员等组成。经过一下午的训练，将这些从未演出过的人群培训成了在秀场上"驰骋"的模特，联手打造了深圳时装周有史以来最短的一场秀，并造成了强刷屏的现象。

同样，在为卡诗米娅老板创造秀场时，我为其打造了"温暖三部曲"模式，其中呈现出老奶奶和孙女的镜头，实现了对"传承"的表达，而特地赶来参加发布会的老奶奶和孙女也是真实存在的。通过这样的艺术表达，我把秀场的主题传达给了观众。

《执行官》：我们在博物馆、艺术园区、跨界书店、商业地产等公共空间都能看到越来越多标榜"艺术"的展出和活动，那么传统企业如何通过"艺术"来传递品牌文化和内涵？你印象最深的是哪个企业的案例？

肖寅菲：在这里我分享两个案例。第一个案例是我投资的一个品牌——走心。在这个店中，我完成了自己对艺术生活的全部探索。回想起来，印象最深的是"走心相亲"这个活动，这也是我创作的一种相亲模式。在活动现场，我们邀请了五男五女共十位嘉宾，并且完成了三对的配对。在活动后，成功走向婚姻殿堂的有一对，还有两位嘉宾成为我的好朋友。

第二个案例是应段总要求，为孤独者社群量身打造"孤独者年会"。在第一届年会中，我们利用灯光准确地表达出了孤独的特性，在"孤独者"上台演讲时，用无声和灯光的表达形式，把所有"孤独者"表达为一个点，与观众的内心形成共鸣。在第二届年会中，我们让"孤独者"完成了跨时空的转换，让大家穿上定制的军装在农田里开展插秧、撕名牌等活动，让企业家在异乡体验到了久违的感觉。

3. 从小我到大我，从感恩朋友到感恩社会

《执行官》：你发起的时尚公益平台"X – Show"力图将多种艺术集中又多元地呈现给普通人，在商业成就还没有达到厚实积累的前提下，为什么就开始做"跨界艺术"公益？这算不算是一种艺术营销？通过几年活动的资源积累，目前给"造梦空间"带来了哪些商业价值？

肖寅菲：这个问题让我感慨万千。这要从 2016 年说起。我当时做"走心"已经有两年的时间，积累了大量的资源在身边，但是"造梦空间"这个商业 IP 又难以把这些资源扩散开来。我一直对那些帮助过"造梦空间"的人心怀感恩，最初是想请大家一起吃个饭，然后淑女坊的创始人芹姐说："你的'造梦空间''走心'都做得很好玩，这次为什么只是简单地吃顿饭？应该做一件好玩的事情，让大家聚在一起热闹一下。"这让我很兴奋，于是和许多人讨论这件事情，最疯狂的时候每天和五拨人聊天，积攒各种想法。后来在北京的时候遇到了孙冕老爷子，他一句话提醒了我："既然你花了这么多精力和时间去做这件事情，为什么不把这件事情的意义放大？把对大家感恩的'小我'行为变成大家对社会感恩的'大我'行动。"因此，我后来选择了快消失的非物质文化遗产进行一个时尚表达，来帮助中国传统文化和那些被人忽视的匠人。

第一年，在所有朋友的帮助下，我磕磕绊绊地把"X – Show"做了

出来。在第一场"X－Show"里，我通过对空间和时间的转换，用春、夏、秋、冬四种形式表现我对时尚的理解，邀请江西南昌铜瓷手艺人熊昊阳向广州时尚圈的嘉宾展示手艺。在他回到南昌后，用我们的花絮分享成功申请到了南昌市的"非物质文化遗产的市级传承人"，南昌市政府部门专门拨给他一个教室进行创作、推广。

"X－Show"一路走下来，当然会为"造梦空间"带来商业价值，但这个商业价值并不是我追求的，而是在认真做"X－Show"之后带来的附加价值。更重要的是，这个过程中，包括孤友在内的各位朋友所给予的帮助是无价的。这是我做"X－Show"之前所没有的东西。

《执行官》："时尚"和"非遗"，一个热闹一个高冷，你是怎么想到把"非遗"和"时尚"结合起来的？目前"X－Show"平台做了哪几个成功案例？平台上的"非遗"艺术家是否有了更好的商业路径？

肖寅菲："非遗"之所以成为"非遗"，第一是传承做得不是很好，第二是商业表现很差，所以它会被列为非物质文化遗产。用时尚去结合"非遗"，能够让年轻群体更好地接受传统文化。举个例子，我们做过一个案例，叫作"城市隐者"，即"大隐隐于市"，现在的隐者并不是隐居在山野里，而是隐居在城市里，生活在我们身边。我通过"X－Show"平台把大家聚集到广州市海珠区的海珠湿地公园，找到 5 个服装品牌和广绣结合，把广绣推广到了极致，我们邀请的唐老师也因此得到了政府部门的大力支持，开始进行广绣的推广和商业化运作。

《执行官》：你用民间的力量以"X－Show"的形式连续做了几年的"非遗"活动，遇到过哪些实际的问题？民间公益这条小路是否还能走下去？公益价值如何转化为商业价值？

肖寅菲：遇到的问题太多了，我刚做"X－Show"时什么都缺，缺资金，缺团队，缺想法，能够从无到有，完全就是因为对大家的感恩之心和一腔热血，是死磕出来的。遇到的实际问题首先就是没有资金，我把"造梦空间"获取的资金投入其中，因为"X－Show"是一个纯公益的活动，没有任何资金来源。从第一届活动走过来得到了许多好友的帮助，孤友段总、漫谊等人提供了很多帮助，每一届"X－Show"的住房都是由 Xbed 李总无偿提供。当然，我也会在商业上尽量回报这些好友，比如深圳时装周时，我预留了 20 张 VIP 票给 Xbed 做粉丝抽奖，取得了很好的互动效果。

以我自己的经验，民间公益这条路是完全可以走下去的，只要保持初心不变。第一届"X－Show"是通过朋友和我自己的力量完成的，到了第二届"X－Show"，海珠区政府领导给予了很大支持，免费批了海珠湿地公园供我们使用。2018 年 4 月 25 日我们举办第三届"X－Show"，得到了武汉市人民政府的邀请，给予了许多资源，也有各界人士群策群力。

公益价值是可以转化为商业价值的，比如说广绣，我和唐老师合作，把她的作品嫁接到包上，销售火爆。在中国做公益，大家一定要形成一条心，有钱出钱，有人出人，有力出力。

4. 在游走世界中寻找灵感

观察员胡夏：你每天的形象都极具个人特色，如何让企业家也时尚起来？你最欣赏国内哪些企业家的造型？除了穿戴类的物品，我们生活中还有哪些时尚元素？如何运用时尚元素提升个人品位？

肖寅菲：企业家的时尚速成，最简单的就是找搭配师。现在国内有一个比较空白的行业就是私人搭配师，国内可能对这个职业比较陌生，但是我们团队里就有这样的人才，毕业于米兰的 Marangoni，专业学的就是时尚搭配，他在游走世界中寻找灵感，有兴趣的企业家可以找我咨询。我最欣赏的国内企业家是马可，甚至可以称她为艺术家。在她旗下有"例外"和"无用"两个品牌，其中"无用"是她通过对生活和艺术的理解创造出的品牌。她还把湖南的泥土、门运送到北京，创造出了独立于北京而存在的空间。我很欣赏她个人素雅的搭配。

音乐：我的酒吧就是纯粹玩音乐而已

田园牧歌音乐空间

田志林

用玩的心态不经意间做成事情当然就会很幸福，这是每一个人都梦寐以求的。老田就是这样一个幸福的人：喜欢音乐，恰好自己的职业就是与音乐相关，甚至还能和诸多音乐界的朋友畅游在自己的世界里。

他是个实打实的手艺人，音乐怪咖，更是许多音乐梦想人的庇护者。

在田园牧歌，他是无忧无虑的歌手。他的田园牧歌不轻易接受投资加盟。无论哪一个，都是最纯粹的他。他以音乐人的初心，经营着自己的音乐事业。

他不是怪人，只是纯粹地热爱音乐，仅此而已。

他是驰骋在田园与都市的唱游歌者，也是众多音乐人的庇护者。

他精通多种乐器，不但在各种乐器间游刃有余，还可以用身边的物品击打"创作"出天籁之音，同时他像个"乐痴"，游走在各种流派的音乐之间，表面放浪形骸，实际用心钻研。

他并没有成为国内知名的艺术家，但他却是华南艺术界让人无法忽视的艺人，特立独行，穿梭于声乐场所，笑傲于天地之间。

因为痴迷于音乐，他创办了田园牧歌音乐空间；因为朋友和粉丝的呼唤，他那里成了名噪一时的音乐酒吧。因为他不遗余力地驻唱，现在的田园牧歌在广州市番禺区拥有两家面积更大的分店，在佛山市亦有面积达数千平方米的分店。

他是谁？也许你猜到了，他就是老田。这个称呼比他的本名田志林更有名。谁能想到，这个长得颇有些嘻哈风格的中年男人对音乐有着一颗孩童般的虔诚与纯真之心。

在这颗心的驱动之下，他竟然将宠溺多年的狗也成功培训成一名"歌者"。后者可以卡着节拍和他同台"和声"！这也算是广州一大奇观了吧！

这位老田有料又有趣的人生是怎样形成的？相比其他创业者的艰辛历程，他的那些朋友可能更多是在霓虹灯光间感受到他灵魂在乐章里嚣张的快意时刻，但对他在一众跟风的音乐餐吧中独领风骚了解得不多……

1. 我的音乐境界是"没有境界"

《执行官》：你是一位多才多艺的音乐人，擅长多种乐器，并且能随心而唱，自己谱曲。你追寻的艺术境界是什么？

老田：我觉得自己追求的是"没有境界"的境界，喜欢随心而唱、信手拈来的东西。我很小就加入剧团，在剧团里要求"一专多能"，吹拉弹唱都要会，还得会跳舞、导演，有时候演员不在，还得"顶缺"。多年来的摸爬滚打形成了现在的"信手拈来"，这也是沉淀的结果。

《执行官》：有人说，一个人从事他热爱的事业是幸福的，在从事音乐的道路上你是否很幸福？

老田：这个问题其实是我的痛处。现在我做的事情当然很幸福，但是早期从事这个行业，只是为了谋求一个饭碗。在20世纪70年代末80年代初，能够把农村户口转成城镇户口，那是一个质的飞跃。我因为机缘到剧团工作，从一个在山里扒鸟窝的放牛娃，到体制内学习艺术，成为一名科班生。当时还不像现在这样玩音乐，每天都要花很多时间练习基本功。当年到北京跟着唢呐大师胡海泉学习，炎炎夏日住在密不透风的地下室，每天都像蒸桑拿一样。刚开始学唢呐时，什么都不做，每天就用最长的气吹一个音。刚开始我偷懒，老师布置每天练习8个小时，我只练一个多小时，一周后老师检查我们的练习成果时发现了。老师很生气，说这样的话就让我回去，还要给我们剧团写信。我一听吓坏了，赶紧改掉偷懒的毛病，每天至少练习16个小时。

最早在剧团时，从编剧、审稿、作曲到灯光服装、道具，整个流程非常严谨，练就了我们对音乐、对艺术的严肃性，所以我很尊重舞台。我们当时不仅练唱功，还要练形体；演戏时跑去做群演，乐队演出也要上台，还要背着煤气灯上山下乡，连舞台布景也是我们自己动手。当时就盼望着能有演出，这样我们就能拿到8角钱的补助，可以说是痛并快乐着。

后来我到了广州，音乐的服务对象开始改变。我们原来在剧团是配合政府演出，到广州后，接触到一些国际音乐，才知道原来音乐可以这么玩，我才慢慢走上了现在的道路。

2. 田园牧歌要把音乐分享给大家

《执行官》：出于什么样的目的，你创办了田园牧歌音乐酒吧？一个艺人从事颇为复杂的酒吧经营无疑挑战巨大，请问创业阶段你是怎样撑下来的？

老田：我的田园牧歌音乐空间不算是真正的酒吧，也不属于餐饮行业，而是属于音乐领域延伸出去的服务行业。田园牧歌的前身是我和几个朋友在体育横街开的一家"小二楼民谣居"。地方很小，摆了一个小酒柜、三张桌子，还搭了夹层。当时赚不到什么钱，但是可以痛痛快快玩音乐，然而正是这种没有目的的玩法，我们的"小二楼"就像一片森林一样，吸引了大量的音乐人和艺术家，像崔健、许巍和孙冕老爷子，还有侯德健老师——他在广州时都待在那里。因为"小二楼"是一个很纯粹的地方，慢慢就开始有了名气。我其实没有什么"商道"，就是纯粹玩音乐而已。当一个人把纯粹的事情做到极致，延伸出所谓的商业模式就是后来的事了。

随着"小二楼"的客人越来越多，小铺子坐不下了，我们就搬到刚建起来的 TIT 创意园，也就是现在的田园牧歌。田园牧歌撑下来离不开大家的支持，当时"小二楼"连空调都没有，侯德健老师就拉着孙冕和几个朋友，一人凑一点，就这么撑了过来。我不是做商业的人，田园牧歌能做到现在，要感谢一直支持我的兄弟姐妹，我没有什么"商道"，就是用心做一件事，恰恰正是这样把大家聚在了一起。

《执行官》：你的第一间主题音乐酒吧很热闹，也很成功，相比后来崛起的胡桃里显然是领先了 N 年，但成就并不是很大，你觉得原因是什么？

老田：这是因为田园牧歌和胡桃里不同，胡桃里做的是生意，而田园牧歌经营的是朋友。我也想过把田园牧歌做大，但我是一个"手艺人"，就像西关卖牛杂的老太太，开到第二家就不是我的手艺了，因此这个问题我从来不纠结。胡桃里在全国开了许多分店，也挣了不少钱，但是如果我老田也把田园牧歌做得那么大，可能就失去了自我，没有那么多时间去和伙伴玩音乐，得到了财富却失去了真正的老田。

《执行官》：餐厅、酒吧等有个现象：什么流行干什么，喜欢跟风模仿。音乐餐厅、音乐酒吧近年流行起来，然而许多都不长久。田园牧歌成功的原因是什么？您对田园牧歌的定位是怎样的？

老田：田园牧歌属于服务行业，和餐饮行业还是有区别的，尽管现在有两家加盟店提供餐饮，但还是以音乐为主体，如果没有音乐，就不是老田的田园牧歌模式。我现在大概给五六家酒吧做咨询，这个过程中就发现许多酒吧都是靠装潢、新鲜刺激和美女经济来支撑，这种模式往往存在"长江后浪推前浪"的情况，当一家新酒吧出现时，原有的酒吧往往难以为继。严格意义上而言，这些都不能称为酒吧，酒吧应该有自己的定位、思想和固定的消费人群。田园牧歌的客人都是我多年的老朋友，从我 2003 年来广州在别人酒吧做艺术总监开始，大家就一直玩到现在。到酒吧就是为了找家，今天到一家酒吧遇到个熟人，第二天再去还能看到他，就不会感到孤独。许多商业酒吧纯粹砸钱进去，没有建立自己的文化，也没有培养固定的用户群，导致恶性循环，酒吧倒闭。田园牧歌能够成功就是做好了一件事，把最好的音乐、最熟悉的声音传递给大家，在这里能够见到最亲密的伙伴。

3. 用玩的心态做成事情会很幸福

《执行官》：由于你的音乐，田园牧歌打上了浓重的老田风格色彩，近年来音乐产业的 IP 效应明显，田园牧歌也脱颖而出。请问你理解的所谓 IP 是否就是做自己？如果让你复制 10 家以上的店，能表演过来吗？

老田：前不久我刚刚婉拒了几个朋友加盟田园牧歌的请求，因为做音乐是最不好复制的，我无法保证加盟店能够赢利，我们现在所有的模式都是玩出来的，没有成型的可供复制的模板。现在加盟店都是很好的朋友为了自己的情怀强烈要求的，我会在人力、艺人上给予支持，其他方面真的不敢保证。

《执行官》：对酒吧、餐厅而言，口碑异常重要，音乐更是具备分享的天性。餐饮＋音乐如何打造话题，引发消费者主动分享？你也建立了社群，你觉得有帮助吗？

老田：在 20 世纪 80 年代的广州，就出现了有音乐的咖啡厅，可以说有乐队的餐吧和咖啡厅一直存在，只是胡桃里将这种模式经营得风生水起，开始引起大家的广泛关注。田园牧歌如果能获得投资的话，也可以发展得更大，不过这些不是我们强求的东西，用玩的心态不经意间做成事情就会很幸福。

《执行官》：Live House 作为小众的音乐消费模式，近年来为大家所熟知。然而许多 Live House 却是在贴钱运营。在你看来，这些 Live House 该何去何从？有无赢利的模式？

老田：Live House 其实只是做现场音乐的地方，何去何从取决于创办人的初衷。在北京，许多乐队会把自己排练的房间拿出来，放几箱啤酒，邀请朋友来玩，这种模式完全没有商业性，只是为了玩音乐。田园牧歌起初也是这样，比较艰难，但是我们有一颗快乐的心，加上朋友的支持撑了下来，没有过多操心钱的问题。田园牧歌从小小的一块地方做到现在的规模，是因为我们适应了大家的消费心理，培养了自己的忠实群体。许多来田园牧歌驻唱的歌手是酒吧倒闭的老板，他们挣一些钱后又会跑到丽江、大理开酒吧，他们很辛苦，但也很伟大。

田园牧歌的演出费支出很低，首先是我自己喜欢舞台，会带着小狗和大家一起玩，其次许多乐队主动跑到我们这里和大家分享音乐，就算哪一天歌手有事情来不了，我们的调音师也能拿起吉他上去唱歌，这样就节省了很多艺人成本。

《执行官》：人们消费不再满足于物质上的购买，更加热衷于追求消费体验以及感官满足。在你看来，是不是意味着音乐人或文化人的春天来到了？

老田：我没有这么乐观，因为体验的东西一定要在线下，比如演唱会和球赛，在现场的感觉完全不一样。音乐人的春天能否到来，一直以来都是争论的话题。随着互联网的发展，在版权方面会迎来规范化，这是一个利好的趋势。文化、艺术的东西必须靠线下"群聚"的方式来体验，线上毕竟是虚拟的，不够真实。我热爱真实的舞台，在舞台上能够让观众直接鉴别、批评你，糊弄观众就是糊弄自己。音乐人春天的来临，需要音乐人踏踏实实做音乐、服务于音乐，这样音乐才会给他们生存的空间。

观察员段传敏：如果不开田园牧歌，你现在会是什么样子？如果你有足够的钱，你会去干什么？

老田：我不是为了开酒吧而开酒吧，现在大家到田园牧歌都看不到酒吧两个字，我们的招牌是"田园牧歌音乐空间"，顺便卖点酒。我的音乐分两大类，第一种是开酒吧，属于娱乐文化；第二种是不为人知的禅乐，冷静下来思考一些问题，做一些和禅学有关的音乐。我现在的正式关系还在湖南常德花鼓戏剧团，以前担任的是团长职务。在剧团里不好玩，因为他们对外面的事物接受度不高，现在我会尝试音乐剧、歌舞剧、话剧等各种艺术形式，非常开心。

电商：完美主义者——美容健康电器专家

SKG 集团董事长

刘　杰

　　刘杰似乎是个运气极佳的人。他抓住了电商崛起的风潮，在没有任何家电底蕴的情况下，在家电之都顺德崛起，打造出互联网家电第一品牌 SKG。从他身上，你可以清晰地体悟，所谓的经验、背景都是懒惰的人的思维习惯，在他那里，生活就是定下目标后的快速学习、锐意进取。

　　现在的刘杰正朝着另一个方向进军。那就是在原来的电商平台之外将 SKG 打造成一个研发、制造、销售一体化的纵向企业。这无疑是一个崭新的征程，全新的探索。有人对此迟疑，但他毅然决然，每天精神抖擞地学习和工作。他被同事们称为"死磕哥"。我们相信，对自己足够狠的人，他的运气个会太差。

　　10 年前，他因为《世界是平的》这本书创办了一个企业。短短数年间，这个企业成为互联网家电第一品牌。

　　"黑马""颠覆者"成为他在这个时代的标签。

　　他是 SKG 集团董事长刘杰。自 2007 年创办以来，SKG 一直保持惊人的增长速度，多款单品销量在各大电商平台占据榜首，并一度拿下天猫"双十一"互联网家电销量三连冠。

　　由于对事物严谨、认真的态度，刘杰被同事们称为"死磕哥"，因为对颜值设计的追求，对极简主义以及轻奢的推崇，SKG 成为互联网电商时代的标杆，并成为互联网家电第一品牌，被称为"中国制造业的异数"。刘杰凭借全球制造、全球销售的新玩法，给马云留下新颖、奇特的深刻印象，后者对他高度赞赏并寄语"永不放弃"。

互联网发展正在加速，但创新是品牌竞争的永恒主题。在消费转型升级的潮头浪尖，企业需要持续不断地创新方能继续前行。如今，SKG 正迎来发展的第二个十年。刘杰亲自启动了对品牌创新与颠覆的变革，转型成为美容健康电器专家。他如何看待互联网时代的企业创新？SKG 成立的十年间经历了哪些变化？还将迎来哪些变化？

1. 对任何事情死磕到底

《执行官》：提及互联网家电品牌，近年来崛起的 SKG 绝对是一个行业颠覆者。作为电商时代成长起来的互联网家电第一品牌，SKG 是如何快速崛起的？

刘杰：关于这个问题，我总结了以下几点：

第一，我们顺势而为，抓住了整个行业发展的红利期。

第二，我们做出了经久耐用的好产品，因为 SKG 的本质是生产产品的公司，没有好的产品一切都是无源之水，无本之木。在 SKG 每一个员工都是产品体验官，在每一款产品推向市场前，我们要经过员工的实际体验，不完美的产品是不允许上市的。

第三，尽可能地贴近用户，满足大部分人的需求，解决他们的真实痛点。

《执行官》：在我的印象中，SKG 似乎非常重视设计和颜值。这在你的个人经历里有什么讲究吗？你认为最好的产品是什么？

刘杰：很多用户都认为 SKG 的产品设计主要在外观，比如颜色等方面的亮点，其实这是一个我比较担心的问题，即用户过度关心我们产品的颜值，忽略了我们产品的内涵。SKG 产品从设计到生产，每一个环节都经过了严格测试。最好的产品不只是设计好、颜值高，还应该真材实料、性能稳定，并且能够给用户带来精神上的愉悦，能够把消费者内心潜在的艺术情感激发出来，这是 SKG 努力的方向。

我和设计团队每年都有 20% 的时间拜访客户、走访市场，去学习一些优秀的产品功能设计。优秀的产品设计要能够解决 80% 用户的使用痛点，提高他们的生活品质。具备"轻奢、简单、科技"三个要素，才能成为 SKG 的产品。

在整个产品设计过程中，最核心的因素是用户。搞清楚用户是谁，喜欢什么，是我们所有工作的指引，要围绕用户需求设计相应的产品。我是一个完美主义者，对事物极度认真严谨，所以在公司内部，我们是这样诠释 SKG 的：S 指"死"，K 指"磕"，G 是"哥"字拼音的第一个字母，所以公司同事都叫我"死磕哥"，对任何事情死磕到底。我们的研发团队对这点深有感触，经常会有被我逼疯的感觉。

2. 整个中国的消费升级已经悄然展开

《执行官》：SKG 自创立以来品牌定位经历了哪些变化？为什么？近期你们悄然打出"美容健康电器专家"的口号，是否意味着公司将迎来新的重大变革？

刘杰：SKG 在 2007 年 11 月 1 日成立，马上要迎来我们的十周年纪念日。2007 年上半年，我看到《世界是平的》这本书，读完后非常兴奋，就创办了 SKG 这个品牌。当时想的是一定要创办一个全球化的品牌，所以 SKG 这个品牌一开始是没有中文的。我们从诞生之初就要走国际化道路，创造一个全球性的品牌。

起初，SKG 作为自有品牌在海外市场销售。现在回头看过去，这是一件正确的事情，但选择在错误的时间开始，所以，从 2007 年年底到 2010 年，SKG 经历了很痛苦的 3 年时间，根据海外用户习惯设计的一些产品难以打开海外市场，留下了大量库存。于是，我们慢慢开始在国内尝试打开市场。

在去库存的过程中，我们发现原本针对海外市场的款式、设计，反而在国内获得了消费者喜爱。加之我们赶上了电子商务发展的高速时期，我们的产品开始热销起来。这十年是我们的生长期。在这十年中，中国在慢慢发生变化，迎来新一轮的消费升级。比如，消费者在日本购买马桶，标志着整个中国的消费升级已经悄然展开，SKG 也要跟着这股升级的浪潮进行自我升级。

2017 年 11 月 1 日，我们将开始第二个十年。过去 SKG 只是满足一般用户的需求，推出的是一些性价比高的产品。随着消费升级，SKG 现在推出的产品更多的目的在于提升生活品质，将美容和健康两个领域结合，吻合了社会化发展的趋势，这是我们的第二次定位。在重新定位的过程中，我们做了很多减法，砍掉了很多品类，产品方向越来越聚焦。

《执行官》：过去 SKG 是轻资产、电商模式，现在你们正积极布局新零售，进行战略转型升级。SKG 选择破局的思路是怎样的？

刘杰：在过去的几年里，SKG 整合了大量的第三方资源，整合了过剩的制造和过剩的资源。时至今日，SKG 已经不是轻资产公司，我们现在有一百多人的研发工程师队伍负责新品研发，有一万多平方米的工业厂房，以及年产能达到百万台的新工厂。未来我们还会持续投入，扩大产能。SKG 在大家不看好中国制造时逆势而上，不断扩大制造投资，跟其他企业走完全不同的道路，是因为我们看好中国消费升级这个巨大的机遇。经过这十年的摸索和发展，我们对自己的供应链掌控能力、用户需求深入洞察、产品品质控制有充分的自信。

对今天的电子商务渠道而言，创造一个全新品牌的成功概率非常低，电子商务的红利基本上没有了。以前马云提出"让天下没有难做的生意"，现在的情况变成了新品牌要打价格战，生意很难做。电商经历了很多个阶段，从最初的卖便宜、卖方便，到现在卖品质，每天都在发生改变。用户的消费行为也在不断改变。SKG 的变化和大趋势相同，我们逐渐成长为在美容和健康领域用户指名购买的品牌。我们没有用低价和大规模广告的方式去吸引流量，吸引用户，老用户占了 SKG 很大比例，这些老用户是通过复购和 CRM 管理获得的。

3. 成为一家用户尊重、伙伴感动的平台型企业

《执行官》：电商平台的流量往往是一次性流量，难以沉淀忠实用户。SKG 如何更好地运营用户？家电类产品的消费者是否具备形成社群，并进行社群营销的条件？你对当今流行的社群经济怎么看？

刘杰：SKG 是社群经济的尝试者。我认为社群的核心依然是产品，因为消费者首先是通过产品认识企业的，产品可以传递企业的精神内核，进而让消费者对企业的价值观产生认同，这才是社群运营的基础和条件。形成社群运营要具备两个条件，第一是要具备内容属性，能够产生交流，最终形成产品黏性；第二是有关系属性，能够形成社群认同感。目前家电产品的消费者已经开始慢慢走出以功能需求为主要目的的阶段，逐渐寻求消费特性和精神需求的满足，这正是社群形成和运营的基本条件。

我认为社群经济并非新生事物。它本质上是"物以类聚，人以群分"，具备共同兴趣爱好的人聚在一起，比如登山协会统一买装备，实际上就是社群经济行为。互联网把社群经济无限放大，其实它还是一群拥有共同爱好、价值取向的人聚在一起而产生的消费行为。SKG 聚焦美容、健康电器，开发出来的产品具备成为社群产品的特质，且我们的目标用户群体也很容易形成社群。SKG 的女性用户占比超过了 70%，可以围绕她们打造社群。我们较早就开始了社群布局，形成了自有的平台社群、生活攻略，在社群中进行推广和用户互动。

《执行官》：你曾提出"全球制造、全球销售"的销售模式，致力于让 SKG 品牌走向国际，现在 SKG 已经走过了第十个年头，展望未来十年，你最大的梦想是什么？

刘杰：这又必须提到创办 SKG 的初衷。我的初心是想建立一个《世界是平的》中提到的全球性企业，这个目标从 2007 年到现在一直没有变过。SKG 今天的使命是让人们更美、更健康。让 SKG 成为世界名牌，这是我们最初的梦想。而未来十年，我们的目标是服务一亿家用

户，持续将 SKG 打造成为美容健康领域里用户指名购买的品牌，成为全球美容健康领域的领导者，成为美容电器、健康电器的世界名牌，这是我们未来十年的梦想。更重要的是，我们要成为行业里面的最佳雇主，将 SKG 打造成一个平台，让更多人因为 SKG 而受益，成为一家用户尊重、伙伴感动的平台型企业。

4. 下个 10 年成为顺德北滘的"老三"

观察员段传敏：最近 SKG 将总部搬迁至顺德北滘，与美的、碧桂园比邻而居，为什么做出如此重大的决定？

刘杰：因为有个理念，每十年一个新起点。我们搬到顺德北滘是立志要做"老三"的，为什么是北滘的"老三"？在北滘镇已经有两个"大哥"，第一个是碧桂园，第二个是美的，所以 SKG 第二个十年的目标是以两个"大哥"为标杆，成为北滘镇的"老三"。第二点原因是北滘离广州近，当地政府对人才非常重视，比如北滘政府准备建设 3 万套人才公寓，同时新办公楼斜对面就是地铁 13 号线。当然，我们搬到北滘更重要的目的是有一个更高的起点、更好的周边环境，为成为"老三"而努力奋斗。

观察员胡夏：在返璞归真的热潮下，美容会不会一阵风？你对市场的判断是基于什么因素？

刘杰：人有三大需求：爱美、怕死、交友，这三大需求在任何时代都不会少，包括这一轮消费升级浪潮。所以爱美不是一种简单的风潮，而是人的一种最基本的需求。

观察员唐伟：SKG 在战略定位、渠道模式上都不走寻常路，值得众多企业学习，那么在产品设计、产品质量、产品运营这三个方向，SKG 最核心的是哪个方向？在没有线下实体店的今天，SKG 怎么做消费者体验营销？

刘杰：SKG 的战略是产品领先型战略，更多精力放在满足用户需求的产品研发上。其实现在 SKG 在电子商务渠道上的销售占比不到

60%，在很多大城市的购物中心、母婴系统、药妆系统等都有 SKG 的产品在销售。大家对 SKG 的理解可能更多地停留在传统的电商企业，但实际上我们早就成为全渠道拓展、销售的企业。

孤友乔庄主：选择美容仪器这个比较专业和窄小的行业深耕，你觉得是行业机遇吗？

刘杰：美和健康不是一个小众的领域，其实可以无限放大，就像"怕上火的饮料"是小众还是大众？刚接触这个领域，会发现市场很小，但市场的大小是看自己能把它做到什么程度，而不取决于目前情况，只要深度耕耘就可以发展得很大。我们应该更多关注整个行业在全球的需求，很多国家在美容领域都是比较初级、原始的。

观察员王嘉萌：在我看来，美容和健康有时是矛盾的，我更愿意把健康放在前面，有了健康才更美，或是健康地美容。请问你们现在的美容健康电器专家的定位中，美容放前面是基于何种考虑？有可能换过来吗？

刘杰：美和健康相辅相成，比如 SKG 产品中的燕窝养生壶，是结合女性皮肤管理、美容管理理念设计的，还有一些纤体塑身产品，都是健康类产品。健康和美容不是先后的问题，是两者都需要。其实现在健康和美容已经没有一个明确的界限，都是帮助改善皮肤、体形的产品。健康就是一种美，美也代表一种健康，我们常开玩笑说："要想成为王的女人，那你就美容吧。"

观察员段传敏：我们认为中国智造主要体现在技术、工业设计、营销品牌和模式创新上，这样利用更多知识的企业可以代表未来的中国智造。你认同吗？在你看来，哪些企业可以称为中国智造的代表？

刘杰：我非常认同这个观点。我认为"智造"不是简单的"机器换人"，"中国智造"不应该只是指传统制造业，更是指从产品研发、生产到交付给消费者的全流程。这个"智"体现在商业模式和满足消费者独特需求上，比如大数据分析、消费者喜好分析等，制造、加工只是很小的一部分。因此，我们理解的"智造"是大制造，包含很多方面大家一起联合生产。目前包括尚品宅配、维意定制，以及青岛红领、SKG 等企业，都属于中国智造的典型代表。

观察员陈兴荣（须眉科技董事长）： 美容领域目前的核心技术和品牌大部分还被外资企业掌握，SKG 未来如何在产品和品牌上突破？

刘杰： 中国在美容产品领域起步比较晚。全球而言，在美容领域做得比较好的是日本和以色列。SKG 现在已经有医学皮肤管理专家、心理学研究专家等，比如现在有一些关于射频美容的产品，已经与医学挂钩，也牵涉到医学、物理学与现代工艺相结合的问题。所以我们不只是招聘数码、家电方面的人才，而是建立一个多维度的团队，共同做好产品，服务好用户。

企业智囊　咨询师说

碎片化时代的战略营销还有用吗

喜马拉雅战略咨询集团董事长

赵　辉

战略没有落地显示不出效果，不是因为战略无用，而是执行不力，按赵辉的说法是没有建立起相应的知识体系，或者在资源的分配上没有"言行一致"。当然另一种说法也成立，即所制定的战略没有切实反映企业核心的现实优势，属于人为制定的、基于想象和规划的战略。

第二种是目前国内通行的战略制定方法。即它是一种方向，解决的是企业往何处去的问题。但往往这种制定方法过于理想化，脱离了企业的现状。国内的咨询机构要么不管落地，要么无视落地过程中的现实和困难，所以往往造成战略的实施陷入失败，这是战略无用论的源头。当然许多互联网企业标榜的"先开枪后瞄准"的创业无战略论也有助推作用，导致很多企业宁愿选择忽视战略。赵辉的三把尺子虽然简单，但它关注了核心，技术往往是中国企业的短板，因此资源的集中就成为一个法则。而第三点"知识体系"，战略定位解决的比较完备，也强调协助落地，这也是许多企业趋之若鹜的原因吧，但假如没有了第一点的支撑，战略定位真的有效吗？

当今的互联网碎片化时代，关注战略的企业似乎正变成少数派，但喜马拉雅却在这样的集体意识中逆风而上，成功地以帮助企业找到差异化战略定位，并在企业各主要板块落地的模式，长年服务于一些国内顶尖的产业巨头企业，如格力、京东家电、创维、九牧卫浴、汤臣倍健、

vivo 智能手机、三雄极光、华帝，等等。每年有效影响的企业营业额合计超过 6000 亿元。

这个时候就要介绍一下董事长赵辉了。他的名字在营销服务界不比他的喜马拉雅知名，但他却是众多企业家的幕后首席智囊，可以影响许多企业的关键决策。这三年，赵辉成为朋友眼中的焦点，不是因为他创立的喜马拉雅战略咨询集团事业蒸蒸日上，也不是因其长期服务的巨头品牌如格力创下了惊人的业绩，而是赵辉从一个大家熟悉的油腻中年胖大叔成功减肥 25 公斤，摇身变为一个浓眉剑目的"帅小伙"。这样的自我突破和"再定位"让人敬佩。他的人生进入另一个阶段：鲜衣怒马，挥斥方遒，精神一如少年般昂扬。

1. 战略营销在任何时代都是有价值的

《执行官》：移动互联网迅速发展，人们开始拿着手机随时随地进行社交购物、娱乐阅读等，大众市场被打碎，信息碎片化时代到来，在你看来，当今的市场营销呈现出哪些特点？

赵辉：碎片化时代到来是必然的。互联网技术改变人们的生活已经是一个不能回避的问题。它的作用和价值大家现在都已经看到了。历史发展的长河中，类似这样的现象很多。和蒸汽机车的出现改变了出行的效率是同样的道理，互联网的崛起是技术的进步，它的出现大大提高了人们沟通的效率，改变了人们沟通的方式。

但任何新事物的诞生都要理性地去看待。在人类社会里，技术并不能够替代一切，并非把所有的东西都颠覆了。大家在面对新技术时会有很多焦虑和困惑，许多商家感到恐慌，以为在当今的快时代、碎片化时代战略就失去了价值。我不这么认为。相反，我认为，互联网技术的崛起就像历史长河中一波又一波的其他技术崛起一样，给人类的效率带来了巨大的提升，我们要善于利用。同时，战略营销的价值和作用在人类历史的长河中从来都没有变化过，不论在哪个时代，它的价值是可以肯定的。

《执行官》：在移动互联网时代，流行的一句话是"先开枪后瞄准"，快速反应成为新"时尚"被反复强调，似乎主要强调战术，而战略则没用了。您对此怎么看？在您看来，营销的本质是什么？有哪些是不变的内核？

赵辉：有一个和营销非常相似的场景就是战争。战争是一个综合体，这个综合体可以简单地描述为三个层面：战略、战役、战术。回顾任何一次历史战争，片面强调战术的作用都是不正确的。在这三个层面里边，战略、战役和战术互相依托，才能真正带来胜利，否则即便在战术上短暂获胜，很快也会被更全面、更强大的对手打倒。这样的例子非常多。我遇到很多创业企业过度迷信单一战术，认为一个想法、一个战术就能改变市场，改变格局，赢得胜利，但许多创业企业并没有成功，甚至大面积消亡。近年来许多企业的发展都是昙花一现，不能说这些全部是因为没有战略导致，但可以看到过于迷信战术往往不能走得更远。

当今，大量从零开始的新兴创业者涌现，与中国改革开放以后第一代和第二代的企业家已经在很多领域获得成功、占据山头相比，他们缺少资源和资金，因此很多新的创业者都犯了急功近利、过于急躁的毛病，渴望在较短的时间内用一种特殊的战术快速赢得机会，赢得胜利，忽略了战略层面的巨大投入。虽然有一些企业在短期内获得巨大成功，然而依靠战术获得成功的企业有一个共同特点，他们的投入都十分巨大，俗称"烧钱"，然而并非所有品类都可以走烧钱的道路。目前这种创业的急功近利潮开始消退，企业开始关注战略、战役、战术的有机融合。

2. 衡量战略价值的三把尺子

《执行官》：现在，营销的趋势之一是消费者更高程度的细分，呈现圈层化特点，营销也极具个性化。在这样的动态竞争市场环境下，应如何对企业、产品、服务进行定位？

赵辉：很多人觉得战略很抽象，一千个人心中有一千个哈姆雷特，一万个人就有一万种对战略的理解。正是因为战略的抽象性，让很多人无法深究，也无法更好地去掌握。如果一个战略能够分解为可以落地、可以衡量的因素，再用这些因素来指导企业产品和服务就变得非常简单。

如何衡量一个战略的优劣？我给大家简单提供一个参考，用三个因素来衡量战略的价值和特点：第一个因素是核心技术，第二个因素是核心资源，第三个因素是核心的知识体系。如果企业在这三个领域中能够找到自己真正具备的优势，找到自己和同类企业的差异点，就可以围绕它打造一个好的战略。

《执行官》：喜马拉雅集团常年服务于格力、九牧、创维等企业，为它们的顶层决策起到相当重要的作用，喜马拉雅是如何为它们打造营销战略定位的？有什么秘诀？

赵辉：前面我讲的三个要素就是我给大家的三把尺子，它们是用来衡量战略是否有价值的标尺，即是否拥有核心的技术，是否拥有核心的资源，是否拥有核心的知识体系。我分别举例子来说明这三把尺子。

第一把尺子是核心技术。我所说的技术并不是很多企业经常在广告里宣传的包装过的技术，而是真正独有的核心技术或能力。比如英特尔或一些制药类的企业掌握的核心技术与对手有明显的差异，因此能成为企业竞争中的赢家。掌握核心技术的企业往往能经久不衰。然而中国绝大多数企业仍然没有掌握核心技术，导致我们的许多企业沦为加工厂。很多中国的企业做不到掌握核心技术，于是采取广告包装的营销方法，但仅用包装出来的技术去欺骗消费者是不对的。

第二把尺子是核心资源。资源的种类非常多，常见的如资金、人才，拥有这种有价值的资源，能帮助你在战略上打败对手。比如拥有大量资金，这就属于一种核心资源。滴滴在改变商业模式的过程中，投入了海量资金，这不是一般的企业能够拥有的资源。我想强调一点，这种资源一定要非常明显，要有足够的量级形成差异化，否则只能称为同质化资源。

第三把尺子是核心知识体系。举个例子，许多宗教，比如佛教或基督教，并没有生产具体的产品，也没有核心技术或核心资源，但是它们拥有一定的知识体系，因此产生了战略上的差异化价值。拥有这种知识体系的企业或品牌在竞争中往往可以立于不败之地。而建立核心知识体系也是非常困难的。许多企业把自己的一些理念包装起来，打造出一整套系统，也就是俗称的"PPT企业"，然而它们并未真正拥有核心知识体系。

在人类社会，宗教是最典型的拥有超越性知识体系的"品牌"。在企业中，我认为苹果拥有核心知识体系。苹果并不是依赖单一的核心技术或巨量的资源击败对手，而是为手机这样一个平台创造了一套崭新的知识体系。这套崭新的知识体系让人们使用手机、使用互联网达到了一种相对完美的使用效果。苹果虽然也拥有很多专利，但这些专利个体并不是核心，更重要的是苹果不断地通过对知识体系的总结，研究人类怎样获得更好的手机使用体验。

中国的一些互联网巨头，如阿里巴巴，也在不断尝试带给用户这样一种知识体系。马云反复强调阿里巴巴不是在做销售网站。我称之为"再造了人们关于购物体验的知识体系"，让人们在阿里巴巴获得更好的消费体验。我们在淘宝、天猫上购物，能够获得很大的满足感，有时候甚至是神奇感。阿里巴巴正是通过创造一套新的知识体系改变了我们的消费习惯。

喜马拉雅在为客户服务的时候，就是通过这三把尺子为客户打造战略。典型的如格力，格力是中国空调产业中拥有空调类专利技术最多的企业。空调的技术并不简单，要让消费者获得最佳体验，需要大量的创新技术。我们发现格力一直以来都非常重视核心技术，我们所做的就是把这种价值找到，确定下来，也就是常说的"定位"，正如喜马拉雅常说的"对内去做到，对外去塑造"，不断积累强化这一定位。格力对内的年度研发费用已经高达60亿元，对外则大力宣传格力"掌握核心科技”的价值所在，因此就能产生差异化。

但是定位并不是凭空捏造的，也不是在市场上塑造一种概念就可以打败对手，而是要围绕核心技术、核心资源、核心知识体系这三把尺子，看企业究竟在哪里具备长远发展的可能，找到后聚焦一处，狠狠地挖掘，狠狠地投入，狠狠地放大。这也是我们帮助企业进行定位的一个基本思想。

3. 新的企业家要抓住转型的历史机遇

《执行官》：有人认为，互联网时代的营销"爆品"是关键，强调产品的重要性。在您看来，强调"爆品"和强调营销战略是否冲突？

赵辉：当然是不冲突的。我一开始也讲到了一个概念，任何一场战争的胜利是由三个层面所构成的，分别是战略层面、战役层面和战术层面，而"爆品"是属于战役层面。比"爆品"更高层次的是刚才我所讲到的一个好的战略，能用"三把尺子"度量出来的战略。拥有了这"三把尺子"或其中任意一把，就有了一个可以长远获胜的可能，这就属于战略层面。

接着，就出现了第二个问题：我们该如何用具体的产品体现战略的价值？于是就出现了流行概念——"爆品"。实际上"爆品"属于战役层面。一场战争有好的战略后，我们要通过大的战役拉动整个格局，改变局面。"爆品"是这个时代新发明的名词，但在历史上，类似的词汇一直都有，以前我们可能把它叫作"明星产品"，或者是"金牛产品"，或者是叫"核心品类"等。现在的人是"不创新就不是人，互联网时代你不搞个新词，你都不好意思出去说话"，因此出现了一个叫"爆品"的概念。

"爆品"是整个战略落地的一个关键因素。"爆品"更具备战役的火药味，也能够吻合现在这个急躁的、想要快速获得成功的时代。我个人觉得"爆品"这个想法没有错，组织好一个营销"爆品"就相当于打赢一场大的战役，"爆品"和战略完全是没有冲突的。不过，"爆品"

还应该建立在刚才我所说的一个非常有价值的战略基础上，这样才能更好地打赢大的战役，因为战略是恒定的，而战役的时机和成败是有偶然性的。

最后总结一句，"爆品"属于战役层面，它的营销由非常多的战术构成，是为了实现一个更大战略。因此，在组织战役的时候要运用到很多不同的战术，但也千万别忘了，你的目的是实现一个战略。

《执行官》：你服务了这么多一流客户，在你看来，当前的战略营销定位呈现出什么样的趋势？智能化，高端化，还是品牌化？

赵辉：关于现在定位的一些特点，又要说到我们这个时代的一些共同话题。我们现在正好处于消费升级的时代，企业也需要"转型升级"。消费升级是站在消费者需求的层面来宏观判断和分析，企业转型升级是站在供应方角度提出的新要求。这两句话现在好像听得太多，但国家在提出这两个宏观概念的时候，难道是一拍脑袋就定出的吗？我觉得不是。我觉得中国的国家领导层、决策层非常有智慧，也有战略高度。这也从一个侧面证明中国拥有战略智慧、组织大战役的能力，以及一些战术的调整手段。

为什么要这么讲？这是因为现在最大的问题是很多企业不相信"消费升级"来势这么凶猛。这和上一代企业家的整体年纪、观念、文化结构、获取新知识的能力有关。上一代企业家过往有过一定成功，但很多已经疲劳，没有雄心面对这样一次改变。但是，如果他们不相信消费升级这股潮流，无法赢得消费者的认同和青睐，注定会失败。我们可以这样看待这个问题，上一代企业家和上一代消费者已经一起走完了共同的路，双方都获得了快感。现在正好是创造"新一代CP"（英文：Coupling，缩写CP，二次元用语，表示人物配对关系）的机会，"新一代CP"就是具备面对任何消费升级敢于创新的企业家与新一代消费者，两者结合能在未来30年中成为CP。所以趁着上一代很多企业家没警醒的时候，新兴企业家要抓住这个历史窗口期、红利期。

在消费升级的过程中，企业转型升级呈现出智能化、高端化、细分化等特点，因为消费者有多元需求，只要愿意面对这种转型升级，一定能找到适合自己的定位，成为舞台上最让人羡慕的焦点。

4. 董女士是一个很有家国情怀的人

群友付宏权（蔚观文化总经理助理）：您曾有一段成功的减肥经历，让人敬佩。您是如何突破自我成功减肥的？

赵辉：我曾用了3个月时间从95公斤瘦到70公斤，一直保持到现在。关于为什么会突破自我，真正的原因是之前提到的三把尺子中的第三把：核心知识体系的改变。也就是说，人到一定阶段后，该用什么核心知识体系（俗称"观念或者信仰"）和行动结合在一起，来面对人生和身体。因为有了新的面对健康、人生的知识体系和行动，让我实现彻底改变。这个观念就是回到原点，即不能只看到现在的功名利禄，而要回到与自然、世界和平相处的原点。如果能够这样想，很多问题都可以解决。现在很多人还是更多为短期的得失而纠结，因此总找不到解决办法。

群友狐狸（某VR公司CEO）：核心技术和资源优势能否直接作用于战术，而后因战术优势成就战略方向？

赵辉：核心技术和资源优势肯定可以直接作用于战术，但有一个问题：你是否真的拥有核心技术和差异化资源？如果有其中一条，就可以成为伟大的企业。

观察员王嘉萌（考拉先生联合创始人）：对于"董小姐"（董明珠）这样个人色彩浓厚的品牌，在营销上如何把握好个人、公司与产品之间的度？

赵辉：关于董小姐，大家的争议很多。我想先问一下大家是否真的了解董明珠？经过多年的接触和共事，我个人感觉，董明珠女士本人是一个很有家国情怀的人。可能在南方，尤其在广东，大家不太喜欢用这个词来形容一个人的理想境界，让人觉得虚假。但企业经营者的理念和理想有多高决定了他的战略空间有多大，这就是俗称的"高度"。

董小姐身上最深的烙印是"家国情怀"，为社会造福是她的基本价值观，在与她九年的接触中，我认为这一点是她身上的"根"，因为这个"根"她做出了很多不同于其他企业的事。这种差异让人对董明珠产生了两种极端的看法。我个人认为她是一个有理想有抱负的企业家，并希望能伴随她在未来更大战略空间中一起成长、创造，而不愿待在一个视野狭隘的小池塘里等死。世界是多元的，并不一定要认同谁，历史的潮流会让有更大梦想、追求、社会责任感的人实现社会的改变和进步。这就是我对董小姐的解读。

群友杨俊杰（《经理人》副社长）：苹果切入后，智能音箱成为大风口。你怎么看待这个行业？

赵辉：人工智能技术带来了很多突破和进步。但对于苹果带动智能音箱风口，我觉得这是一个悲哀，为什么这样一个具有崭新技术架构的行业不是由中国企业提出来而引领市场消费？智能音箱并没有什么单一的核心技术，仍然是一个复合技术构成的新的知识体系，给用户带来一些新体验。

很多中国企业都是一直在等风口，没有一种决心：即使粉身碎骨，也愿意在核心知识体系上为中国企业、消费者创造出新价值。就算经营失败，也愿意遵循这样一条战略道路，因为你做的是引领的、正确的、超越的事情。

苹果进入智能音箱领域，很多企业觉得自己赚钱的机会来了，但实际上又会像手机一样，苹果赚走90%以上的利润，而跟风的企业最终获益不多。我个人感觉没多大意义。

观察员张德华（凯瑞兰卡咨询公司董事）：市场变化加剧，吴声（《场景革命》《超级IP》著者）提出"十大商业新物种"的概念（贾跃亭的微博也引用了新物种的概念，"以融资造车"）。其中之一就是越颠覆，越有机会拥有竞争力。在你看来，一些领域的新公司新的业务形态的出现，是碎片化时代的特征么？这与企业或个人规划长期战略会有哪些不同？对于贾跃亭造车，赵老师认为有胜算吗？

赵辉：关于贾跃亭造车，我有一个旗帜鲜明的态度：他做新能源汽车绝对是正确的。从战略上说，他属于我说的通过掌握新的核心技术和知识体系，创造战略上真正差异化的价值，因为他进入的是新能源领域，未来新能源一定会取代现在的燃油汽车。真正敢引领市场的企业家已经很稀有。所以关于贾跃亭造车，我想最后做一个判断：在乐视风波中，他如果能够负责任地解决欠下的债务，同时又能真心实干坚持做好新能源汽车，他会成功的。

营销永远是一个关于顾客需求和
顾客价值交付的科学

科特勒咨询集团中国区总裁
曹　虎

在他那里，营销唯一不变的就是聚焦顾客价值，其他则是随着时代、消费者、竞争等要素展开的八卦式市场演绎。他不是"教授"，而是战略营销专家。恒定的变化往往带来顾客——企业客户的疑虑，如何在高度不确定的市场寻找到最佳答案？这个答案能否落地转化为效果？在前一个问题面前，曹虎所在的科特勒咨询集团显然有充分的能力，但后者的不确定性则容易导致客户的流失，因为越来越多的客户选择"一站式服务"。这正是近年来"定位战略"崛起的原因之一。抱持定位理论的企业可能在思想的深度和广度上远不及科特勒，但在咨询的"产品化"，与客户建立快速的思想共识方面表现出色，而且在落地的方法论和逻辑上一般人看不出太明显的破绽。但曹虎用一句话就点破了本质："我们永远要关注如何去解决每个行业钉子的问题，不能因为自己手里碰巧有一把定位的锤子，看每个行业都是一个需要定位的钉子。这恰恰叫庸人自扰。"

在国内活跃的营销专业服务公司中，科特勒咨询集团算是相当低调。这在国内的营销界也算是一个另类。

科特勒咨询集团中国区总裁曹虎博士是菲利普·科特勒亲自选定的全球合伙人。他牢记着导师在面试他时的忠告：保持低调，牢记顾客。15年来，他一直活跃在中国战略营销咨询界，服务于数百家优质企业客户。

他最近的一个大动作是整合引进全球科技创新资源，与中国巨量的市场和活跃的资本相结合，以科技产业园形式进行从 0.5 到 1 的创新孵化。营销派的他似乎正转变成一个技术派。那么，他怎么看待中国营销发展的变化趋势？怎么看待从中国制造到中国智造的转型升级？

1. 营销的变与不变

《执行官》：你以及你所在的科特勒咨询集团一直以来从事战略营销咨询。在你看来，面临转型的中国市场营销呈现出什么发展趋势？

曹虎：这其实是一个宏大的命题。我们每年基本上要服务几十家国内企业及政府机构。在此过程中，我们的关注层面一方面是微观的，也就是对具体公司的业务；一方面是宏观的，即对区域和整个业界趋势的研究。

如果把营销的发展总结成三个趋势，我觉得可以归纳如下：

第一，营销越来越多地从偏重于产品功能、体验转变为偏重于价值观的导向，就像科特勒先生提出的从营销 1.0、2.0 转变为 3.0。

第二，无论做多少传播，营销的核心是看你能否真正为客户创造独特的价值。现在营销的核心就是如何创造持续的顾客价值。在此过程当中，产品差异化成了我们关注的重点。如何寻找差异化的价值、差异化的定位、差异化的品牌形象成了当今营销的趋势。

第三，如何到达受众。一方面是线下渠道的整合趋势，超级连锁占了整个零售份额的 40% 以上；另一方面是越来越多线上的"连锁"，像淘宝、京东占了非常多的分销份额。

同时，我们也看到越来越多的消费者细分。他们的时间、金钱及生活方式的差异化，导致他们在选择购物的品类上存在多元化、长尾化特征，消费者市场细分空前多样化。也就是说，我们目前一方面面对的是渠道的高度整合，另一方面又面对着消费者的高度细分。企业能不能适应这种情况？

《执行官》：水平营销、情怀营销、战略营销、内容营销、娱乐营销、"爆品"营销……当前营销的概念层出不穷，令人感叹自己的进步赶不上思想更新的速度，遑论实践。你对当前碎片化时代的大多数中国企业的建议是什么？

曹虎：无论是情怀营销、水平营销还是战略营销，等等，这些都是概念，只是精美的语言外衣。在今天这个高度碎片化的时代，我们每天在微信、微博、邮件上看到很多似是而非的东西。想想你已经有多久没有完整地读完一本书？有多久没有认真地听完一门课？所以你的知识全部是碎片化的。我们需要做到的是我们的认知、学习能力不要被碎片化，否则就是自欺欺人。

我们要抛弃过多的炫酷概念，牢记一条本质：营销永远是一个关于顾客需求和顾客价值交付的科学。所以，抛去概念，回归最朴素的真理：你的产品、服务、品牌有没有为你的目标客户创造独特的价值，从而让他可以不断地购买你的产品、推荐你的产品，成为你的终身客户。我们要从基础的知识出发，比如产品、技术，你的解决方案应用在什么行业，什么场景？你为客户提供了什么样的价值？是增加了客户提高收入的机会，还是降低了顾客的成本，抑或是降低了顾客的风险。也就是说，你一直考虑的是产品和服务能为客户增值，产品和服务在怎样的情况及情景下融入顾客的需求。如果你不从这个角度考虑，只考虑技术或者传播需求，那你就仅仅是为了自己。

2. 中国企业和高新区面临巨大机会

《执行官》：你最近数年一直在努力推动外部科技在中国市场的交流与孵化，并建立了相关产业园区。你是否觉得当前技术对于企业的推动相比营销的战略和执行更具价值？

曹虎：这个说法不全面。其实在过去的五年当中，我 60% 的时间都是在推动全球技术和技术类企业向中国转移。在科特勒的营销体系当中，技术是一个重要的价值创造的工具。我们要从过去只顾传播品牌、塑造噱头的模式回归实质，即能为顾客创造真实的价值，创造与众不同的产品、服务以及解决方案，这才是真正的营销，而不是天天包装产品，包装概念，搞一些传播。

在过去的四五年当中，我们花了四五千万元的成本去整合引进全球前沿技术和企业，技术成为打破产品同质化的非常重要的手段。而在以技术分工为核心的全球创新过程中，中国企业处于一个独特的地位。

大家可能读过彼得·蒂尔的书《从0到1的创新》，它讲的就是从0到1的一种创新过程。我们可以把它再细分，从0到1的过程当中，我们还可以分成0到0.5和0.5到1这两个阶段。

我们访谈近百位麻省理工、加州理工、斯坦福、哈佛、慕尼黑工大等高校和研究机构的教授和研究员之后发现，他们比较擅长做从0到0.5的事情，也就是从科学发现到原型机，但只做到0.5并没有为我们这个社会真正创造价值。虽然他们攻克了其中最难的科学问题，但这些成果在企业和顾客端还是不可用的。剩下的0.5到1，即从一个原型机到我们真正可用的产品这个过程谁来解决？这是他们面临的挑战。我认为这是中国企业和高新区面临的巨大机会。

我们在全球七大创新节点区域建立创新中心，投资建设园区。与德国慕尼黑工大、福朗霍夫研究院，美国麻省理工、加州理工、斯坦福等欧美高校合作，把它们的前沿技术、已经完成了0.5的这些公司和项目带到中国来，用我们中国的工程能力、产品定义能力、市场界定能力、产品化的能力、标准化的能力，做成能够解决现实社会和行业问题的产品。这种模式是：欧美做源头创新，做初期开发，我们做工程创新、价值创新，完成工程化、产品化、市场化的过程。今天我们的创新一定是全球分工的，自主创新是重要的路，但是全球协同创新也很重要。

《执行官》：在你看来，作为制造企业 CEO，从市场层面会更关注营销创新，关注技术创新是不是 CEO 的必修课？你更欣赏抓技术的朱江洪还是抓营销的董明珠？

曹虎：这个问题提得非常好。其实，我们很多时候是为了媒体传播而刻意寻求一些话题，给自己贴标签。

我从来没有认为董明珠女士是一个只关注营销的 CEO，也没有认为朱江洪先生是一个只关注技术创新的董事长。他们两位都有极大的共同点，都是关注顾客价值创新。一个公司要成功地打造品牌，必须为这个市场带来与众不同的价值，否则就会陷入价格战。因为你和其他企业没有区别，唯一的区别就是价格。所以，董明珠女士与朱江洪先生都为市场带来独特价值，英文叫作 Value Innovation，他们都是价值创新的 CEO。技术、营销、品牌都是我们创造价值的独特工具。我们不要把营销和技术进行区分，这是片面理解营销。

今天很多人受到太多似是而非的观念熏陶，认为营销就是定位，营销就是传播，营销就是找一个漂亮的名词传播劣质的产品，错了！

菲利普·科特勒先生一直讲，营销永远是关于顾客创造独特价值的一门科学和艺术，技术、认知、传播、渠道、产品、定价都是工具，我们最终的目标是为顾客创造独特的价值。唯有如此，我们的企业才能从中赢利。

3. 社群营销："人类永远会被有同类价值观的人所吸引"

《执行官》：有人指出，社群营销是"心营销"，是更高级的营销阶段，也有人说朋友圈和微信群沦为微商的阵地。你对此怎么看，你对社群营销的实践持何种态度？

曹虎：我对这个问题有一个非常简单的认知。那就是物以类聚，人以群分。我们唯有怀着高度市场细分的心态，从人群、购买、价值到价值观细分。我相信人类永远会被有同类价值观的人所吸引。所以，社群营销是市场细分营销当中非常重要的一部分。它的作用是毋庸置疑的，但也不用过于夸大社群营销的地位和能力。

很多所谓的社群营销、朋友圈营销，其实人们一开始不是因为有共同的价值观、共同的喜好或共同的认知而来，只是因为大家都加入了一个群，这个基础很脆弱。真正的社群一定是基于强大的品牌感召力、认同力和内容，然后大家汇聚在一起，经过自我选择，加入某个社群，这才是真的社群营销。

今天的时代变化太快了，无论是社会环境，还是技术环境。我们处在一个信息高度传播，甚至过剩传播的时代，每个人似乎都有一种发财焦虑症。其实在一个快时代里，真正有力的武器恰恰不是追寻快，不是追寻所有时髦的概念，而是以不变应万变。你的不变，就是你对顾客深入价值的理解。

《执行官》：营销3.0所倡导的价值观营销与社群的情怀链接有什么共通之处？

曹虎：物以类聚，人以群分。价值观不同的人，我宁愿不挣钱也不会与之为伍。也就是说，品牌要有明确的定位，这个定位不是广告传播，而是基于价值观的顾客舍取。有些人的生意亏本而不利于做，有些人的生意是需要献媚而不屑于做。我要真诚地服务好我所认同的顾客，然后把这些事做到极致，这就叫基于价值观的营销。

基于价值观的营销虽然只是简单一句话，但并不是每个企业都能做到。很多企业家在谈定位、谈营销3.0、谈价值观、谈情怀，但真正能做到的太少，所以我非常尊重和敬佩能够真正把营销3.0应用到企业实践当中的企业家。我相信，在这样一个富足、自由的社会当中，通过购买，通过品牌认知，实现从产品的功能、品牌的价值到价值观的共鸣，是我们每个人拓展自我，实现自我价值的一个重要途径。

所以，好的营销不是能卖更多产品，而是能够帮助消费者和企业树立正确的价值观，建立一个我们所憧憬的美好社会。

4. 智能制造不叫中国智造，叫工厂自动化

孤独者社群孤友：对于中国制造的转型升级，或者说中国智造，你的核心观点是什么？在你看来，哪些企业可以称为中国智造的代表？

曹虎：其实很多公司现在都已经在转型。根本没有"中国智造"

这种说法，只有"制造"。按照顾客的需求来安排我们的生产，这叫制造。任何以智能化工厂、机器人为主的生产，叫工厂自动化。什么叫"中国智造"？就是连接顾客的需求、订单、供应和我们的物流一体化才叫真正的智造；也就是 C2B 加上 Digital factory（数字化工厂）和 smart fatory（智慧工厂），这才叫真正的智造。

观察评论员张德华：中国智造有没有速成的方法？在哪些领域已经有比较领先的案例？智能制造有没有可以衡量的标志节点？

曹虎：当然有，因为我们在不少的领域当中，比如家电、汽车，特别是电动汽车和智能汽车，我们有比国外更多的经验和大量人才，这些领域是值得关注的。我个人觉得，所谓智能制造，在智能家居、医疗器械、无人驾驶，还有智能交通领域，有非常大的机会。

5. 凡是拿钱能买到的东西都不是你的核心竞争力

观察评论员胡夏：你认为品牌文化和品牌本身哪个更重要？哪个才是打动消费者的决定性因素？

曹虎：这是我们经常在做企业战略咨询的过程当中思考的问题。平安集团、宝钢集团、中国银行都面临这个问题。我认为，一个企业最有竞争力的东西，其实不是它的技术，因为技术永远会变化，也不是它的资产，资产在经济形势好的时候创造价值，经济形势差的时候，资产就是负债。其实，一个企业真正的资产是它的文化，因为它难以塑造，难以模仿。就像阿里巴巴的这一批人换一个地方仍旧能够成功；麦当劳这批人换掉仍旧能够成功。凡是拿钱能买到的东西都不是你的核心竞争力，文化是拿钱买不到的，所以文化是企业的核心竞争力，品牌是这个企业文化对外的一种吸引力，一种感召，一种承诺。正如"腹有诗书气自华"，一个有文化的企业，有使命感、有愿景、有价值观的企业，一定会感召吸引消费者，这就是品牌和文化的关系。

群友段国强：有人说现在的 STP（市场细分（Segmentation）、目标市场选择（Targeting）和市场定位（Positioning），是战略营销的核心内容）已经严重过时，因为被动的品类划分在大数据面前显得苍白无力，而且主观色彩浓重，定位也因为环境快速变化和技术迭代变得影响力骤减，您怎么看？

曹虎：STP 是营销当中一个非常重要的基础工具，它永远不会过时。

因为我们不做市场细分，不做目标市场的选择，不做定位，产品永远无法和目标客户进行沟通，我们永远没有办法去做产品功能的选择，做渠道和价格的定位，所以 STP 无论如何都是要做的。今天我们有很多的数据及技术，可以让我们更好地去做 STP，而不是用技术代替 STP 本身。

而且，今天所谓的大数据已经被高度垄断，被阿里巴巴、腾讯、百度、亚马逊、当当、优酷、携程这些公司垄断，大多数企业其实根本没有办法真正接触到有质量的大数据。在这样的背景下，STP 显得更加重要。

大数据可以告诉我们，买尿布的人很有可能会买啤酒，但它只告诉我们关联关系，而不是因果关系，大数据永远不会告诉我们为什么买尿布的人要买啤酒。只知道关联关系，对于营销战略决策是远远不够的，因为我们不知道因果关系。我们的用户研究需要发掘。永远不可能有一种技术可以解决所有问题，否则竞争将变得与我们无关。如果用大数据可以解决我们所有的商业问题，机器人就可以代替你。有很多判断与决策需要靠人类智慧解决。

观察评论员田品：当代品牌方法论很多，你怎么看待那些推行"定位战略"的公司？

曹虎：其实我非常不愿意去比较。大家都是在看一头大象，这头大象就是顾客价值。每个人看的角度都不一样，我们需要一起拼图。定位最早源自广告学的概念，之后有人把它放大到了战略，这个其实也没有错，挺好！但是不要因为门派而划分界限。

科特勒先生最吸引我的地方在于他一直在吸纳最精髓的知识。菲利普·科特勒先生著有《营销管理》一书，他一直在持续学习，并积极地容纳不同的方法论和实践。我们不会去划分定位派或非定位派。这样划分非常愚蠢，也没有任何意义。我们永远要关注如何去解决每个行业钉子的问题，不能因为自己手里碰巧有一把定位的锤子，然后看每个行业都是一个需要定位的钉子。这恰恰叫庸人自扰。

新媒体营销"病毒"如何智造？

钛铂新媒体董事长

龚铂洋

一个产品好的标准是什么？是产品能尖叫到自带流量。这是一种极致。一个创意好的标准是什么？当然是人们都想点赞和转发。一个营销好的标准是什么？当然是能促进销量！

小企业都做着这样的梦，但大抵难以实现，因为创意和媒体都是专业的活，而有这方面能力的人大都进了大中型企业或咨询公司，而不是像你一样做着实业。这就是分工，也是专业公司看着并没有天天产生绝妙的创意，但依然可以生存的缘由。当然，这些专家的话小型企业可以听，但拿来用的话基本上99%会没有什么效果，因为它需要诸多看起来没有效果的铺垫。想靠一飞冲天的创意赢得世界，到头来白忙活一场。

你必须明白，创意现在比钱更值钱。在营销的征途上，我们必须上的一堂课是"相信专业"，当然，在此基础上我们要建立起选择的能力。

龚铂洋，钛铂新媒体董事长、武汉大学新闻传播学院博士研究生，拥有18年营销传播经验，获评中国数字营销领军人物，同时还担任深圳大学传播学院网络营销特聘专家，知名民间智库"深圳创新发展研究院"首席媒介顾问。

他于2011年创办钛铂新媒体，专注于新媒体整合营销传播。业务覆盖深圳、广州、北京、上海、香港、新加坡等地，服务于华为、腾讯、招商银行、可口可乐、海航集团、百丽集团等多家知名企业，钛铂新媒体现在已是国内领先的新媒体整合营销传播机构。

他将互联网品牌打造实战经验总结为"3I"体系模型，在出版的《左手微博，右手微信》及《引爆新媒体营销》中，先后总结梳理了微博、微信营销"九大方法论""36式技巧""三大层级十大阵地"，并创造性地提出"钛铂新媒体创意魔方理论"。

说了这么多，我们对社会化营销还是很感兴趣。有没有花钱少、见效快的传播方式？

1. "病毒"式营销的核心是要有创意

《执行官》：你从事社交媒体研究和实践多年，就你的观察而言，社交媒体被鼓吹多年，它依然只是大中型企业进行品牌推广的专利吗？小微企业虽然开通了自媒体微博，但为什么往往都是虎头蛇尾？

龚铂洋：我认为，不管在大企业还是中小企业，新媒体营销已经成了标配。微信有一个口号是：再小的个体也有自己的品牌。而微博能更大程度地帮助企业做好营销传播工作。在我们服务一些中小企业、成长型企业的实践中，也取得了很多的成果，并且有了很多的体会和经验。比如2013年我们帮助维也纳酒店做营销传播工作，当时微信刚刚起步，通过在微信的服务号里开通微信订房功能，维也纳酒店2014年实现了一亿元的营收，2015年则实现了二亿元的营收。能获得这样的成绩正是因为我们帮助维也纳酒店抢占了微信营销的先机。所以，从这一点来讲，新媒体、微博、微信，它们不仅仅是大中型企业品牌推广的专利，那些成长型企业、小微企业也非常需要新媒体营销。

再以华美食品为例，华美月饼一直是行业内的领头羊，从2014年开始，我们就一直在帮助华美月饼做相关的营销和传播工作。通过持续4年的新媒体营销和传播，2017年华美月饼的销量是合作初期的三倍以上。2014年我们的创意是"会说话的月饼"，通过扫描二维码，录制视频并传递祝福的方式，使月饼成为载体，表达我们的祝福。2015 年我们策划了"爸妈专属月饼"，将月饼盒改装成相册，送给爸妈时不仅是月饼，更是一个饱含回忆的相册，表达了对父母的爱意。2016 年策划了"超级月亮"。2017 年则策划了"华美示爱祝福屋"的活动，在全国很多城市设置了线下装置，消费者能够在祝福屋里拍照并形成剪影，然后在月饼盒上做出标记，通过这种形式增强了华美品牌和消费者之间的黏性。

很多成长型企业的新媒体营销之所以虎头蛇尾，是因为其不敢投入，不敢坚持，急功近利。华美食品持续投入了 4 年，才使 2017 年的销售额得到了翻倍增长。因此，不管什么企业，微博、微信都应当成为标配，可以帮助企业扩大传播、增强销售，这是一个不争的事实。希望大家可以拥抱新媒体，拥抱互联网。

《执行官》：微博和微信曾一度令许多创业者认为可以获得低成本的营销推广方式，但是在实际运作中他们发现成本并不低，成效并不明显，新兴的平台像今日头条、知乎似乎也是这样。实际情况是不是这样呢？问题主要出在哪里？

龚铂洋：现在很多企业家、创业者特别焦虑，他们都被效果导向所引导。那么，今天的效果营销对我们的企业有什么意义和价值呢？在新媒体的实践中，我把营销分为两个板块：一是内容营销；二是效果营销。效果营销是指直接卖货的行为，内容营销是把产品变得好卖。

新媒体营销一方面可以卖货，另一方面可以让货变得好卖，我通过两个案例来说明这个问题。第一个案例是刚才提到的维也纳酒店，从提升自媒体传播力这个角度，我们不仅帮助维也纳酒店开通微信订房的功能，同时在传播侧我们制定产品维度、服务维度、品牌维度和竞争维度四大维度，通过这四个维度，我们做出很多的创意和策划。在产品维度方面，维也纳酒店的床、被子、枕头、美食等内容都是可以去传播的，因此在开通微信订房的基础上，我们又做了很多自媒体传播的工作。通过这种方式，使酒店的品牌影响力和价值得到提升。所以说在传播侧，新媒体能够给企业带来很大的价值。

第二个例子是顺丰大当家通过微博卖货。在实践过程中，我们明确了摸索期、爆发期、稳定期三个阶段。顺丰大当家的核心是物流配送，我们通过微博粉丝通的功能，帮助它进行直接指向效果的卖货。在某些产品的主推期，投入产出比远大于 1，并且还有二次销售、三次销售，甚至是 N 次销售，所以说我们投入一元钱，给客户带来的销量是 N 倍以上的，整体价值提升就变得非常显著。因此我想说，很多传统企业搞新媒体营销并不是不能卖货，而是需要一个过程，最开始的投入产出比可能是很低的，但是经过一定的阶段后，会获得稳定的效果。同时，在营销传播和推广层面，新媒体营销也可以给企业带来很大的价值。

《执行官》："病毒"式营销是众多营销者和企业希望达到的效果，在移动互联网时代达到这个效果似乎更加便利，但是为什么能够成功运作的企业却寥寥无几，实现"病毒"式营销的要诀是什么？

龚铂洋："病毒"式营销是指企业的广告像病毒一样自动地扩散和传播，其对应的另一个词是"自来水"，意思是有自然来的"水军"自发帮我们扩散。每个企业都希望实现"病毒"式营销，"病毒"式营销的要诀是什么？钛铂新媒体有一个"创意魔方"的理论，它的核心是企业想实现"病毒"式传播，那么"病毒"一定要设计得有创意。我们在实践中研发出了创意魔方的模型，包括内容创意、话题创意、产品创意和资源创意四个层面。内容创意是指在文案、图片、视频等方面，通过创意去驱动我们的受众，让他们自发地传播；话题创意是指我们如何去创造话题，让大家关注，甚至形成新闻报道的效应；资源创意是指我们如何去进行跨界合作，如何与企业联合；产品创意是指在产品侧如何去做改进和创新，让产品本身具备广告效应。通过这四个层面的思考，可以让我们的企业广告像病毒一样自主地扩散。

《执行官》：为什么深圳一个生病孩子的父亲成功进行了刷屏？为什么腾讯公益"一元购画"一天运作上千万元，这背后"爆屏"的规律是什么？

龚铂洋：在朋友圈和微博，我们转发的内容代表着我们的态度，转发的内容代表着我们是怎样的一个人，有着怎样的价值观。例如"笑笑事件"，事件本身非常感人，大家都愿意为孩子募捐，这成为 2017 年非常热门的一个事件。

腾讯公益"爆屏"的诱因来自四个方面，即情绪诱因、仪式感、参与门槛低和平台加持。腾讯公益拥有一个非常可信的背书，大家对腾讯公益非常信赖，知道不会上当受骗，同时，一元钱能够买一幅画，这个门槛是很低的。在此基础上还有情绪诱因，即我们每个人都希望自己是一个好人，成为一个有善心的人，所以腾讯公益能够实现"爆屏"。

2. 企业要帮助粉丝解决问题

《执行官》：有人说社交媒体推广离不开大量粉丝，也有人说只要拥有一千个忠实粉丝就可以拥有世界，你是怎么看待粉丝经济的？企业如何与粉丝进行有效的互动，达到最好的营销效果？

龚铂洋：我们先要对粉丝做出定义，每个企业的消费者分为三个层级：第一个层级是用户，第二个层级是会员，第三个层级才是粉丝。我们去一家店消费，可能是因为它距离我们比较近，这是用户层级；办了会员卡，是因为会员卡带来了优惠和折扣，这是会员层级；真正的粉丝层级是指我们对一个品牌有忠诚度和认可度，这样才能成为粉丝。虽然微博和微信里面有"粉丝"的功能，但更多是围观粉丝、用户粉丝，而不是真正意义上的粉丝。

企业想要通过和粉丝互动达到更好的营销效果，首先需要帮助粉丝解决问题，比如粉丝如果投诉，我们该如何去解决问题；其次是如何做各种活动让粉丝感动，小米公司最早引领了粉丝营销，粉丝成为产品测试和研发方面的经理，这是值得我们学习和借鉴的。总之，粉丝不是一个冷冰冰的 ID，他是一个鲜活的个体，需要他去体验我们的品牌，给我们的品牌提出建议。IBM 曾经做过关于首席执行客户的研究，粉丝就是首席执行客户，他们可以给企业提出建议，企业进行改进，这是做粉丝经济的真正价值和意义。从这个角度来讲，哪怕只有一千个粉丝，也可以帮我们把品牌营销、产品设计和销售做得更好。

《执行官》：许多企业在进行新媒体营销时，往往靠利益刺激消费者进行转发，如转发抽奖等，如何保证消费者在被利益刺激的同时，和品牌之间形成黏性？

龚铂洋：在微博时代，很多企业喜欢做转发抽奖活动，在具体执行过程中，我们自己研发了"万能内容撰写模型"，即"广告＋创意＋利益"，转发抽奖是消费者的利益诉求，为企业做广告是我们想达到的目的，而创意则是两者之间的连接器。举个例子，"植物医生"是我们第一个客户，也是我们服务了四年的客户。在"植物医生"生活馆开业时，我们在微博上发起话题，"植物医生"为大家提供一流服务，希望用户通过参与转发抽奖活动，证明自己是"植物医生"的会员，这个活动让我们惊讶地发现其实粉丝是非常活跃的。我们通过一个简单的转发抽奖活动，激发了粉丝对"植物医生"品牌的好感，同时也激发了粉丝把自己的感受说出来的欲望，这就是对营销最好的见证，通过"广告＋创意＋利益"的方式，达到了很好的推广效果。

"植物医生"的营销传播是在微博上展开的，而在微信上我们曾给百丽旗下的"天美意"推出了"潮语测颜值"的活动，在"天美意"线下的几千家门店里贴上海报，消费者扫描海报上的二维码后，说一句"潮语"就可以通过摇一摇获得相关优惠。通过这样的活动，我们发出了 32 万张优惠券，收集了 40 万条潮语，同时也获得了 3000 多万元的销售额增长。很多潮人潮语对我们非常有启发，比如"天赐我美丽，我爱天美意"，粉丝把"天美意"的品牌调性做了很好的表达。从这个角度来看，怎样让消费者替品牌"说好话"，是社交媒体营销的本质所在。微博也好，微信也好，都可以做转发和抽奖，但是需要企业从转发抽奖里甄别出核心用户和忠实粉丝，用他们的评论、口碑为品牌背书，自发进行传播和推广，这才是转发和抽奖的意义所在。

《执行官》：好的"病毒"式营销可以吸引大量的普通粉丝，但是往往投入巨大，且"病毒式"传播可遇而不可求。在非营销节点上，如何通过常规营销维持品牌曝光度？是否有必要选择领袖型粉丝或 KOL 营销？领袖型粉丝又该如何与"病毒"式营销配合？

龚铂洋：举个例子，在新媒体领域，常规营销相当于一日三餐的白米饭，也就是企业在微博、微信、知乎、视频网站等投放大量内容，通过这些内容和消费者形成连接。尽管这些日常的内容可能没法让消费者形成深刻的印象，但是每个内容都是对企业品牌或产品的传播，对于我们的品牌价值有正向作用。

KOL 作为大 V，是一个非常好的背书，同时其自身带有极大的粉丝流量，可以帮助我们更好地进行传播工作。企业是否有必要引入领袖型粉丝或 KOL 营销？我认为需要根据企业自身情况而定。我相信每个企业都有各自的路径。没有领袖型粉丝的企业也无须焦虑，只要善待每一个消费者，从消费者的话语里面找到他对企业的核心需求点，再将这种需求点扩大，从而倒推我们整个营销策略，也不失为明智之举。

3. 结合产品卖点做"病毒"式营销

《执行官》：在新媒体营销上，一种观点认为企业应着眼于长远的品牌构建，不能急功近利，但更多的企业期待它带来实效，你的观点是什么？

龚铂洋：每个企业所处的阶段不一样，需求就不同。对于一些大型公司而言，他们的销售渠道比较全，可以通过新媒体的内容营销来进行品牌建设，比如华为、腾讯，有大量的销售渠道，不太指望营销帮助他们卖货，但是所有的营销创意仍需围绕卖货来规划，通过新媒体的内容营销让企业品牌形象更加清晰，让产品卖点能够得到更好的传播。对成长型企业而言，整个广告投放的目的是卖货，因此企业不能太贪心，要明白自己从事新媒体营销的目的是什么，锁定目标粉丝后提升销量，这是关键所在。就像足球赛中，不能给守门员或后卫定进球的任务一样，企业只有知道自己想要什么，才能更好地进行新媒体营销和传播工作。

《执行官》：在进行新媒体营销时，许多品牌往往创意十足，消费者记住了创意本身，对企业的产品却印象不深。"病毒"式营销创意如何让消费者眼前一亮的同时，还能对品牌的产品形成深刻印象？

龚铂洋：我们不能为了创意而创意，而要结合卖点做创意。可以看一下我们曾经做过的一个案例：飞贷金融，这个企业的特点是三分钟时间就能贷款三十万元，下载飞贷金融 App，输入身份证并刷脸就能测出贷款人的额度。对此，我们策划了"三分钟贷款大比拼"活动，在北上广及成都四座城市一共找到 4 名网红，通过直播的方式向路人借钱。在生活中大家都遇到过借钱的情况，都明白借钱是一件很困难的事情。通过网红的直播，体现出"三分钟贷款"快速、安全等特点，这就是结合卖点的"病毒"式营销。

《执行官》：据说你服务于华为公司，因营销荣耀手机而获得数字营销大奖，就这些案例而言，你能否分享一下社交媒体营销的经验，客户会看重实际的销售效果吗？

龚铂洋：所有的客户都会看重销售结果，这是理所当然的。我们从 2013 年开始服务于华为的荣耀系列，在这个过程中取得了很多成果，当然华为自身的品牌价值在传播中也起到了很大的作用。例如，在荣耀 6plus 上市时，我们在美国纽约时代广场打出一个广告——not just bigger，挑战 iPhone 6plus 的 bigger than bigger，引发了许多话题讨论，很多媒体都关注华为荣耀手机是否进军美国市场，荣耀 6plus 和苹果 6plus 是不是同一档次的手机，让华为荣耀 6plus 的关注度有了很大提升，通过这种高举低打的方式让荣耀 6plus 的销售大获成功。

还有一个案例是荣耀畅玩 4X，它的特点是价值便宜，是千元智能机，所使用的芯片在千元机市场上是非常有竞争力的。荣耀畅玩 4X 的上市临近过年，我们就结合时间点把该机定位成"抢票神器"，在深圳罗湖火车站请大学生帮农民工朋友抢票，最终形成话题，全国 120 个媒体号、20 个以上的门户网站以及 30 个以上的微信公众号转发、报道。

荣耀畅玩 4X 最终也成为销量千万以上的产品，我相信这和我们的策划与创意是分不开的。

总结起来就是整个创意和策划都要以销售为导向，但是不同的企业在不同的阶段，要做正确的事情。企业需要认清这些问题，这才是面对新媒体营销的正确态度。

观察员胡夏：你对企业的自媒体或社交媒体运营人员的建议是什么？

龚铂洋：我对社交媒体运营人员有两个层面的建议：

第一，相对传统媒体直观的内容加媒介，社交媒体有其特殊性，它带有一定的技术含量，例如微博有大量的产品，微信也有大量的功能，我们如何把这些功能玩得更好，是需要研究和学习的。所以，社交媒体运营人员需要基本功扎实，要夯实基础。

第二，所有的运营都离不开创意的表达，我们需要借鉴传统的创意表达手法，不管是文案创意、图片创意、视频创意，还是线下创意，都需要看大量的案例。

观察员胡夏：你曾专门研究过微营销，现在这个概念为人诟病，在你看来是大家误解了"微营销"还是没有学会如何应用？

龚铂洋：我们公司最早就叫"微营销"。2011 年，微营销等于微博营销，2013 年等于微信营销，现在则演变为微商营销，由于我们没有介入微商领域，因此将"微营销"更改为"新媒体"。我认为现在的媒介形态是多种多样的，微博、微信、今日头条，等等，我们需要去了解每一个平台的特点和玩法，再把自己的创意嫁接在新的媒介形式上，这才是一个正确的玩法。

厂商一体化协同如何实现

深圳深远企业顾问董事长

杜建君

他曾是给人治病的医生，后来在改革大潮中摇身一变成了企业的"医生"，他学识深厚，博览群书，被称为营销"鬼才"，在对企业的"望闻问切"中以敬畏生命的高度获得很多大企业的长期合作，被誉为"渠道赋能"专家。他把自己服务于多家大型企业的经验深度总结，就是为了给企业一个深远的影响，而不是简单的营销。

为人处世，自己没有高度，就不要埋怨别人不去敬仰。但是要站在大家都能仰视的高度，需要自己拥有做人做事的格局，杜建君做到了"深远"，我们也坚信他的公司会有更加深远的未来。

他曾是一名西医，却孜孜不倦地钻研中西医结合与针灸之术。1992年，在改革开放大潮风起云涌的时候，他南下广东，在 TCL 这样的企业倾力打拼近 8 载，业绩一路扶摇直上，他成为彩电营销副总。正当大家为其在企业中进一步大展宏图而翘首以待的时候，一年事业辗转，2001 年他转型成为一名咨询顾问，创办一家名为深圳深远企业顾问的咨询公司。

从此，他似乎又重回"医生"的角色，他将"问触扣听"与"望闻问切"的功夫发挥在了对企业的"诊疗"上，为企业把脉问诊，为企业营销渠道的变革进行赋能。就像做医生时对生命的敬畏那样，作为顾问的他时刻对所服务的企业抱有虔诚之心，以专业智慧成就客户的发展。他一直深受企业的敬重，合作长达 10 年的客户包括联想、美的、东风、柳汽、华帝、富安娜等国内诸多知名大型企业。

他被称为营销"鬼才"，在没有真正地接触过销售业务的情况下，用短短三年时间创造了 TCL 的市场奇迹，也为 TCL 的渠道建设奠定了扎实的基础。知名杂志《销售与市场》出版的《TCL 网络制胜》专门总结了他在区域市场渠道深耕的做法。也正是如此，深远企业顾问集团近 70% 的业务来自渠道战略与变革赋能方面的咨询。

众所周知，渠道一直以来被诸多中国企业视为营销命脉，因为它是与消费者进行联系、实现商品流、资金流、信息流与品牌价值流的重要通道，更是与消费者接触互动的重要触点。无渠道就无市场。渠道对企业生存、发展和提高企业竞争力的重要性不言而喻。

随着中国经济与市场发展进入新的阶段，企业的营销渠道与组织结构也正在发生新一轮的深刻变革，以适应形势的变化。如何让厂商更有力地协同，成为利益、事业乃至命运共同体，实现合理分工，整合并发挥资源的最大效用，是越来越多企业面临的一项重要课题。

1. 厂家和经销商是命运共同体

《执行官》：在中国市场上，厂家往往占据主导优势，商家相对处于弱势，但如果保持商家的"弱势"，则可能令企业影响消费者的努力大打折扣。在你看来，厂商一体化能否完成，让商家和厂家像一家人一样？

杜建君：从理想的角度看，厂商一体化是非常好的导向。从现实的角度看，厂商一体化也是完全能够实现的局面。

日本一些优秀企业的经验能为我们提供很好的借鉴。譬如，日本著名家电公司松下有上百年的历史，与它合作的经销商、社区加盟店，一直与松下一起共同成长。日本一些优秀企业进入中国市场，在打造供应商、厂商和经销商三者关系上，口碑也是很好的。

中国、韩国、日本都是儒家文化影响深远的国家，在经营理念上深受同舟共济，同呼吸、共命运的"家文化"影响。他山之石，可以攻玉。因此，中国企业完全可以根据自己的实际情况，借鉴学习日本一些优秀企业的经验。

以我们服务的客户华帝为例，它在最早的时候业务量很小，是家草根民营企业，早期和它合作的大多数是手拉板车起家的小经销商。这种"弱厂"和"弱商"彼此之间合作如何长期走下去，如何实现共赢？从2002年起，深远为华帝公司服务，我一直在思考这个问题。后来，深远在客户实践的基础上，提出了共同体的发展思想，为华帝的厂商关系设计了四个方面的发展路径：

第一，我们强调厂商要成为利益共同体，建立彼此互动、价值共赢、利益分享的一个共同体机制，始终把利益共同体作为华帝与一级、二级经销商的利益合作基石。

第二，我们提出了建立价值共同体，在一起做品牌、承担战略责任，没有价值的共鸣很难走远。君子和而不同，小人同而不和。价值共同体的建设让华帝对厂商关系的认知又上了一个新台阶。

第三，随着经销商的发展壮大，华帝在全国市场规模得到发展壮大，渠道下沉面临着更多层面的投入和努力，我们提出了事业共同体，把共同的事业、共同的未来作为彼此共同前进的基石。

第四，随着市场上竞争对手的挑战、未来的不确定性因素，又进一步提出了命运共同体这一理念，让大家在投资发展战略上建立共同体机制。所以说，利益共同体、价值共同体、事业共同体和命运共同体的建构，是我们对华帝十几年服务的一把"金抓手"。

《执行官》：厂商的合作固然带来了优势互补，但同时在思想、行为准则统一等方面非常有难度。厂家在这方面往往是先进生产力的代表，过去一直以来是厂家单方面施加压力，要么商家接受不得不提升，要么矛盾频发，你看能不能实现厂家和商家齐心协力，共同发展？

杜建君：我认为一定有可能。商业的本质是双赢，这就需要把市场导向、客户价值、员工价值结合起来，理顺厂商合作关系、遵循商业逻辑，把良性竞争压力与追求长久利益的使命结合起来。

实际上，国内有一些成功的企业已经有比较理想的实践。20 世纪 90 年代，中国的空调行业竞争激烈。格力之所以能突出重围，并在近些年一路遥遥领先，除了其自身品牌和产品策略的成功之外，离不开格力率先实施的区域厂商销售公司制度，厂商利益关系达到高度统一，减少了厂商之间不必要的博弈、内耗，形成了上下统一、战略一致。

另外一个案例，OPPO、vivo 这两个做得风生水起的手机品牌为什么在国内及东南亚地区"长袖善舞"？在国内，许多企业都在学习华为，很少有企业能够挑战华为的市场地位，但 OPPO、vivo 两个品牌在手机市场攻城略地，对华为形成了巨大压力。最新统计显示，在国内智能手机的市场战略排名中，虽然华为的单品第一，但是 vivo 和 OPPO 两个师出同门的手机品牌市场份额之和是高过华为的。这样的成功应该归功于从 20 世纪 90 年代开始，步步高的段永平用心打造了一个不离不弃的厂商关系，一个真正的渠道命运共同体。

2. 对经销商要赋势、赋责、赋权

《执行官》：很多企业相信自己的团队，强调直营，这样做效率高，成本也高。经销商往往不是企业自己的团队，因此往往存在效率低、执行不到位的情况。作为渠道赋能专家，你不但实战过 TCL 的渠道深耕，而且也是联想、华帝、东风、比亚迪等知名企业的常年渠道顾问，你认为厂家应该如何赋能商家？

杜建君：深远在十几年的咨询服务过程中，最重视的就是企业的营销战略和营销渠道体系的变革与建设。经销商的转型升级，不只是我们服务过的这些企业，在很多大型企业中都是重要的话题。

概括来讲，经销商转型的路径主要有三个方面：

第一，要把很多销售型经销商向营销型转型。

第二，要从商贸型向服务型转型，国内市场现在是大服务化时代的开始，服务的能力与文化是一个经销商转型的重要内涵。

第三，要实现粗放型到精益型的转变。

这些转型看似简单，实际做起来大有文章。如同过河，在第一阶段经销商的定位仅仅是一条船，比较灵活，随时听候召唤，但是船的承载能力和效率是不够的；在第二个阶段，要把船变成桥，起到调控作用，而桥需要固定化、通畅化，形成独有的价值；在第三个阶段，在企业营销体系和营销网络的建设时代，要形成路网——宽阔的网络（天上、地下）。从船到桥，再到路网的过程是经销商转变和成长的历程。

因此，基于厂家的战略需要，深远顾问建议从几个方面来对经销商实施变革：

第一，需要赋势，"势"的形成对于经销商在市场、品牌领域的攻城拔寨至关重要。

第二，需要赋责，没有责任、唯利是图的经销商很难有大的作为，很难走得更远。

第三，需要赋权，有责必有权，如果经销商没有足够实施权力的能力，也很难达成目标。

第四，在这三个基础上，有针对性地赋能。多年来，深远集团在渠道赋能的心得是把咨询、培训、辅导、认证、检核形成五位一体的深度赋能方法，助力经销商成长，催化经销商转型。

自2005年起，我们在为联想服务的13年间，根据联想每年营销战略的目标，选择不同地域、不同对象的经销商来赋能。首先，在经销商里面选择标杆经销商，选择标杆市场、标杆终端、标杆老板、标杆操盘手，在这些标杆案例的基础上，开发课程体系，把课程案例和执行手册作为联想渠道的指导工具；其次，我们在联想辅导时，培育联想优秀的经销商，让这些老板和操盘手做大联想学院的讲师和教授，把他们的实践经验、创新方法，形成优秀案例和优秀课件，作为联想内部学习的重要工具。

《执行官》：过去，厂商一体化协同更多是表现在执行层面。似乎未来进行战略文化赋能越来越重要，能详细谈谈文化赋能吗？

杜建君：党的十八大以来，中国经济社会走进了"新常态"，开始处于较长时间的 U 形转型期，而国际、国内的经济环境不确定性因素越来越多，对企业形成很大的挑战。中国制造业经历了创业、成长时期，到现今走到了更高层面的发展壮大期，面临的挑战因素非常多。从营销角度讲，如果我们单从 4P 业务战术层面延续过去的经验已经捉襟见肘。只有用新的视角，从价值观、战略、机制三个层面入手，加强厂商之间的变革共识，才能让彼此的关系上升到更高、更健康、更具备可持续发展的层面。

有些企业已经开始行动。深远与美的有十几年的合作历史，美的目前在国内推进区域大客户战略，把区域经销商集中成为一个中心平台，形成厂商高度协同、战略高度一致的市场命运共同体。为了达到这样的战略意图，美的不惜重金组织大客户和投资人到新加坡国立大学开展一周的封闭式培训。我也参与了讨论和分享，感受很深刻。很多经销商老板都有几亿甚至百亿元的市场规模，但他们平常很难有集中培训的机会。美的为这些经销商赋能产生了非常好的效果。

《执行官》：在互联网的持续冲击下，企业面临层出不穷的新平台、新模式、新趋势。在这样的环境下，渠道面临怎样的冲击与机遇？应该如何通过变革进行赋能？

杜建君：互联网的冲击大家都感同身受，深远集团这几年为企业提供咨询时也遇到很多挑战。简单来说，互联网首先冲击的是价格体系，其次是用户开始分散，最后是渠道终端的有效引流遇到困难。从有利的方面看，我们要有信心，因为中国的消费市场刚需存量是巨大的，消费升级快速增量。中国既有竞争激烈的红海市场，也有过渡时期的黄海市场，还有一些创新的蓝海市场。中国市场的丰富多彩，为企业转型升级创造了机会。

我认为渠道通过变革赋能概括起来是三个字：分、合、融。

第一点是"分"。随着消费者分化越来越明显，企业在渠道建设上不能抱残守缺，市场细分是当今的主旋律。不久前，我到英国伦敦走市场，就发现英国食品极为丰富，特别是在超市。一个细节是，超市的一个货架上全是生日贺卡，类型涵盖所有年龄段。一个贺卡的分类就如此细致，可以看到我们国内的企业在细分市场上还有很多路要走。

第二点是"合"，即整合，进行有效的协同，形成良好的竞争体系。现在有些企业不大，但分出了很多所谓的事业单元，分兵作战，使得资源极为分散，也让经销商知难而退，大大降低了经营效果。随着互联网信息技术的共享，很多工作可以整合。所以，我认为"合"在经销商的转型上至关重要。

第三点是"融"，兼收并蓄，不是简单的兼容，还包括更多战略要素形成有机统一，从而增强企业内部的化合能量。

所以我觉得"分、合、融"符合当今市场细分化战略、平台建设和跨界信息共享的价值诉求。举个例子，近年来中国人民解放军陆军变革很大，最典型的是合成营的建制，天上飞的、水里游的，都结合在一起，融汇在陆军的加强营里面，这样的作战单元效能更高。

《执行官》：作为具有战略视野的渠道赋能专家，你认为厂家在布局渠道时最关键的是什么？

杜建君：首先，选好市场科学布局，循序渐进。做渠道是欲速则不达的事，必须科学布局，让第三方咨询公司参与使企业可以更好地布局。比如我在 2003 年为比亚迪汽车做咨询，比亚迪刚开始进入汽车领域，渠道建设一片空白，我们帮助比亚迪做了布局规划，后来比亚迪 F3 在市场上崭露头角，我认为深远集团是有很大贡献的。

其次，要建立标杆，积累信心与经验，取得进一步突破。有一个对行业影响深刻的案例是富安娜。富安娜之前做床单、床罩，是一家不大的企业，原来富安娜的商品主要摆在百货商场货架上卖，很难卖出高价格。后来，我们协助他们实行直营化的店面建设，就是"直营店 + 高强度市场精耕细作"模式，之后这种模式从深圳推广到东莞，延伸到广州，逐步突破，在整个广东市场建立起良好的直营机制、专门店的建设机制、品牌机制和直营管理模式。最后，他们又将直营制度推广到全国中心城市。

最后，甄选优质、共进的合作伙伴，建立起良好的合作机制。刚开始做生意讲的是"摸着石头过河"，发展市场和渠道都是自己探索，但发展到一定阶段怎么办？就要优化甄选，形成更好的命运纽带。比如，我们在服务美的、华帝的时候，就是这样不断优化、甄选、共进的过程。

孤友家明：你如何看待新零售，如何看待京东最新的百万便利店计划？

杜建君：我觉得像京东、阿里巴巴这种平台化的公司，其扩张是没有边界的，必然会延伸出各种业务。技术因素也在改变商业外延的速度，包括智能购物、智能驾驶在内的 AI 技术，未来不仅会给零售业，也会给很多其他行业带来巨大变化。新零售的概念我觉得不新鲜，这是一种必然结果，京东的百万便利店计划就是这方面战略的延续。

3. "智造"包括"智慧智造"和"智能智造"

《执行官》：听说你即将出版的《精品营销战略》全面分析了中国企业面临由"制造"向"智造"转型的必然性，在你看来，精品营销战略是中国传统制造业破局的最佳方式吗？

杜建君：我这本《精品营销战略》酝酿了好多年，现在出版的时机刚好。之所以要写这本书，是因为精品营销战略是消费转型升级时代的企业营销战略。要想满足现在市场多元化、个性化的分众的需求转型，精品营销战略是个很好的战略路径。本书的核心落脚点是"精品"，中国制造业的转型，要从低级的制造向质量地造、精良地造、智慧地造转型，如此才能满足消费升级的市场需求。而从"制造"到"智造"，一定忽略不了中间"精造""质造"的坎儿。

"精品"一定是国家制造体系必须严肃面对的。我们一直说精品制造、精良制作，但是发达国家已经走完了这个道路。纵观世界市场发展历史，我强烈感受到：精品是一个国家的尊严，是社会成熟与理性化程度较高的体现，也是绿色消费、低碳消费、循环经济的抓手。

观察员段传敏：我们认为，中国智造主要体现在技术、工业设计、营销品牌和模式创新，这样利用更多知识的企业可以代表未来的中国智造，对此你认同吗？在你看来，哪些企业可以称为中国智造的代表？

杜建君：所谓的"智造"包括"智慧智造"和"智能智造"，这是两个范畴。从"智能智造"角度，在我国制造业的演进中珠三角是最好的样本，很典型的就是美的，它早期重视低成本、性价比、规模化效益，后来开始重视产品的个性化，从小家电开始，对工业设计加以重视，提高美的产品的附加值；在关键部件上，美的下手很早，空调、冰箱的压缩机等关键部件的生产、技术购买、上游掌控做得很好。再到后来，在当前家居互联互通的环境下，单一的产品渐渐不太具备竞争力，因此近几年美的开始大刀阔斧地推进智能家居。美的收购德国的库卡广为人知，在4.0智能制造、智造转型上迈出了领先的步伐。所以美的的制造历程非常明显地体现出传统制造业向"智造"的转型。

在转型升级过程中，我们发现这几年有些不被关注的行业发生了许多变化，比如深圳女装业的崛起，在创造附加值、建立中国女装品牌上的实践值得我们研究。青岛有个很有名的品牌叫红领，它的规模化定制模式得到很多人的高度赞赏，这就是"智慧制造"。还有一个案例是中国的家具，过去靠进口、外销而来，既贵又不实用，但这几年"新中式"红木家具的崛起也体现了中国智慧制造的力量。

孤友陈兴荣：作为新的创业者，项目是消费升级的类目，当品牌没有足够的知名度和推力时，如何布局和选择渠道？

杜建君：举个例子，原来我给酷派手机做咨询，当时酷派的智能手机市场还很弱小，要狂砸广告抢终端，又没有足够的实力。"上帝给你关上一扇门，就一定会给你开一扇窗"，我们当时就建议做一个专门的B2B战略业务，和联通公司合作，保证了酷派的生存发展。

国内政策鼓励"双创"，深圳现在有全球最多的智能硬件创客公司，它们或多或少都有一定的技术、资本和产品，但没有渠道怎么办？这几年，我们做了有益尝试，创建了一个叫"bestKit"（棒客）的公司，我们称为"好产品的婚介所"，通过百科社区、百货终端等，建立起各方关系，为百货引流，为新生品牌创造高端界面和入口。目前，棒客完成第一轮融资，认可度很高，它的出现就是为新生的没有市场渠道的事物创造一个对接新渠道的可能。

推荐作者得新书！

博瑞森征稿启事

亲爱的读者朋友：

感谢您选择了博瑞森图书！希望您手中的这本书能给您带来实实在在的帮助！

博瑞森一直致力于发掘好作者、好内容，希望能把您最需要的思想、方法，一字一句地交到您手中，成为管理知识与管理实践的桥梁。

但是我们也知道，有很多深入企业一线、经验丰富、乐于分享的优秀专家，或者忙于实战没时间，或者缺少专业的写作指导和便捷的出版途径，只能茫然以待……

还有很多在竞争大潮中坚守的企业，有着异常宝贵的实践经验和独特的洞察，但缺少专业的记录和整理者，无法让企业的经验和故事被更多的人了解、学习……

对读者而言，这些都太遗憾了！

博瑞森非常希望能将这些埋藏的"宝藏"发掘出来，贡献给广大读者，让更多的人从中受益。

所以，我们真心地邀请您，我们的老读者，帮我们搜寻：

推荐作者

可以是您自己或您的朋友，只要对本土管理有实践、有思考；可以是您通过网络、杂志、书籍或其他途径了解的某位专家，不管名气大小，只要他的思想和方法曾让您深受启发。

可以是管理类作品，也可以超出管理，各类优秀的社科作品或学术作品。

推荐企业

可以是您自己所在的企业，或者是您熟悉的某家企业，其创业过程、运营经历、产品研发、机制创新，等等。无论企业大小，只要乐于分享、有值得借鉴书写之处。

总之，好内容就是一切！

博瑞森绝非"自费出书"，出版费用完全由我们承担。您推荐的作者或企业案例一经采用，我们会立刻向您赠送书币 1000 元，可直接换取任何博瑞森图书的纸书或电子书。

感谢您对本土管理原创、博瑞森图书的支持！

推荐投稿邮箱：bookgood@126.com　　　推荐手机：13611149991

1120 本土管理实践与创新论坛

这是由100多位本土管理专家联合创立的企业管理实践学术交流组织,旨在孵化本土管理思想、促进企业管理实践、加强专家间交流与协作。

论坛每年集中力量办好两件大事:第一,"出一本书",汇聚一年的思考和实践,把最原创、最前沿、最实战的内容集结成册,贡献给读者;第二,"办一次会",每年11月20日本土管理专家们汇聚一堂,碰撞思想、研讨案例、交流切磋、回馈社会。

论坛理事名单(以年龄为序,以示传承之意)

企业案例·老板传记

书名．作者	内容/特色	读者价值
你不知道的加多宝：原市场部高管讲述 曲宗恺　牛玮娜　著	前加多宝高管解读加多宝	全景式解读，原汁原味
借力咨询：德邦成长背后的秘密 官同良　王祥伍　著	讲述德邦是如何借助咨询公司的力量进行自身与发展的	来自德邦内部的第一线资料，真实、珍贵，令人受益匪浅
娃哈哈区域标杆：豫北市场营销实录 罗宏文　赵晓萌　等著	本书从区域的角度来写娃哈哈河南分公司豫北市场是怎么进行区域市场营销，成为娃哈哈全国第一大市场、全国增量第一高市场的一些操作方法	参考性、指导性、一线真实资料
六个核桃凭什么：从0过100亿 张学军　著	首部全面揭秘养元六个核桃裂变式成长的巨著	学习优秀企业的成长路径，了解其背后的理论体系
像六个核桃一样：打造畅销品的36个简明法则 王　超　范　萍　著	本书分上下两篇：包括"六个核桃"的营销战略历程和36条畅销法则	知名企业的战略历程极具参考价值，36条法则提供操作方法
解决方案营销实战案例 刘祖轲　著	用10个真案例讲明白什么是工业品的解决方案式营销，实战、实用	有干货，真正操作过的才能写得出来
招招见销量的营销常识 刘文新　著	如何让每一个营销动作都直指销量	适合中小企业，看了就能用
我们的营销真案例 联纵智达研究院　著	五芳斋粽子从区域到全国/诺贝尔瓷砖门店销量提升/利豪家具出口转内销/汤臣倍健的营销模式	选择的案例都很有代表性，实在、实操！
中国营销战实录：令人拍案叫绝的营销真案例 联纵智达　著	51个案例，42家企业，38万字，18年，累计2000余人次参与……	最真实的营销案例，全是一线记录，开阔眼界
双剑破局：沈坤营销策划案例集 沈　坤　著	双剑公司多年来的精选案例解析集，阐述了项目策划中每一个营销策略的诞生过程，策划角度和方法	一线真实案例，与众不同的策划角度令人拍案叫绝、受益匪浅
宗：一位制造业企业家的思考 杨　涛　著	1993年创业，引领企业平稳发展20多年，分享独到的心得体会	难得的一本老板分享经验的书
简单思考：AMT咨询创始人自述 孔祥云　著	著名咨询公司（AMT）的CEO创业历程中点点滴滴的经验与思考	每一位咨询人，每一位创业者和管理经营者，都值得一读
边干边学做老板 黄中强　著	创业20多年的老板，有经验、能写、又愿意分享，这样的书很少	处处共鸣，帮助中小企业老板少走弯路
三四线城市超市如何快速成长：解密甘雨亭 IBMG国际商业管理集团　著	国内外标杆企业的经验＋本土实践量化数据＋操作步骤、方法	通俗易懂，行业经验丰富，宝贵的行业量化数据，关键思路和步骤
中国首家未来超市：解密安徽乐城 IBMG国际商业管理集团　著	本书深入挖掘了安徽乐城超市的试验案例，为零售企业未来的发展提供了一条可借鉴之路	通俗易懂，行业经验丰富，宝贵的行业量化数据，关键思路和步骤

互联网＋

书名．作者	内容/特色	读者价值
新营销 刘春雄　著	新营销的新框架体系是场景是产品逻辑，IP是品牌逻辑，社群是连接逻辑，传播是营销逻辑	助力品牌商实现由传统营销到新营销的理念和行动的跨越，助力企业打赢升级转型之仗
企业微信营销全指导 孙　巍　著	专门给企业看到的微信营销书，手把手教企业从小白到微信营销专家	企业想学微信营销现在还不晚，两眼一抹黑也不怕，有这本书就够

	书名	内容	推荐
互联网+	企业网络营销这样做才对:B2B 大宗 B2C 张 进 著	简单直白拿来就用,各种窍门 信手拈来,企业网络营销不麻 烦也不用再头疼,一般人不告 诉他	B2B、大宗 B2C 企业有福了,看了就 能学会网络营销
	互联网时代的银行转型 韩友诚 著	以大量案例形式为读者全面展 示和分析了银行的互联网金融 转型应对之道	结合本土银行转型发展案例的书籍
	正在发生的转型升级·实践 本土管理实践与创新论坛 著	企业在快速变革期所展现出的管 理变革新成果、新方法、新案例	重点突出对于未来企业管理相关领域 的趋势研判
	触发需求:互联网新营销样 本·水产 何足奇 著	传统产业都在苦闷中挣扎前 行,本书通过鲜活的案例告诉 你如何以需求链整合供应链, 从而把大家熟知的传统行业打 碎了重构、重做一遍	全是干货,值得细读学习,并且作者 的理论已经过了他亲自操刀的实 践检验,效果惊人,就在书中全景 展示
	移动互联新玩法:未来商业的 格局和趋势 史贤龙 著	传统商业、电商、移动互联,三 个世界并存,这种新格局的玩 法一定要懂	看清热点的本质,把握行业先机,一 本书搞定移动互联网
	微商生意经:真实再现 33 个成 功案例操作全程 伏泓霖 罗晓慧 著	本书为 33 个真实案例,分享案 例主人公在做微商过程中的经 验教训	案例真实,有借鉴意义
	阿里巴巴实战运营——14 招玩 转诚信通 聂志新 著	本书主要介绍阿里巴巴诚信通 的十四个基本推广操作,从而 帮助使用诚信通的用户及企业 更好地提升业绩	基本操作,很多可以边学边用,简单 易学
	阿里巴巴实战运营 2:诚信通热 卖技巧 聂嵘海 著	诚信通 TOP 商家赚钱的密码 箱,手把手教你操作,拿来就用	图文并茂,内容齐全,直接可以对照 使用
	抖音营销如何做:未来抖商 刘大贺 著	解密从 0 到 1 亿粉丝的实操路 径,深度剖析抖音营销全系统 策略	企业做抖音营销的第一书
	微商团队长:从入门到精通 罗品牌 著	由浅入深,涵盖微商团队长必 学技能的方方面面	只要照着做,就能当好微商团队长
	互联网精准营销 蒋 军 著	怎么在互联网时代整体策划、 包装品牌和产品,并在此基础 上为企业设计商业模式,技术 实现并运营落地	为有基础的小微企业(大企业的新项 目)1 年实现销售额过亿,2 年对接资 本,3 年左右准 IPO
	今后这样做品牌:移动互联时 代的品牌营销策略 蒋 军 著	与移动互联紧密结合,告诉你 老方法还能不能用,新方法怎 么用	今后这样做品牌就对了
	互联网+"变"与"不变":本土 管理实践与创新论坛集萃· 2016 本土管理实践与创新论坛 著	本土管理领域正在产生自己独 特的理论和模式,尤其在移动 互联时代,有很多新课题需要 本土专家们一起研究	帮助读者拓宽眼界、突破思维
	创造增量市场:传统企业互联 网转型之道 刘红明 著	传统企业需要用互联网思维去 创造增量,而不是用电子商务 去转移传统业务的存量	教你怎么在"互联网+"的海洋中创 造实实在在的增量
	重生战略:移动互联网和大数据 时代的转型法则 沈 拓 著	在移动互联网和大数据时代, 传统企业转型如同生命体打算 与再造,称之为"重生战略"	帮助企业认清移动互联网环境下的 变化和应对之道
	画出公司的互联网进化路线 图:用互联网思维重塑产品、客 户和价值 李 蓓 著	18 个问题帮助企业一步步梳理 出互联网转型思路	思路清晰、案例丰富,非常有启发性
	7 个转变,让公司 3 年胜出 李 蓓 著	消费者主权时代,企业该怎 么办	这就是互联网思维,老板有能这样 想,肯定倒不了
	跳出同质思维,从跟随到领先 郭 剑 著	66 个精彩案例剖析,帮助老板 突破行业长期思维惯性	做企业竟然有这么多玩法,开眼界

行业类:零售、白酒、食品/快消品、农业、医药、建材家居等			
	书名·作者	内容/特色	读者价值
零售·超市·餐饮·服装	总部有多强大,门店就能走多远 IBMG 国际商业管理集团 著	如何把总部做强,成为门店的坚实后盾	了解总部建设的方法与经验
	超市卖场定价策略与品类管理 IBMG 国际商业管理集团 著	超市定价策略与品类管理实操案例和方法	拿来就能用的理论和工具
	连锁零售企业招聘与培训破解之道 IBMG 国际商业管理集团 著	围绕零售企业组织架构、培训体系建设等内容进行深刻探讨	破解人才发现和培养瓶颈的关键点
	中国首家未来超市:解密安徽乐城 IBMG 国际商业管理集团 著	介绍了乐城作为中国首家未来超市从无到有的传奇经历	了解新型零售超市的运作方式及管理特色
	三四线城市超市如何快速成长:解密甘雨亭 IBMG 国际商业管理集团 著	揭秘一家三四线连锁超市的经验策略	不但可以欣赏它的优点,而且可以学会它成功的方法
	新零售 新终端 迪智成咨询团队 著	梳理和提炼新零售的系统打法,将之落地在新终端建设上	让新零售这一看似形而上的商业概念有了可以落地的立足点
	新零售动作分解:建材 家居 家具 盛斌子 著	第一本锁定在家居建材、家电、家装等耐用消费品领域谈新零售的书	第一本谈新零售的具体动作、策略、方法、招术的书,拿来就用
	新零售进化趋势与未来格局 李政权 著	通过业态、品类、体验、场景等,逐一呈现新零售的未来进化	就新零售未来的发展方向与进化趋势给出一个确定性的未来
	涨价也能卖到翻 村松达夫 【日】	提升客单价的 15 种实用、有效的方法	日本企业在这方面非常值得学习和借鉴
	移动互联下的超市升级 联商网专栏频道 著	深度解析超市转型升级重点	帮助零售企业把握全局、看清方向
	手把手教你做专业督导:专卖店、连锁店 熊亚柱 著	从督导的职能、作用,在工作中需要的专业技能、方法,都提供了详细的解读和训练办法,同时附有大量的表单工具	无论是店铺需要统一培训,还是个人想成为优秀的督导,有这一本就够了
	百货零售全渠道营销策略 陈继展 著	没有照本宣科、说教式的絮叨,只有笔者对行业的认知与理解,庖丁解牛式的逐项解析、展开	通俗易懂,花极少的时间快速掌握该领域的知识及趋势
	零售:把客流变成购买力 丁昀 著	如何通过不断升级产品和体验式服务来经营客流	如何进行体验营销,国外的好经营,这方面有启发
	餐饮企业经营策略第一书 吴坚 著	分别从产品、顾客、市场、盈利模式等几个方面,对现阶段餐饮企业的发展提出策略和思路	第一本专业的、高端的餐饮企业经营指导书
	餐饮新营销 杨勇 程绍珊 著	在新环境下,对餐饮营销管理进行了全面深入的解读,提供了方式方法	全面性、系统性,区别于市面上的纯操作类作品
	电影院的下一个黄金十年:开发·差异化·案例 李保煜 著	对目前电影院市场存大的问题及如何解决进行了探讨与解读	多角度了解电影院运营方式及代表性案例
	赚不赚钱靠店长:从懂管理到会经营 孙彩军 著	通过生动的案例来进行剖析,注重门店管理细节方面的能力提升	帮助终端门店店长在管理门店的过程中实现经营思路的拓展与突破
耐消品	商用车经销商运营实战 杜建君 王朝阳 章晓青 等著	从管理到经营,从销售到服务,系统化运作全指导	为经销商经营开阔思路,掌握方法
	汽车配件这样卖:汽车后市场销售秘诀 100 条 俞士耀 著	汽配销售业务员必读,手把手教授最实用的方法,轻松得来好业绩	快速上岗,专业实效,业绩无忧

耐消品	润滑油销售:这样说这样做更有效 张金荣　著	针对渠道、经销商、终端的超实用话术	上车看,下车用,3 分钟就能学会。
	新经销:新零售时代,教你做大商 黄润霖　著	从选址、产品、促销、团队、规模阐述新经销变与不变的市场手法和操作思路	实地拜访近 100 位经销商在传统营销手法上的创新、新营销工具的发现
	珠宝黄金新营销 崔德乾　著	营销、品牌、产品、连接、场景、社群、服务、传播、管理及产业价值链	新营销在珠宝行业的实战应用,业内必备第一书
	跟行业老手学经销商开发与管理:家电、耐消品、建材家居 黄润霖　著	全部来源于经销商管理的一线问题,作者用丰富的经验将每一个问题落实到最便捷快速的操作方法上去	书中每一个问题都是普通营销人亲口提出的,这些问题你也会遇到,作者进行的解答则精彩实用
白酒	酒水饮料快消品餐饮渠道营销手册 朱伟杰　著	主要针对快消品(酒水、饮料)的餐饮渠道,提供了区域、商圈、不同业态的规划和促销安排等多种工具,并提出了经销商、批发商等相关人员的管理方法	一本酒水饮料如何在餐饮渠道销售的全能手册,内容深入翔实,可以直接照搬套用,这样的便利简直千金不换
	白酒到底如何卖 赵海永　著	以市场实战为主,多层次、全方位、多角度地阐释了白酒一线市场操作的最新模式和方法,接地气	实操性强,37 个方法、6 大案例帮你成功卖酒
	变局下的白酒企业重构 杨永华　著	帮助白酒企业从产业视角看趋势,找准位置,实现弯道超车的书	行业内企业要减少 90%,自己在什么位置,怎么做,都清楚了
	1. 白酒营销的第一本书(升级版) 2. 白酒经销商的第一本书 唐江华　著	华泽集团湖南开口笑公司品牌部长,擅长酒类新品推广、新市场拓展	扎根一线,实战
	区域型白酒企业营销必胜法则 朱志明　著	为区域型白酒企业提供 35 条必胜法则,在竞争中赢销的葵花宝典	丰富的一线经验和深厚积累,实操实用
	10 步成功运作白酒区域市场 朱志明　著	白酒区域操盘者必备,掌握区域市场运作的战略、战术、兵法	在区域市场的攻伐防守中运筹帷幄,立于不败之地
	酒业转型大时代:微酒精选2014－2015 微酒　主编	本书分为五个部分:当年大事件、那些酒业营销工具、微酒独立策划、业内大调查和十大经典案例	了解行业新动态、新观点,学习营销方法
快消品·食品	中国快消品营销的这些年 史贤龙　著	作者精华文章的合集,一本书浓缩了过去十五年,中国营销的实战历程与前沿思考	快消品营销行业的案例和方法都原汁原味呈现,在反映当时风貌的同时,展望与反思
	营销中国茶:2 小时读懂茶叶营销 史贤龙　著	从不同视角对中国的茶营销进行了思考,内容涉及中国茶产业战略困境、茶企规模化、茶品牌崛起、茶文化、茶营销、茶消费、茶零售、茶道等	内容丰富扎实,文字流畅,浓缩的都是精华,让你 2 小时读懂茶叶营销
	这样打造快消品标杆市场 罗宏文　著	帮助你解决如何成功打造标杆市场和进行持续增量管理两大问题	一套系统的方法论,通俗易懂,可以直接套用
	5 小时读懂快消品营销:中国快消品案例观察 陈海超　著	多年营销经验的一线老手把案例掰开了、揉碎了,从中得出的各种手段和方法给读者以帮助和启发	营销那些事儿的个中秘辛,求人还不一定告诉你,这本书里就有
	快消品招商的第一本书:从入门到精通 刘雷　著	深入浅出,不说废话,有工具方法,通俗易懂	让零基础的招商新人快速学习书中最实用的招商技能,成长为骨干人才
	乳业营销第一书 侯军伟　著	对区域乳品企业生存发展关键性问题的梳理	唯一的区域乳业营销书,区域乳品企业一定要看

快消品·食品	金龙鱼背后的粮油帝国 余 盛 著	讲述金龙鱼品牌及母公司丰益国际的商业冒险故事	在精彩的阅读体验中学到营销管理的方法
	食用油营销第一书 余 盛 著	10多年油脂企业工作经验，从行业到具体实操	食用油行业第一书，当之无愧
	中国茶叶营销第一书 柏 龑 著	如何跳出茶行业"大文化小产业"的困境，作者给出了自己的观察和思考	不是传统做茶的思路，而是现在商业做茶的思路
	调味品企业八大必胜法则 张 戟 著	八大规律性的关键成功要素，背后都有本土调味品企业的成功实践	"观点阐述＋案例描述"，行业必读
	调味品营销第一书 陈小龙 著	国内唯一一本调味品营销的书	唯一的调味品营销的书，调味品的从业者一定要看
	快消品营销人的第一本书：从入门到精通 刘 雷 伯建新 著	快消行业必读书，从入门到专业	深入细致，易学易懂
	变局下的快消品营销实战策略 杨永华 著	通胀了，成本增加，如何从被动应战变成主动的"系统战"	作者对快消品行业非常熟悉、非常实战
	快消品经销商如何快速做大 杨永华 著	本书完全从实战的角度，评述现象，解析误区，揭示原理，传授方法	为转型期的经销商提供了解决思路，指出了发展方向
	快消品营销：一位销售经理的工作心得2 蒋 军 著	快消品、食品饮料营销的经验之谈，重点图书	来源与实战的精华总结
	快消品营销与渠道管理 谭长春 著	将快消品标杆企业渠道管理的经验和方法分享出来	可口可乐、华润的一些具体的渠道管理经验，实战
	成为优秀的快消品区域经理（升级版） 伯建新 著	用"怎么办"分析区域经理的工作关键点，增加30%全新内容，更贴近环境变化	可以作为区域经理的"速成催化器"
	销售轨迹：一位快消品营销总监的拼搏之路 秦国伟 著	本书讲述了一个普通销售员打拼成为跨国企业营销总监的真实奋斗历程	激励人心，给广大销售员以力量和鼓舞
	快消老手都在这样做：区域经理操盘锦囊 力 刚 著	非常接地气，全是多年沉淀下来的干货，丰富的一线经验和实操方法不可多得	在市场摸爬滚打的"老油条"，那些独家绝招妙招一般你问都是问不来的
	动销四维：全程辅导与新品上市 高继中 著	从产品、渠道、促销和新品上市详细讲解提高动销的具体方法，总结作者18年的快消品行业经验，方法实操	内容全面系统，方法实操
农业	饲料营销有方法：策略 案例 工具 陈石平 著	跳出饲料看饲料，根据饲料营销的关键成功要素（KSF）提出7大核心命题	紧跟农牧产业发展大势，提高饲料企业营销竞争力
	新农资如何换道超车 刘祖轲 等著	从农业产业化、互联网转型、行业营销与经营突破四个方面阐述如何让农资企业占领先机、提前布局	南方略专家告诉你如何应对资源浪费、生产效率低下、产能严重过剩、价格与价值严重扭曲等
	中国牧场管理实战：畜牧业、乳业必读 黄剑黎 著	本书不仅提供了来自一线的实际经验，还收入了丰富的工具文档与表单	填补空白的行业必读作品
	中小农业企业品牌战法 韩 旭 著	将中小农业企业品牌建设的方法，从理论讲到实践，具有指导性	全面把握品牌规划，传播推广，落地执行的具体措施
	农资营销实战全指导 张 博 著	农资如何向"深度营销"转型，从理论到实践进行系统剖析，经验资深	朴实、使用！不可多得的农资营销实战指导
	农产品营销第一书 胡浪球 著	从农业企业战略到市场开拓、营销、品牌、模式等	来源于实践中的思考，有启发
	变局下的农牧企业9大成长策略 彭志雄 著	食品安全、纵向延伸、横向联合、品牌建设……	唯一的农牧企业经营实操的书，农牧企业一定要看

医药	**在中国,医药营销这样做:时代方略精选文集** 段继东　主编	专注于医药营销咨询15年,将医药营销方法的精华文章合编,深入全面	可谓医药营销领域的顶尖著作,医药界读者的必读书
	医药新营销:制药企业、医药商业企业营销模式转型 史立臣　著	医药生产企业和商业企业在新环境下如何做营销? 老方法还有没有用? 如何寻找新方法? 新方法怎么用? 本书给你答案	内容非常现实接地气,踏实谈问题说方法
	医药企业转型升级战略 史立臣　著	药企转型升级有5大途径,并给出落地步骤及风险控制方法	实操性强,有作者个人经验总结及分析
	新医改下的医药营销与团队管理 史立臣　著	探讨新医改对医药行业的系列影响和医药团队管理	帮助理清思路,有一个框架
	医药营销与处方药学术推广 马宝琳　著	如何用医学策划把"平民产品"变成"明星产品"	有真货、讲真话的作者,堪称处方药营销的经典!
	医药行业大洗牌与药企创新 林延君　沈　斌　著	一方面,围绕着变革,多角度阐述药企的应对之道;另一方面,紧扣实践,介绍近百家医药企业创新实践案例	医改变革10年,医药企业如何应对大洗牌? 重磅出击的药企人必读书
	新医改了,药店就要这样开 尚　锋　著	药店经营、管理、营销全攻略	有很强的实战性和可操作性
	电商来了,实体药店如何突围 尚　锋　著	电商崛起,药店该如何突围? 本书从促销、会员服务、专业性、客单价等多重角度给出了指导方向	实战攻略,拿来就能用
	OTC医药代表药店销售36计 鄢圣安　著	以《三十六计》为线,写OTC医药代表向药店销售的一些技巧与策略	案例丰富,生动真实,实操性强
	OTC医药代表药店开发与维护 鄢圣安　著	要做到一名专业的医药代表,需要做什么、准备什么、知识储备、操作技巧等	医药代表药店拜访的指导手册,手把手教你快速上手
	引爆药店成交率1:店员导购实战 范月明　著	一本书解决药店导购所有难题	情景化、真实化、实战化
	引爆药店成交率2:经营落地实战 范月明　著	最接地气的经营方法全指导	揭示了药店经营的几类关键问题
	引爆药店成交率:专业化销售解决方案 范月明　著	药品搭配分析与关联销售	为药店人专业化助力
	处方药合规推广实战宝典 赵佳震　著	推广体系搭建、推广人员岗位工作内容、推广服务外包商管理等六个方面	解决"医药代表转型"和"推广服务外包商管理"的困惑
	医药代理商实操全指导:新环境　新战法 戴文杰　著	结合医药市场政策环境解读新环境下医药招商的战法,着重分析药品产业链的盈利机会	医药销售业务人员的必备读物
	攻略基层诊所:医药营销这样做 张江民　著	对基层诊所的开发、维护和动销,拿来就用的方式方法	实战是本书的主旨,只要用心去看,就能在基层诊所市场中运用
	互联网医药的未来 动脉网　编著	介绍了互联网医药发展的现状与趋势	帮助创业者和投资人看清未来,把握当下
	处方药零售这样做 田　军　著	阐述了处方药零售的重要性,以及做处方药零售市场的具体措施和方法	系统性了解和掌握处方药零售方法
建材家居	**成为最赚钱的家具建材经销商** 李治江　著	从销售模式、产品、门店等老板们最关注和最需要的方面解决问题、提供方法	只要你是建材、家具、家居用品的经销商老板,这就是一本必读的书
	定制家居黄金十年 韩　锋　翁长华　著	梳理了定制家居的商业模式和发展情况	帮助定制家居看清方向,把握当下
	家具建材促销与引流 薛　亮　李永峰　著	十大促销模式的详细方法和工具	让你天天签大单

	书名/作者	内容简介	推荐语
建材家居	家具行业操盘手 王献永 著	家具行业问题的终结者	解决了干家具还有没有前途？为什么同城多店的家具经销商很难做大做强等问题
	建材家居营销：除了促销还能做什么 孙嘉晖 著	一线老手的深度思考，告诉你在建材家居营销模式基本停滞的今天，除了促销，营销还能怎么做	给你的想法一场革命
	建材家居营销实务 程绍珊 杨鸿贵 主编	价值营销运用到建材家居，每一步都让客户增值	有自己的系统、实战
	家居建材门店6力爆破 贾同领 著	合盘道出一线品牌销量秘籍	6力招见血，既有招数，又有策略
	建材家居门店销量提升 贾同领 著	店面选址、广告投放、推广助销、空间布局、生动展示、店面运营等	门店销量提升是一个系统工程，非常系统、实战
	10步成为最棒的建材家居门店店长 徐伟泽 著	实际方法易学易用，让员工能够迅速成长，成为独当一面的好店长	只要坚持这样干，一定能成为好店长
	手把手帮建材家居导购业绩倍增：成为顶尖的门店店员 熊亚柱 著	生动的表现形式，让普通人也能成为优秀的导购员，让门店业绩长红	读着有趣，用着简单，一本在手、业绩无忧
	建材家居经销商实战42章经 王庆云 著	告诉经销商：老板怎么当、团队怎么带、生意怎么做	忠言逆耳，看着不舒服就对了，实战总结，用一招半式就值了
工业品	销售是门专业活：B2B、工业品 陆和平 著	销售流程就应该跟着客户的采购流程和关注点的变化向前推进，将一个完整的销售过程分成十个阶段，提供具体方法	销售不是请客吃饭拉关系，是个专业的活计！方法在手，走遍天下不愁
	解决方案营销实战案例 刘祖轲 著	用10个真案例讲明白什么是工业品的解决方案式营销，实战、实用	有干货，真正操作过的才能写得出来
	变局下的工业品企业7大机遇 叶敦明 著	产业链条的整合机会、盈利模式的复制机会、营销红利的机会、工业服务商转型机会……	工业品企业还可以这样做，思维大突破
	工业品市场部实战全指导 杜忠 著	工业品市场部经理工作内容全指导	系统、全面、有理论、有方法，帮助工业品市场部经理更快提升专业能力
	工业品营销管理实务 李洪道 著	中国特色工业品营销体系的全面深化、工业品营销管理体系优化升级	工具更实战，案例更鲜活，内容更深化
	工业品企业如何做品牌 张东利 著	为工业品企业提供最全面的品牌建设思路	有策略、有方法、有思路、有工具
	丁兴良讲工业4.0 丁兴良 著	没有枯燥的理论和说教，用朴实直白的语言告诉你工业4.0的全貌	工业4.0是什么？本书告诉你答案
	资深大客户经理：策略准，执行狠 叶敦明 著	从业务开发、发起攻势、关系培育、职业成长四个方面，详述了大客户营销的精髓	满满的全是干货
	两化融合管理系统贯标流程与方法 戴勇 张华杰 张百荣 编著	全面梳理贯标流程和方法	帮助企业成功贯标
	一切为了订单：订单驱动下的工业品营销实战 唐道明 著	其实，所有的企业都在围绕着两个字开展全部的经营和管理工作，那就是"订单"	开发订单、满足订单、扩大订单。本书全是实操方法，字字珠玑、句句干货，教你获得营销的胜利
金融	交易心理分析 (美)马克·道格拉斯 著 刘真如 译	作者一语道破赢家的思考方式，并提供了具体的训练方法	不愧是投资心理的第一书，绝对经典
	精品银行管理之道 崔海鹏 何屹 主编	中小银行转型的实战经验总结	中小银行的教材很多，实战类的书很少，可以看看

	书名・作者	内容/特色	读者价值
金融	支付战争 Eric M. Jackson 著 徐 彬 王 晓 译	PayPal 创业期营销官,亲身讲述 PayPal 从诞生到壮大到成功出售的整个历史	激烈、有趣的内幕商战故事! 了解美国支付市场的风云巨变
	中外并购名著专业阅读指南 叶兴平 等著	在 5000 多本并购类图书中精选的 200 著作,在阅读的基础上写的读书评价	精挑细选 200 本并一一评介,省去读者挑选的烦恼,快捷、高效
	新三板信息披露全流程:操作与工具 和珩科技 著	详细拆解董秘日常工作过程中所需的信息披露流程	董秘案头必备用书
	成功并购 300 本:一本书搞定并购难题 浩德军师并购联盟 著	从财务,税务,法律等角度详细解答疑问	能解决 80% 的并购问题
	互联网时代的银行转型 韩友诚 著	以大量案例形式为读者全面展示和分析了银行的互联网金融转型应对之道	结合本土银行转型发展案例的书籍
房地产	产业园区/产业地产规划、招商、运营实战 阎立忠 著	目前中国第一本系统解读产业园区和产业地产建设运营的实战宝典	从认知、策划、招商到运营全面了解地产策划
	人文商业地产策划 戴欣明 著	城市与商业地产战略定位的关键是不可复制性,要发现独一无二的"味道"	突破千城一面的策划困局
	中国城市群房地产投资策略 吕俊博 著	全方位、多角度分析城市群房地产现状是趋势	让亿元资产投资更理性、更安全
	电影院的下一个黄金十年:开发・差异化・案例 李保煜 著	对目前电影院市场存大的问题及如何解决进行了探讨与解读	多角度了解电影院运营方式及代表性案例
能源	全能型班组:城市能源互联网与电力班组升级 国网天津市电力公司 编著	借鉴国内外优秀企业的转型升级思路,通过对于新型班组组织模式和运行机制的大胆设想,力图构建充分适应内外环境变化的全能型班组	看看庞大的国企在新环境下是如何顺应时代的
	国网天津电力全能型班组建设实务 国网天津市电力公司 编著	本书聚焦于天津电力公司在探索全能型班组转型升级时的优秀实践	电力行业的班组实践,具体、可操作性强

经营类:企业如何赚钱,如何抓机会,如何突破,如何"开源"

	书名・作者	内容/特色	读者价值
抓方向	让经营回归简单・升级版 宋新宇 著	化繁为简抓住经营本质:战略、客户、产品、员工、成长	经典,做企业就这几个关键点!
	混沌与秩序 Ⅰ:变革时代企业领先之道 混沌与秩序 Ⅱ:变革时代管理新思维 彭剑锋 尚艳玲 主编	汇集华夏基石专家团队 10 年来研究成果,集中选择了其中的精华文章编纂成册	作者都是既有深厚理论积淀又有实践经验的重磅专家,为中国企业和企业家的未来提出了高屋建瓴的观点
	活系统:跟任正非学当老板 孙行健 尹贤 著	以任正非的独到视角,教企业老板如何经营公司	看透公司经营本质,激活企业活力
	重构:快消品企业重生之道 杨永华 著	从 7 个角度,帮助企业实现系统性的改造	提供转型思想与方法,值得参考
	公司由小到大要过哪些坎 卢强 著	老板手里的一张"企业成长路线图"	现在我在哪儿,未来还要走哪些路,都清楚了
	企业二次创业成功路线图 夏惊鸣 著	企业曾经抓住机会成功了,但下一步该怎么办?	企业怎样获得第二次成功,心里有个大框架了
	老板经理人双赢之道 陈明 著	经理人怎养选平台、怎么开局,老板怎样选/育/用/留	老板生闷气,经理人牢骚大,这次知道该怎么办了

抓方向	简单思考:AMT 咨询创始人自述 孔祥云　著	著名咨询公司（AMT）的 CEO 创业历程中点点滴滴的经验与思考	每一位咨询人,每一位创业者和管理经营者,都值得一读
	企业文化的逻辑 王祥伍　黄健江　著	为什么企业绩效如此不同,解开绩效背后的文化密码	少有的深刻,有品质,读起来很流畅
	使命驱动企业成长 高可为　著	钱能让一个人今天努力,使命能让一群人长期努力	对于想做事业的人,'使命'是绕不过去的
思维突破	盈利原本就这么简单 高可为　著	从财务的角度揭示企业盈利的秘密	多方面解读商业模式与盈利的关系,通俗易懂,受益匪浅
	经营:打造你的盈利系统 高可为　著	从盈利角度梳理了系统化的经营方式	让企业掌舵者把控经营全局
	创模式:23 个行业创新案例 段传敏　著	23 位行业精英的创新对话	创业者、转型者的实战参考
	企业良性成长:用顶层设计突破瓶颈 刘建兆　著	全方位介绍企业顶层设计的方法和思路	帮助企业用顶层设计突破成长瓶颈
	移动互联新玩法:未来商业的格局和趋势 史贤龙　著	传统商业、电商、移动互联,三个世界并存,这种新格局的玩法一定要懂	看清热点的本质,把握行业先机,一本书搞定移动互联网
	画出公司的互联网进化路线图:用互联网思维重塑产品、客户和价值 李蓓　著	18 个问题帮助企业一步步梳理出互联网转型思路	思路清晰、案例丰富,非常有启发性
	重生战略:移动互联网和大数据时代的转型法则 沈拓　著	在移动互联网和大数据时代,传统企业转型如同生命体打算与再造,称之为"重生战略"	帮助企业认清移动互联网环境下的变化和应对之道
	创造增量市场:传统企业互联网转型之道 刘红明　著	传统企业需要用互联网思维去创造增量,而不是用电子商务去转移传统业务的存量	教你怎么在"互联网＋"的海洋中创造实实在在的增量
	7 个转变,让公司 3 年胜出 李蓓　著	消费者主权时代,企业该怎么办	这就是互联网思维,老板有能这样想,肯定倒不了
	跳出同质思维,从跟随到领先 郭剑　著	66 个精彩案例剖析,帮助老板突破行业长期思维惯性	做企业竟然有这么多玩法,开眼界
	互联网＋"变"与"不变":本土管理实践与创新论坛集萃·2016 本土管理实践与创新论坛　著	加速本土管理思想的孕育诞生,促进本土管理创新成果更好地服务企业、贡献社会	各个作者本年度最新思想,帮助读者拓宽眼界、突破思维
	消费升级:实践　研究（文集） 本土管理实践与创新论坛　著	38 位管理专家及 7 位学者的精华思想,从经营、管理、行业及思想研究四个方面阐述中国企业在消费升级下的实践与研究	思想启发,行业借鉴
财务	写给企业家的公司与家庭财务规划——从创业成功到富足退休 周荣辉　著	本书以企业的发展周期为主线,写各阶段企业与企业主家庭的财务规划	为读者处理人生各阶段企业与家庭的财务问题提供建议及方法,让家庭成员真正享受财富带来的益处
	互联网时代的成本观 程翔　著	本书结合互联网时代提出了成本的多维观,揭示了多维组合成本的互联网精神和大数据特征,论述了其产生背景、实现思路和应用价值	在传统成本观下为盈利的业务,在新环境下也许就成为亏损业务。帮助管理者从新的角度来看待成本,进一步做好精益管理

	书名·作者	内容/特色	读者价值
财务	财报背后的投资机会 蒋 豹 著	以具体的公司案例分析,教你迅速看出财务报表与企业经营的关系、所反映的企业经营现状,从而找到投资机会	前四大会计所员工为读者解密财报,发现投资机会

管理类:效率如何提升,如何实现经营目标,如何"节流"

	书名·作者	内容/特色	读者价值
通用管理	让管理回归简单·升级版 宋新宇 著	从目标、组织、决策、授权、人才和老板自己层面教你怎样做管理	帮助管理抓住管理的要害,让管理变得简单
	让经营回归简单·升级版 宋新宇 著	从战略、客户、产品、员工、成长、经营者自身七个方面,归纳总结简单有效的经营法则	总结出的真正优秀企业的成功之道:简单
	让用人回归简单 宋新宇 著	从用人的原则、用人的难题与误区、用人的方法和用人者的修炼四大方面,总结出适合中小企业做好人才管理工作的法则	帮助管理者抓住用人的要害,让用人变得简单
	历史深处的管理智慧1:组织建设与用人之道 刘文瑞 著	对历史之典故、政事、人事、政制进行管理解析,鉴照企业人才的选用育留	推动理论与实践的对接,实现理性与情感的渗透,用中国话语说明管理智慧
	历史深处的管理智慧2:战略决策与经营运作 刘文瑞 著	对历史之典故、政事、人事、政制进行管理解析,鉴照企业战略设计与经营实践	推动理论与实践的对接,实现理性与情感的渗透,用中国话语说明管理智慧
	历史深处的管理智慧3:领导修炼与文化素养 刘文瑞 著	对历史之典故、政事、人事、政制进行管理解析,鉴照企业领导职业能力提升与文化修养	推动理论与实践的对接,实现理性与情感的渗透,用中国话语说明管理智慧
	管理的尺度 刘文瑞 著	对管理中的种种普遍性问题进行了批评	提高把握管理尺度的能力
	管理学在中国 刘文瑞 著	系统性介绍了管理学在中国的发展和演变	了解管理学在中国的发展脉络,更清晰理解管理学的本质
	看电影,懂管理 刘文瑞 著	16部经典电影,带你感悟管理智慧	能够帮助读者放松身心,驰骋想象,在不知不觉中增长智慧
	管理:以规则驾驭人性 王春强 著	详细解读企业规则的制定方法	从人与人博弈角度提升管理的有效性
	打造集成供应链:走出挂一漏十的改善困境 王春强 著	详解集成供应链全过程	帮助企业优化供应链管理
	用好骨干员工:关键人才培养与激励 王 敏 著	系统化分享关键人才打造与激励方法	企业能实在用人的最大化价值
	改变世界的管理学大师1:管理学的前世今生 刘文瑞 编著	介绍了古典管理学时期的大师事迹和思想	深入了解管理大师们的思想和智慧
	成为企业欢迎的咨询师 张国祥 著	从调研到落地,手把手教你咨询流程	不走弯路,方便直接的学到老咨询师的套路
	员工心理学超级漫画版 邢 雷 著	以漫画的形式深度剖析员工心理	帮助管理者更了解员工,从而更轻松地管理员工
	老板有想法,高层有干法:企业中的将帅之道 王清华 著	深入剖析老板与高管的异同	各司其职,各行其是,相辅相成
	分股合心:股权激励这样做 段磊 周剑 著	通过丰富的案例,详细介绍了股权激励的知识和实行方法	内容丰富全面、易读易懂,了解股权激励,有这一本就够了
	边干边学做老板 黄中强 著	创业20多年的老板,有经验、能写、又愿意分享,这样的书很少	处处共鸣,帮助中小企业老板少走弯路

	书名/作者	内容简介	推荐语
通用管理	成为敏感而体贴的公司 王 涛 著	本书为作者对企业的观察和冥想的随笔记录。从生活中的一个现象入手,进而探索现象背后的本质	从全新角度认识公司
	中国企业的觉醒:正直 善良 成长 王 涛 著	围绕着企业人如何发生转化展开,对中国人、中国文化及由此导致的企业现状的观察和思考	企业除了要利润,还需要道德
	有意识的思考:轻松化解问题的7个思考习惯 王 涛 著	本书是对思想、思考过程、思考方式进行的细致观察	养成好的思考习惯,更深刻地看问题
	中国式阿米巴落地实践之从交付到交易 胡八一 著	本书主要讲述阿米巴经营会计,"从交付到交易",这是成功实施阿米巴的标志	阿米巴经营会计的工作是有逻辑关联的,一本书就能搞定
	中国式阿米巴落地实践之激活组织 胡八一 著	重点讲解如何科学划分阿米巴单元,阐述划分的实操要领、思路、方法、技术与工具	最大限度减少"推行风险"和"摸索成本",利于公司成功搭建适合自身的个性化阿米巴经营体系
	中国式阿米巴落地实践之持续盈利 胡八一 著	把企业做成平台,企业才能做大(格局);把平台做成阿米巴,企业才能做强(专业);把阿米巴做成合伙制,企业才能做久(机制)	中国式阿米巴落地实践三部曲的最后一部,告诉你企业如何做大做强做久
	集团化企业阿米巴实战案例 初勇钢 著	一家集团化企业阿米巴实施案例	指导集团化企业系统实施阿米巴
	阿米巴经营的中国模式 李志华 著	让员工从"要我干"到"我要干",价值量化出来	阿米巴在企业如何落地,明白思路了
	欧博心法:好管理靠修行 曾 伟 著	用佛家的智慧,深刻剖析管理问题,见解独到	如果真的有'中国式管理',曾老师是其中标志性人物
	领导这样点燃你的下属 禹广桥 著	领导者如何才能让员工积极主动地工作?如何让你的员工和下属保持工作的热情,自动自发?看了这本书就知道	只要你希望手下的"兵将"永远充满工作的斗志,这本书将使你获益良多
流程管理	1. 用流程解放管理者 2. 用流程解放管理者2 张国祥 著	中小企业阅读的流程管理、企业规范化的书	通俗易懂,理论和实践的结合·恰到好处
	跟我们学建流程体系 陈立云 著	畅销书《跟我们学做流程管理》系列,更实操,更细致,更深入	更多地分享实践,分享感悟,从实践总结出来的方法论
	人人都要懂流程 金国华 余雅丽 著	当前各企业流程管理方面最为典型的痛点现象及问题案例	通俗易懂,适合企业全员阅读
质量管理	IATF16949质量管理体系详解与案例文件汇编:TS16949转版 IATF16949:2016 谭洪华 著	针对IATF的新标准做了详细的解说,同时指出了一些推行中容易犯的错误,提供了大量的表单、案例	案例、表单丰富,拿来就用
	五大质量工具详解及运用案例:APQP/FMEA/PPAP/MSA/SPC 谭洪华 著	对制造业必备的五大质量工具中每个文件的制作要求、注意事项、制作流程、成功案例等进行了解读	通俗易懂、简便易行,能真正实现学以致用
	ISO9001:2015新版质量管理体系详解与案例文件汇编 谭洪华 著	紧密围绕2015年新版质量管理体系文件逐条详细解读,并提供可以直接套用的案例工具,易学易上手	企业质量管理认证、内审必备
	ISO14001:2015新版环境管理体系详解与案例文件汇编 谭洪华 著	紧密围绕2015年新版环境管理体系文件逐条详细解读,并提供可以直接套用的案例工具,易学易上手	企业环境管理认证、内审必备

质量管理	ISO9001：2015 完整文件汇编：制造业 贺红喜 著	按照 ISO9001 标准并超出标准的要求，提供了一套完整的制造业的质量管理体系文件	原汁原味完整收入，直接可以拿来就用
	SA8000：2014 社会责任管理体系认证实战 吕 林 著	作者根据自己的操作经验，按认证的流程，以相关案例进行说明 SA8000 认证体系	简单，实操性强，拿来就能用
	精益质量管理实战工具 贺小林 著	制造类企业日常工作中所需要的精益管理工具的归纳整理，并进行案例操作的细致分析	可以直接参考，实际解决生产中的具体问题
战略落地	重生——中国企业的战略转型 施炜 著	从前瞻和适用的角度，对中国企业战略转型的方向、路径及策略性举措提出了一些概要性的建议和意见	对企业有战略指导意义
	公司大了怎么管：从靠英雄到靠组织 AMT 金国华 著	第一次详尽阐释中国快速成长型企业的特点、问题及解决之道	帮助快速成长型企业领导及管理团队理清思路，突破瓶颈
	低效会议怎么改：每年节省一半会议成本的秘密 AMT 王玉荣 著	教你如何系统规划公司的各级会议，一本工具书	教会你科学管理会议的办法
	年初订计划，年尾有结果：战略落地七步成诗 AMT 郭晓 著	7 个步骤教会你怎么让公司制定的战略转变为行动	系统规划，有效指导计划实现
人力资源	HRBP 是这样炼成的之"菜鸟起飞" 新海 著	以小说的形式，具体解析 HRBP 的职责，应该如何操作，如何为业务服务	实践者的经验分享，内容实务具体，形式有趣
	HRBP 是这样炼成的之中级修炼 新海 著	本书以案例故事的方式，介绍了 HRBP 在实际工作中碰到的问题和挑战	书中的 HR 解决方案讲究因时因地制宜、简单有效的原则，重在启发读者思路，可供各类企业 HRBP 借鉴
	HRBP 是这样炼成的之高级修炼 新海 著	以故事的形式，展现了 HRBP 工作者在职业发展路上的层层深入和递进	为读者提供 HRBP 在实际工作中遇到种种问题的解决方案
	新任 HR 高管如何从 0 到 1 黄渊明 著	全景式展现新任高管华丽转身全过程	助力新任高管安全着陆
	HR 的劳动法内参 李皓楠 著	100 个劳动法案例和分析	轻松掌握劳动法知识，方便运用
	把面试做到极致：首席面试官的人才甄选法 孟广桥 著	作者用自己几十年的人力资源经验总结出的一套实用的确定岗位招聘标准、提升面试官技能素质的简便方法	面试官必备，没有空泛理论，只有巧妙的实操技能
	人力资源体系与 e－HR 信息化建设 刘书生 陈 莹 王美佳 著	将作者经历的人力资源管理变革、人力资源管理信息化咨询项目方法论、工具和成果全面展现给读者，使大家能够将其快速应用到管理实践中	系统性非常强，没有废话，全部是浓缩的干货
	回归本源看绩效 孙 波 著	让绩效回顾"改进工具"的本源，真正为企业所用	确实是来源于实践的思考，有共鸣
	世界 500 强资深培训经理人教你做培训管理 陈锐 著	从 7 大角度具体细致地讲解了培训管理的核心内容	专业、实用、接地气

人力资源	曹子祥教你做激励性薪酬设计 曹子祥 著	以激励性为指导，系统性地介绍了薪酬体系及关键岗位的薪酬设计模式	深入浅出，一本书学会薪酬设计
	曹子祥教你做绩效管理 曹子祥 著	复杂的理论通俗化，专业的知识简单化，企业绩效管理共性问题的解决方案	轻松掌握绩效管理
	把招聘做到极致 远鸣 著	作为世界 500 强高级招聘经理，作者数十年招聘经验的总结分享	带来职场思考境界的提升和具体招聘方法的学习
	人才评价中心·超级漫画版 邢雷 著	专业的主题，漫画的形式，只此一本	没想到一本专业的书，能写成这效果
	走出薪酬管理误区 全怀周 著	剖析薪酬管理的 8 大误区，真正发挥好枢纽作用	值得企业深读的实用教案
	集团化人力资源管理实践 李小勇 著	对搭建集团化的企业很有帮助，务实，实用	最大的亮点不是理论，而是结合实际的深入剖析
	我的人力资源咨询笔记 张伟 著	管理咨询师的视角，思考企业的 HR 管理	通过咨询师的眼睛对比很多企业，有启发
	本土化人力资源管理8大思维 周剑 著	成熟 HR 理论，在本土中小企业实践中的探索和思考	对企业的现实困境有真切体会，有启发
企业文化	36 个拿来就用的企业文化建设工具 海融心胜 主编	数十个工具，为了方便拿来就用，每一个工具都严格按照工具属性、操作方法、案例解读划分，实用、好用	企业文化工作者的案头必备书，方法都在里面，简单易操作
	企业文化建设超级漫画版 邢雷 著	以漫画的形式系统教你企业文化建设方法	轻松易懂好操作
	华夏基石方法：企业文化落地本土实践 王祥伍 谭俊峰 著	十年积累、原创方法、一线资料，和盘托出	在文化落地方面真正有洞察，有实操价值的书
	企业文化的逻辑 王祥伍 著	为什么企业之间如此不同，解开绩效背后的文化密码	少有的深刻，有品质，读起来很流畅
	企业文化激活沟通 宋杍宸 安琪 著	透过新任 HR 总经理的眼睛，揭示出沟通与企业文化的关系	有实际指导作用的文化落地读本
	在组织中绽放自我：从专业化到职业化 朱仁健 王祥伍 著	个人如何融入组织，组织如何助力个人成长	帮助企业员工快速认同并投入到组织中去，为企业发展贡献力量
	企业文化定位·落地一本通 王明胤 著	把高深枯燥的专业理论创建成一套系统化、实操化、简单化的企业文化缔造方法	对企业文化不了解，不会做？有这一本从概念到实操，就够了
生产管理	精益思维：中国精益如何落地 刘承元 著	笔者二十余年企业经营和咨询管理的经验总结	中国企业需要灵活运用精益思维，推动经营要素与管理机制的有机结合，推动企业管理向前发展
	300 张现场图看懂精益 5S 管理 乐涛 编著	5S 现场实操详解	案例图解，易懂易学
	高员工流失率下的精益生产 余伟辉 著	中国的精益生产必须面对和解决高员工流失率问题	确实来源于本土的工厂车间，很务实
	车间人员管理那些事儿 岑立聪 著	车间人员管理中处理各种"疑难杂症"的经验和方法	基层车间管理者最闹心、头疼的事，'打包'解决

生产管理	1. 欧博心法:好管理靠修行 2. 欧博心法:好工厂这样管 曾　伟　著	他是本土最大的制造业管理咨询机构创始人,他从 400 多个项目、上万家企业实践中锤炼出的欧博心法	中小制造型企业,一定会有很强的共鸣
	欧博工厂案例 1:生产计划管控对话录 欧博工厂案例 2:品质技术改善对话录 欧博工厂案例 3:员工执行力提升对话录 曾　伟　著	最典型的问题、最详尽的解析,工厂管理 9 大问题 27 个经典案例	没想到说得这么细,超出想象,案例很典型,照搬都可以了
	工厂管理实战工具 欧博企管　编著	以传统文化为核心的管理工具	适合中国工厂
	苦中得乐:管理者的第一堂必修课 曾　伟　编著	曾伟与师傅大愿法师的对话,佛学与管理实践的碰撞,管理禅的修行之道	用佛学最高智慧看透管理
	比日本工厂更高效 1:管理提升无极限 刘承元　著	指出制造型企业管理的六大积弊;颠覆流行的错误认知;掌握精益管理的精髓	每一个企业都有自己不同的问题,管理没有一剑封喉的秘笈,要从现场、现物、现实出发
	比日本工厂更高效 2:超强经营力 刘承元　著	企业要获得持续盈利,就要开源和节流,即实现销售最大化,费用最小化	掌握提升工厂效率的全新方法
	比日本工厂更高效 3:精益改善力的成功实践 刘承元　著	工厂全面改善系统有其独特的目的取向特征,着眼于企业经营体质(持续竞争力)的建设与提升	用持续改善力来飞速提升工厂的效率,高效率能够带来意想不到的高效益
	3A 顾问精益实践 1:IE 与效率提升 党新民　苏迎斌　蓝旭日　著	系统的阐述了 IE 技术的来龙去脉以及操作方法	使员工与企业持续获利
	3A 顾问精益实践 2:JIT 与精益改善 肖志军　党新民　著	只在需要的时候,按需要的量,生产所需的产品	提升工厂效率
	化工企业工艺安全管理实操 黄　娜　编著	化工企业工艺安全管理全指导	帮助企业树立安全意识,强化安全管理方法
	手把手教你做专业的生产经理 黄　娜　著	物流、信息流、资金流,让生产经理管理有抓手	从菜鸟到能把控全局
员工素质提升	TTT 培训师精进三部曲(上):深度改善现场培训效果 廖信琳　著	现场把控不用慌,这里有妙招一用就灵	课程现场无论遇到什么样的情况都能游刃有余
	TTT 培训师精进三部曲(中):构建最有价值的课程内容 廖信琳　著	这样做课程内容,学员有收获培训师也有收获	优质的课程内容是树立个人品牌的保证
	TTT 培训师精进三部曲(下):职业功力沉淀与修为提升 廖信琳　著	从内而外提升自己,职业的道路一帆风顺	走上职业 TTT 内训师的康庄大道
	培训师,如何让你的事业长青:自我管理的 10 项法则 廖信琳　著	建立了一套完整的培训师自我管理体系,为培训师的职业成长与发展提供有益的指引	培训师如何在自己的职业道路上越走越高,事业长青,一直有所收获与成长?本书将给你答案
	管理咨询师的第一本书:百万年薪　千万身价 熊亚柱　著	从问题出发,发现问题、分析问题、解决问题,让两眼一抹黑的新人快速成长	管理咨询师初入职场,让这本书开启百万年薪之路

	书名，作者	内容/特色	读者价值
员工素质提升	手把手教你做专业督导：专卖店、连锁店 熊亚柱 著	从督导的职能、作用，在工作中需要的专业技能、方法，都提供了详细的解读和训练办法，同时附有大量的表单工具	无论是店铺需要统一培训，还是个人想成为优秀的督导，有这一本就够了
	跟老板"偷师"学创业 吴江萍 余晓雷 著	边学边干，边观察边成长，你也可以当老板	不同于其他类型的创业书，让你在工作中积累创业经验，一举成功
	销售轨迹：一位快消品营销总监的拼搏之路 秦国伟 著	本书讲述了一个普通销售员打拼成为跨国企业营销总监的真实奋斗历程	激励人心，给广大销售员以力量和鼓舞
	在组织中绽放自我：从专业化到职业化 朱仁健 王祥伍 著	个人如何融入组织，组织如何助力个人成长	帮助企业员工快速认同并投入到组织中去，为企业发展贡献力量
	企业员工弟子规：用心做小事，成就大事业 贾同领 著	从传统文化《弟子规》中学习企业中为人处事的办法，从自身做起	点滴小事，修养自身，从自身的改善得到事业的提升
	手把手教你做顶尖企业内训师：TTT培训师宝典 熊亚柱 著	从课程研发到现场把控、个人提升都有涉及，易读易懂，内容丰富全面	想要做企业内训师的员工有福了，本书教你如何抓住关键，从入门到精通
	28天速成文案高手 秦士 安晓丽 著	解构优秀品牌和出彩文案背后的逻辑，28天循序渐进成为文案高手	让优质文案变成"智慧工厂"般的工序管理与稳定出品
	让投诉顾客满意离开：客户投诉应对与管理 孟广桥 著	立足于投诉处理的实践，剖析了不同投诉者投诉的特点和应对措施，并提供各种技巧方法、赢得客户信赖所需培养的品质修炼、处理投诉应掌握的法律法规等工具	是投诉处理人员适应岗位职能需要、提升工作技能的良师益友，是企业变诉为金、培养业务骨干的法宝

营销类:把客户需求融入企业各环节,提供"客户认为"有价值的东西

	书名，作者	内容/特色	读者价值
营销模式	精品营销战略 杜建君 著	以精品理念为核心的精益战略和营销策略	用精品思维赢得高端市场
	变局下的营销模式升级 程绍珊 叶宁 著	客户驱动模式、技术驱动模式、资源驱动模式	很多行业的营销模式被颠覆，调整的思路有了!
	动销操盘：节奏掌控与社群时代新战法 朱志明 著	在社群时代把握好产品生产销售的节奏，解析动销的症结，寻找动销的规律与方法	都是易读易懂的干货! 对动销方法的全面解析和操盘
	弱势品牌如何做营销 李政权 著	中小企业虽有品牌但没名气，营销照样能做的有声有色	没有丰富的实操经验，写不出这么具体、详实的案例和步骤，很有启发
	老板如何管营销 史贤龙 著	高段位营销16招，好学好用	老板能看，营销人也能看
	洞察人性的营销战术：沈坤教你28式 沈坤 著	28个匪夷所思的营销怪招令人拍案叫绝，涉及商业竞争的方方面面，大部分战术可以直接应用到企业营销中	各种谋略得益于作者的横向思维方式，将其操作过的案例结合其中，提供的战术对读者有参考价值
	动销：产品是如何畅销起来的 吴江萍 余晓雷 著	真真切切告诉你，产品究竟怎么才能卖出去	击中痛点，提供方法，你值得拥有
	1000铁杆女粉丝 张兵武 著	连接是女性与生俱来的特质。能善用连接的营销人员，就像拿到打开女性荷包的钥匙	重新认识女性的传播力量
	360°谈营销：一位营销咨询师20年实战洞察 王清华 古怀亮 著	各个角度，全方位，多视点剥营销	思路单一，此书帮你破

营销模式	营销按钮:扣动一触即发的力量 老 苗 著	提供各种奇形怪状的营销武器	一定会带给你不一样的思维震撼
	孙子兵法营销战 刘文新 著	逐句解读孙子兵法,以及在营销方面的感悟	帮助营销人用智慧打营销仗
销售	资深大客户经理:策略准,执行狠 叶敦明 著	从业务开发、发起攻势、关系培育、职业成长四个方面,详述了大客户营销的精髓	满满的全是干货
	大客户销售这样说这样做 陆和平 著	大客户销售十大模块 68 个典型销售场景应对策略和话术,直接拿来就用	从"为什么要这么干"到"干什么、怎么干"
	成为资深的销售经理:B2B、工业品 陆和平 著	围绕"销售管理的六个关键控制点"一一展开,提供销售管理的专业、高效方法	方法和技术接地气,拿来就用,从销售员成长为经理不再犯难
	销售是门专业活:B2B、工业品 陆和平 著	销售流程就应该跟着客户的采购流程和关注点的变化向前推进,将一个完整的销售过程分成十个阶段,提供具体方法	销售不是请客吃饭拉关系,是个专业的活计! 方法在手,走遍天下不愁
	向高层销售:与决策者有效打交道 贺兵一 著	一套完整有效的销售策略	有工具,有方法,有案例,通俗易懂
	学话术 卖产品 张小虎 著	分析常见的顾客异议,将优秀的话术模块化	让普通导购员也能成为销售精英
组织和团队	升级你的营销组织 程绍珊 吴越舟 著	用"有机性"的营销组织替代"营销能人",营销团队变成"铁营盘"	营销队伍最难管,程老师不愧是营销第 1 操盘手,步骤方法都很成熟
	用数字解放营销人 黄润霖 著	通过量化帮助营销人员提高工作效率	作者很用心,很好的常备工具书
	成为优秀的快消品区域经理(升级版) 伯建新 著	用"怎么办"分析区域经理的工作关键点,增加30% 全新内容,更贴近环境变化	可以作为区域经理的"速成催化器"
	成为资深的销售经理:B2B、工业品 陆和平 著	围绕"销售管理的六个关键控制点"一一展开,提供销售管理的专业、高效方法	方法和技术接地气,拿来就用,从销售员成长为经理不再犯难
	一位销售经理的工作心得 蒋 军 著	一线营销管理人员想提升业绩却无从下手时,可以看看这本书	一线的真实感悟
	快消品营销:一位销售经理的工作心得 2 蒋 军 著	快消品、食品饮料营销的经验之谈,重点突出	来源于实战的精华总结
	销售轨迹:一位快消营销总监的拼搏之路 秦国伟 著	本书讲述了一个普通销售员打拼成为跨国企业营销总监的真实奋斗历程	激励人心,给广大销售员以力量和鼓舞
	用营销计划锁定胜局:用数字解放营销人 2 黄润霖 著	全方位教你怎么做好营销计划,好学好用真简单	照搬套用就行,做营销计划再也不头痛
	快消品营销人的第一本书:从入门到精通 刘 雷 伯建新 著	快消行业必读书,从入门到专业	深入细致,易学易懂
产品	产品开发管理方法·流程·工具:从作坊式到规范化 任彭枞 著	产品研发管理体系全指导	既有工具,又能开拓思路
	新产品开发管理,就用 IPD(升级版) 郭富才 著	10 年 IPD 研发管理咨询总结,国内首部 IPD 专业著作	一本书掌握 IPD 管理精髓

	书名·作者	内容/特色	读者价值
产品	这样打造大单品： 案例 策略 方法 迪智成咨询团队 著	囊括十三个不同行业、企业的实际案例，从不同角度详细剖析、总结了这些厂家打造大单品的成功经验或者失败教训	厘清大单品打造的策划与路径，得出持续经营的思路与方法
	研发体系改进之道 靖爽 陈年根 马鸣明 著	提出一套系统性的方法与工具	指引企业少走弯路，提高成功率
	资深项目经理这样做新产品开发管理 秦海林 著	以IPD为思想，系统讲解新产品开管理的细节	提供管理思路和实用工具
	产品炼金术Ⅰ：如何打造畅销产品 史贤龙 著	满足不同阶段、不同体量、不同行业企业对产品的完整需求	必须具备的思维和方法，避免在产品问题上走弯路
	产品炼金术Ⅱ：如何用产品驱动企业成长 史贤龙 著	做好产品、关注产品的品质，就是企业成功的第一步	必须具备的思维和方法，避免在产品问题上走弯路
品牌	中小企业如何建品牌 梁小平 著	中小企业建品牌的入门读本，通俗、易懂	对建品牌有了一个整体框架
	采纳方法：破解本土营销8大难题 朱玉童 编著	全面、系统、案例丰富、图文并茂	希望在品牌营销方面有所突破的人，应该看看
	中国品牌营销十三战法 朱玉童 编著	采纳20年来的品牌策划方法，同时配有大量的案例	众包方式写作，丰富案例给人启发，极具价值
	今后这样做品牌：移动互联时代的品牌营销策略 蒋军 著	与移动互联紧密结合，告诉你老方法还能不能用，新方法怎么用	今后这样做品牌就对了
	中小企业如何打造区域强势品牌 吴之 著	帮助区域的中小企业打造自身品牌，如何在强壮自身的基础上往外拓展	梳理误区，系统思考品牌问题，切实符合中小区域品牌的自身特点进行阐述
渠道通路	深度分销：掌控渠道价值链 施炜 著	制造商通过掌控渠道价值链，将管理触角延伸至零售层面及顾客现场，对市场根部精耕细作，从而挖掘需求，构筑区域市场尤其是三四级市场的竞争壁垒	深度分销是中国企业对世界营销的独特贡献。实践证明，互联网时代深度分销仍有生命力
	快消品营销与渠道管理 谭长春 著	将快消品标杆企业渠道管理的经验和方法分享出来	可口可乐、华润的一些具体的渠道管理经验，实战
	传统行业如何用网络拿订单 张进 著	给老板看的第一本网络营销书	适合不懂网络技术的经营决策者看
	采纳方法：化解渠道冲突 朱玉童 编著	系统剖析渠道冲突，21个渠道冲突案例、情景式讲解，37篇讲义	系统、全面
	学话术 卖产品 张小虎 著	分析常见的顾客异议，将优秀的话术模块化	让普通导购员也能成为销售精英
	向高层销售：与决策者有效打交道 贺兵一 著	一套完整有效的销售策略	有工具，有方法，有案例，通俗易懂
	通路精耕操作全解：快消品20年实战精华 周俊 陈小龙 著	通路精耕的详细全解，每一步的具体操作方法和表单全部无保留提供	康师傅二十年的经验和精华，实践证明的最有效方法，教你如何主宰通路

管理者读的文史哲·生活

	书名·作者	内容/特色	读者价值
思想·文化	德鲁克管理思想解读 罗珉 著	用独特视角和研究方法，对德鲁克的管理理论进行了深度解读与剖析	不仅是摘引和粗浅分析，还是作者多年深入研究的成果，非常可贵
	德鲁克与他的论敌们：马斯洛、戴明、彼得斯 罗珉 著	几位大师之间的论战和思想碰撞令人受益匪浅	对大师们的观点和著作进行了大量的理论加工，去伪存真、去粗存精，同时有自己独特的体系深度

思想·文化	德鲁克管理学 张远凤　著	本书以德鲁克管理思想的发展为线索，从一个侧面展示了20世纪管理学的发展历程	通俗易懂，脉络清晰
	王阳明"万物一体"论：从"身－体"的立场看（修订版） 陈立胜　著	以身体哲学分析王阳明思想中的"仁"与"乐"	进一步了解传统文化，了解王阳明的思想
	自我与世界：以问题为中心的现象学运动研究 陈立胜　著	以问题为中心，对现象学运动中的"意向性""自我""他人""身体"及"世界"各核心议题之思想史背景与内在发展理路进行深入细致的分析	深入了解现象学中的几个主要问题
	作为身体哲学的中国古代哲学 张再林　著	上篇为中国古代身体哲学理论体系奠基性部分，下篇对由"上篇"所开出的中国身体哲学理论体系的进一步的阐发和拓展	了解什么是真正原生态意义上的中国哲学，把中国传统哲学与西方传统哲学加以严格区别
	中西哲学的歧异与会通 张再林　著	本书以一种现代解释学的方法，对中国传统哲学内在本质尝试一种全新的和全方位的解读	发掘出掩埋在古老传统形式下的现代特质和活的生命，在此基础上揭示中西哲学"你中有我，我中有你"之旨
	治论：中国古代管理思想 张再林　著	本书主要从儒、法墨三家阐述中国古代管理思想	看人本主义的管理理论如何不留斧痕地克服似乎无法调解的存在于人类社会行为与社会组织中的种种两难和对立
	车过麻城　再晤李贽 张再林　著	系统全面而又简明扼要地展示了李贽独到的学术眼力和超拔的理论建树	帮助读者重新认识李贽的思想
	中国古代政治制度（修订版）上：皇帝制度与中央政府 刘文瑞　著	全面论证了古代皇帝制度的形成和演变的历程	有助于读者从政治制度角度了解中国国情的历史渊源
	中国古代政治制度（修订版）下：地方体制与官僚制度 刘文瑞　著	全面论证了古代地方政府的发展演变过程	有助于读者从政治制度角度了解中国国情的历史渊源
	中国思想文化十八讲（修订版） 张茂泽　著	中国古代的宗教思想文化，如对祖先崇拜、儒家天命观、中国古代关于"神"的讨论等	宗教文化和人生信仰或信念紧密相联，在文化转型时期学习和研究中国宗教文化就有特别的现实意义
	史幼波《大学》讲记 史幼波　著	用儒释道的观点阐释大学的深刻思想	一本书读懂传统文化经典
	史幼波《周子通书》《太极图说》讲记 史幼波　著	把形而上的宇宙、天地，与形而下的社会、人生、经济、文化等融合在一起	将儒家的一整套学修系统融合起来
	史幼波《中庸》讲记（上下册） 史幼波　著	全面、深入浅出地揭示儒家中庸文化的真谛	儒释道三家思想融会贯通
	梁涛讲《孟子》之万章篇 梁　涛　著	《万章》主要记录孟子与万章的对话，涉及孝道、亲情、友情、出仕为官等	作者的解读能帮助读者更好地理解孟子与儒学
	两晋南北朝十二讲（修订版） 李文才　著	作为一本普及性读物，作者尊重史实，运用"历史心理学"的叙事方法，分12个专题对两晋南北朝的历史进行阐述	让读者轻松了解两晋南北朝的历史
	每个中国人身上的春秋基因 史贤龙　著	春秋368年（公元前770－公元前403年），每一个中国人都可以在这段时期的历史中找到自己的祖先，看到真实发生的事件，同时也看到自己	长情商、识人心
	与《老子》一起思考：德篇 与《老子》一起思考：道篇 史贤龙　著	打通文史，回归哲慧，纵贯古今，放眼中外，妙语迭出，在当今的老子读本中别具一格	深读有深读的回味，浅尝有浅尝的机敏，可给读者不同的启发